살아온 날들

김행님 저

드림북

Prologue

이 책이 만들어지게 되는 이야기는 이렇게 시작된다. 어느날, 영국 만체스터 거주 최봉근 장로가 한국 일산 거주 고무송 목사에게 메일을 보내온다.

사랑하는 고무송목사님 내외분께

아내의 수필을 추천 소개합니다. 저는 아내한테 이런 이야기를 하며, 하나님께 또 이런 기도를 올려드리며, 친구들에겐 또 이런 부탁을 드린답니다.
- 당신은 글 쓰는 게 그렇게도 즐기고 좋아하는구만! 우리 식구들 모두 모두 당신을 위해 기도하고 있어요.
- 하나님 아버지, 당신의 은혜와 매일생활 가운데 귀한 것으로 채워주시고 인도해주시니 감사 드립니다.
- 친구들이여, 부족한 아내의 즐거움에 동참하여 주시고, 삼가 지도편달을 바랍니다.

이 수필집을 위하여 한국교회인물연구소 소장 소나무 목사 (고무송 박사)께서 귀한 서평과 권면을 해주신데 대하여 감사드립니다. 그리고 Word file로 옮기는데 많은 수고를 해주신 고현진 집사님께 감사드립니다.

김행님작가를 간략하게 소개합니다.

1. 이력: 전라남도 해남 출신, 1940년생, 수피아여고 졸업, 조선대학 졸업(1961), 영국 Chelston Bible College 수료(1973).

2. 가족: 남편은 1967년 6월에 한국 최초 의사선교사 겸 남미 Guyana 정부초청의사로 활동했으며, 1968년 10월부터 영국 정부병원(NHS)에서 마취전문의사로 섬기다 2001년 정년은퇴 하였음.

3. 자녀는 2남 1녀로, 큰아들 P.는 Cambridge 의과대학 졸업후 Consultant Physician 으로 Australia로 이주하여 병원근무중이며 1남 2녀를 두고 있습니다.

   차남 D.는 Cambridge 의과대학졸업후 Professor of Neurosurgery of UCL London 으로 근무하고 있으며, 3남을 두고 있습니다.

   막내딸 G.는 Architecture Lecturer of Northumbria University and Architect company Director로 활동하고 있으며, 2남을 두고 있습니다.

4. 작가는 남편과 함께 Manchester에서 영국과 한국 병원선교사겸 Manchester Korean Christian Fellowship을 창립하여, 복음 선교활동 하였으며 나중에 만체스터 한인교회로 발전케 되었음.

5. 저자의 출판작품: 영국에서 캐낸 진주(예수교문서선교회. 1979. 서울), 시어머니 혀(규장문화사. 1990. 서울), 살아온 날들(출판진행중), 네 손에 있는 것이 무엇이냐?(출판진행중), 작은 목소리:주보 에세이(판예정)

6. 취미; Meditation and Prayer, Golfing, Writing.

2018. 10. 24 최 봉근 올림

최봉근 장로의 메일에 고무송 목사는 다음과 같은 답신을 보낸다.

사랑하는 최봉근장로님 내외분께

그동안도 평안하신지 궁금합니다. 주님 이름으로 문안 올려드립니다.

요즘 이곳은 무척이나 선선해졌습니다. 아침 저녁으론 제법 서늘하기도 합니다. 보내주신 원고를 찬찬히 읽고 있습니다. 여러모로 고맙고, 지난 추억이 새롭습니다. 오래 된 책장 속에서 사모님께서 주신 두 권의 저서를 찾아 내는 기쁨도 누리게 됐답니다.

〈영국에서 캐낸 진주〉(예수교문서선교회. 1979. 서울)

〈시어머니 혀〉(규장문화사. 1990. 서울).

저희 가정이 영국에 도착한 것이 1986년, 아직 동서남북을 헤아리지 못하던 시절이었던지라, 〈영국에서 캐낸 진주〉는 저희 가족들이 탐독하게 됐으며, 아주 큰 도움을 받을 수 있었습니다. 재영작가 김행님 수필집 〈시어머니 혀〉는 첫 장에 저자의 친필 사인이 이렇게 적혀있지 뭡니까.

- 고목사님과 사모님께 감사함으로 삼가 부끄러움을 바쳐드리옵니다.

1991년 1월 김행님 드림

감히 다음과 같은 〈추천사〉를 게재할 수 있는 영광도 저에게 주셨습니다.

벌써 여러 해가 흘렀습니다만, 제가 영국에 처음 왔을 때 교인 가운데 한 분이 책 한 권을 읽어보라고 빌려 주었습니다. 영국생활을 익혀가는 데 도움이 될 거라면서 빌려준 그 책은 〈영국에서 캐낸 진주〉라는 책이었습니다. 가뜩이나 영어에 주눅이 들고 읽을거리도 마땅찮은 터라 우선 한글로 된 이 책을 한달음에 읽어내려갔습니다. 읽어가면서 책 속에 깊이 빠져 들었습니다. 마치 존 번연의 〈천로역정〉을 대하는 느낌이었습니다. 평범하나 진실이 있고, 담백하나 고뇌와 희열이 촉촉히 배어있는 한 여인의 옹골찬 구도(求道)의 삶이 조용한 속삭임으로 가슴을 두드리는가 하면, 오히려 커다란 함성으로 영혼을 흔들어 놓는 것이었습니다. 이처럼 진솔한 글을 써내고 있는 김행님, 그녀는 과연 누구일까? 그해 부활절, 우리는 수선화가 질펀하게 널려 있는 웨일스의 어느 고성(古城)에서 하루를 지낼 수 있었습니다. 그들 내외를 특별강사로 초청했던 이래 편지로, 전화로, 더러는 오며 가며 주 안에서 깊은 만남을 가질 수 있었으며, 지난 여름에는 우리 온 가족이 초청을 받아 만체스터로 올라가 그분들 집에서 몇 날을 함께 기거할 수 있었습니다.

(하략)

1990년 여름 런던에서 고무송(런던한인일링교회 담임목사)

저자는 〈책머리에〉 서문에서 이렇게 밝혀주고 있습니다.

(전략) 밤으로 홀로 좋아하지도 않는 TV 앞에 앉아 날 기다려준 그이 앞에 고마움을 드리고, 무력감 속에 파묻혀 허우적거리는 내게 도움을 입혀주신 런던한인일링교회 고무송목사님께 진심으로 사의를 표하고 싶다. 이 책이 나오도록 출판을 담당해 주신 출판사와 여운학장로님께 감사를 드린다. 내 삶의 원동력이 되신 주님을 찬양하면서.

1990년 봄 저자 김행님

사랑하는 최장로님 그리고 사모님,

금번 이메일 파일로 보내주신 원고를 숙독하기 위해서 저의 콤퓨터에 다운 받아 출력을 했습니다. A4 용지로 138 페이지 분량입니다. 아직 〈제1부 삶은 변화를 요구한다〉 전반부를 읽고 있습니다만, 아무래도 독후감으로 허심탄회하게 몇 말씀 올려드려야 할 것으로 사료됩니다.

1) 일찍이 제가 두번째 책 〈시어머니 혀〉에서 추천사로 밝혀드린 바, 그 당시 그 글에 대해서 제가 느꼈던 그 감동을 다시금 반복해서 말씀드리지 않을 수 없습니다.
 - 평범하나 진실이 있습니다.
 - 담백하나 고뇌와 희열이 촉촉히 배어 있습니다.

2) 뿐만 아니라, 그 이후 많은 세월이 지났습니다만, 한결같은 고운 숨결과 풋풋한 생기, 그리고 신선미가 글 속에서 우러나고 있습니다.

3) 아울러 세월의 흐름 속에서 다져진 원숙미와 함께 달관(達觀)의 경지(境地)를 감지케 되며, 독자로 하여금 안정감과 친밀감을 느끼게 할 것으로 사료되는 것입니다.

4) 따라서 이 글은 영국에 거주하는 교포들은 물론, 지구촌시대를 맞아 전세계에 흩어져 살고있는 해외동포들에게도 공감대(共感帶)를 형성, 삶의 지혜와 용기를 북돋아 줄 것으로 여겨지는 것입니다.

5) 그리고 한국 내 독자들에게도 해외동포들의 삶과 고뇌와 환희를 이해하는 데 크게 기여할 것입니다.

6) 아울러 다문화시대를 맞아 한국에 들어와 살고있는 다국적 외국인들에 대한 한국인들의 이해를 높이며 인식의 변화에도 큰 역할을 감당할 수 있는 글이 될 것입니다.

7) 따라서 이 글은 마땅히 단행본으로 출판되는 것이 타당하다고

판단됩니다. 다만, 요즘 한국의 경제 사정이 좋은 편이 아니며, 특별히 출판시장이 저조한 형편입니다.

8) 이같은 현실은 전 세계적 현상이라 여겨집니다만, 컴퓨터전성시대와 영상매체시대를 맞아 종이로 찍어내는 출판시장(Off Line)은 전자책(On Line)에 밀리고 있는 형편입니다.

9) 그러므로 출판문제에 관해서는 신중하게 검토하시면 좋겠다고 여겨지는 것입니다.

10) 그동안 사모님께서 귀한 글 집필하시느라 얼마나 수고가 많으셨습니까. 삼가 노고에 존경과 감사를 드립니다. 원고정리도 아주 섬세하게 잘 하셨습니다. 다만, 어법의 변화에 따라 약간의 손질이 필요할 것으로 사료되는 바입니다.

모쪼록 최장로님과 사모님 강건하시오며, 주님의 평강이 자녀들의 가정 가정 위에 충만 충만하시기를 간절히 기도 드립니다.

May the words of my mouth and the meditation of my heart be pleasing in your sight, O Lord, my Rock and my Redeemer. (PSALM19:14)

2018년 10월 14일 주일밤 일산에서 고무송 내외 드림

목 차

2. 나는 하늘가는 나그네

3. 겨울 창가에 서서

4. 시린 손 비비며

5. 가장 큰 선물

1.
삶은 변화를 요구한다

하나의 세상

　우리가 다 아는 바와 같이 서양 유럽문화의 모태는 바로 고대 그리스 문명과 로마 문명이다. 영국은 기원전 45년전부터 약 400년 동안 로마제국의 지배를 받았다. 그들은 테임즈 강을 중심으로 런던을 상업과 무역의 도시로 발전시켰고 문학, 예술, 철학, 종교, 법률, 건축 등 다양한 분야에서 영향을 끼쳤는데, 그 중에는 도로공사도 빼놓을 수 없다. 로마인들은 "모든 길은 로마로 통한다"는 말이 생겨날 만큼 군사이동과 정복을 목적으로 도로망을 확장시켜 나갔다. 초대 그리스도교가 빠른 속도로 전파되어 질 수 있었던 것도 발달된 도로 혜택과 무관하지 않다고 역사가들은 말하고 있는 터이다. 로마인들은 도로를 만들 때 지반이 나올 때까지 깊이 땅을 팠고 흙을 없앤 후 밑에 큰 돌과 잡석을 깔고 그 위에 조약돌과 납작한 돌을 콘크리트와 섞어 다진 후 맨 위에는 잘게 부순 돌과 현지에서 구할 수 있는 자연석들로 덮어 포장 도로를 만들었다고 한다. 모던 포장 도로들이 아스팔트 길은 말할 것도 없고 단단하다는 콘크리트 길바닥도 2, 30년을 최장 수명으로 보고있는 터에 고대 로마인들이 닦아 놓은 도로는 2,000년이 지난 지금 시대에도 사람은 말할 것도 없고 자동차들이 쉴새 없이 달리고 있는 것을 보면 그 견고함과 튼튼함에 가히 놀라지 않을수 없다.

　어느날 모처럼 기분이랄 것도 없는 기분을 내어 남편과 함께 시내 쇼핑을 나섰다. 남편은 내가 어디 좀 나가자고 하면 마치 기다리고 있었다는 듯 좋아한다. 다 늙은 마누라가 허구헌 날 책상에만 붙어 앉아 있어서 자기까지 발이 묶여 있는 양 투털대다가, 쇼핑이라도 나가자고 하면 숨통이 트인 듯 두말 없이 구두를 찾아 신고 앞장 선다. 집에서 타운까지는 자동차로 30분 거리도 다 안되지만, 그 날은 자가운전 대신 버스를 타기로 했다. 화창한 날씨 탓이었다. 출근시간이 한참 지난 늦으막한 시간이어서 버스는 아랫층에 우리같은 노인들 몇이 타고 있을 뿐 텅텅 비어 있었다. 우리 부부는 더블데커 버스 이층으로 올라가 앞이 훤히 내려다 보이는 맨 앞자리에 자리하고 앉았다. 몸이 공중에 붕- 떠 있는 기분이었다. 가로수 나무가지가 달리는 버스의 유리창을 때릴 때마다 깜짝 깜짝 놀라질 때가 있었지만, 도로변에 줄지어 앉아 있는 건물들과 상점들을 내려다보는 재미에 취해 이대로 한없이 달리고 싶은 마음이기도 했다.

근무시간임에도 쇼핑가는 인파로 북적댔고, 저마다 바쁜 걸음들이어서 나까지 바쁜 양 빠른 걸음걸이가 되어졌다. 그러나 딱히 사야 할 물건이 있어서 나온 것도 아니고 그렇다고 사고 싶은 물건이 있는 것도 아니어서, 한참을 길 위에서 주춤거리다가 언제인가 교민 한분이 한국소설 '채식주의자'가 영어로 번역되어 서점에 나와 있더라는 말이 생각나 발길을 서점으로 돌렸다.

서점은 화려하고 번잡한 쇼핑몰에서 조금 비켜 앉은 후미진 곳에 자리하고 있었다. 어렵사리 찾아간 서점에서 나는 달랑 책 두권을 사들고 오던 길로 다시 거슬러 올라가다가, 우리가 걷고 있는 그 길이 로마시대에 닦아 놓은 옛 도로인 것을 발견하고 잠시 발걸음을 멈추고 서서 한참을 내려다보았다. 이 도시 안에 그 곳만이 유일하게 로마 도로가 존재하고 있는 것도 아니고, 곳곳에 산재해 있고 그 길이 초행이었던 것도 아니었는데, 그날은 어쩌자고 그 도로가 특이하게 느껴졌는지 모를 일이다. 발 아래 깔려있는 벽돌 한장 한장과 그 사이사이로 들어가 박혀있는 자갈 한 톨 한톨이 마치 지구라는 이 땅덩어리 안에 존재하고 있는 사람들인양 느껴지고 보여졌던 것이다.

말하자면 이 세상 모든 인간은 이 벽돌들과 자갈들처럼 제각기 자기 있을 곳에 들어가 (출생) 하나의 사슬처럼 서로 연결되어 더불어 살고 있다고 하는 생각이 불현듯 머릿속에 잡혀 들었던 것이다. 전적으로 타인을 위해서 사는 사람도 없고 자기만을 위해 사는 사람도 없다는 사실, 잘난 사람도 못난 사람도, 배운자 못 배운자도, 건강한 사람이나 그렇지 못한 사람을 불문하고 서로가 서로에게 속해 있는, 하나의 세상에서 각자가 자기의 몫의 짐을 등에 지고 살고 있다고 하는 생각이 마음 한구석에서 수증기처럼 피어 올랐던 것이다.

프랑스의 문호 발자크는 말했다. "스스로와 사이가 나쁘면 다른 사람과도 사이가 나쁘다." 솔직하게 말하건데 나는 내 자신과 그렇게 사이가 좋은 편은 아니다. 때로는 측은하고 안쓰러운 자기연민 같은 것을 느끼고 들때도 더러 있기는 하지만, 나 같은 얼간이가 나말고 누가 또 있을까 싶도록 무능하고 미숙한 자신이 싫고 미울 때가 더 많다. 내딴에는 성실하고 올곧은 한결같은 인생을 산다고 열심을 부렸었는데, 되돌아 보니 "이만하면 됐다. 애썼다. 잘했다."는 자위와 안위는 눈씻고도 찾아 불 수 없고, 부끄러운 나태와 헛점만 여기저기 드러나 보인듯해서 실망과 허탈감에 자주 사로 잡히곤 하는 것이다.

그러나 오늘 이 순간이 비록 잠시 잠깐이 될지는 모르지만, 약간의 안위 같은 것을 맛보았다고나 할까. 벽돌이 아니면 어때, 자갈로써의 자기 소명을 다 할 수 있다면 이 또한 잘 산 삶이 아니겠는가 싶은 상념. 탓하지 말자. 후회하지 말자. 살아있음을 감사히 여기며 조금씩 스스로에게 칭찬도 해가며 내 안의 나와 정답게 지내자. 남편의 손을 말없이 꼬옥 잡는다. 따사함이 전신에 파고든다.

봄이 오고 있습니다

구정도 지나고 어느덧 입춘이 성큼 코 앞에 다가서고 있습니다. 입춘이 들어섰다 해도 땅속의 벌레들이 눈을 부비며 겨울 잠에서 깨어난다는 경칩은 고사하고 우수가 아직 버티고 있는데 무슨 봄타령이냐 싶기도 하지만, 내 귀에는 벌써부터 봄을 알리는 소리가 들려오고 있습니다. 해마다 나의 봄은 비둘기 소리와 함께 옵니다. 지난 주일 뒷뜰에 나갔다가 모처럼 청명한 아침 공기를 뚫고 그 동안 들어볼 수 없었던 비둘기 소리가 들려와서, 오랜만에 듣는 다정한 친구의 목소리처럼 반가웠습니다. 서식처는 알수 없지만 들려오는 소리를 미루어 보아 가까운 근처에 두어마리 정도가 기숙하고 있지 않나 싶습니다. 한놈이 '구구'하고 노래를 시창하면 뒷따라 다른 놈이 '구구'하고 화답을 하곤 하는데, 해마다 바람이 유순해지고 수은주가 올라가기 시작하면, 마치 겨울철 설한에 얼어 죽은 어린새끼들의 혼백이라도 부르는 듯이 처량하고 구슬픈 목소리로 울려대곤 합니다. 내 마음이 밝고 흥거울 때면 비둘기 소리가 더 없이 정겹게 들리다가도, 왠지 마음이 울적하고 고즈넉해질 때면 마치 한 많은 여인의 서러운 울음소리처럼 눈물겹게 들릴 때도 없지 않습니다. "한마리의 제비가 날아왔다고 해서 봄이 다 된 것은 아니다." 라는 말이 떠오르기도 합니다만, 그렇다 해도 나의 봄은 비둘기 소리에 실려 주춤주춤 내 곁에 다가와 부끄럼을 타는 여인처럼 고개를 숙이고 서 있습니다.

옛적에 유대땅에 봄을 알리는 소리가 있었습니다. 그 회생의 기쁜소식은 척박하고 황량한 광야 빈들에서부터 불어와 갈릴리 지역을 휩쓸고 유대전역으로 퍼져 나갔습니다. 그 소리는 따사한 훈풍에 불려오는 부드러운 소리가 아니었습니다. 도끼날처럼 시퍼렇고 폐부와 심장을 가르는 비수처럼 날카로웠습니다. 그는 외쳤습니다. "회개하라 천국이 가까왔느니라." 그리고 그는 말했습니다. "나는 참 봄이 아니라, 다만 봄을 알리는 봄의 전령사일뿐이다. 엄동을 지내면서 덕지덕지 끼어입고 있는 때묻고 낡은 누더기 옷들을 벗어버리고 요단강 물에 깨끗이 몸을 씻으라. 굳게 닫아 놓은 대문의 빗장을 내리고 창문을 활짝열고 찬란한 회춘의 봄을 맞으라."

그 땅에 드디어 봄날이 왔습니다. 들리지 않고 숨을 죽이듯 조용조용 왔습니다. 어디서 오는지도 모르게 비밀스럽게 왔습니다. 추운겨울을 이겨낸 개선장군처럼 당당한 모습으로 오지 않고, 참신한 이웃집 청년처럼 왔습니다. 눈이 부셔서 쳐다볼 수 없는 휘황찬란한 봄볕처럼 오지 않고, 아지랑이처럼 아롱아롱 아련히 왔습니다. 눈밝고 귀밝은 자들만이 볼수 있고 들을 수 있도록 조용히 와서 기다리는 자들의 품에 안겼습니다. 장님이 눈을 떴습니다. 그 봄볕 아래서 맑은 하늘이 보였고, 난생처음 사랑하는 아버지와 어머니의 얼굴을 보게 되었습니다. 세상이 이처럼 황홀하고 아름다운 것을…그는 감탄과 감격속에 봄을 주신 하나님을 찬양했습니다. 귀머거리가 듣게 되었습니다. 뛰어도 봅니다. 문둥병자가 깨끗해졌습니다. 거리를 활보하며 나도 이제 사람답게 살게 되었노라고 외칩니다. 귀신이 벌벌 떨고 쫓겨나고, 죽었던자가 살아나고, 죄인들이 괴롭고 후회스러웠던 죄의식에서 풀려나 할렐루야 하나님께 영광을 돌립니다. 창조 이래로 이 같은 봄이 한번도 없었다고 사람들은 놀라움과 흥분에 떨며 술렁거립니다. 벙어리가 감격에 차서 새 봄을 노래합니다.

> 친구여 당신께 이기쁨 전하고 싶소. 내주는 당신의 의지할 구세주라오 산 위에 올라가서 세상에 전하리 내게 임한 주의 사랑 전하기 원하네.

비둘기 소리에 이끌려 뒤뜰로 나가봅니다. 살을 에일만큼 혹한은 아닐지라도 아직도 겨울 추위가 기승을 부리고 있는데, 까만 흙을 헤집고 갓난아이의 살빛처럼 뽀얀 어린 새싹들이 조심스럽게 고개를 쳐들고 올라오고 있었습니다. 그들 중에는 지난 늦가을 튤립구근을 50개 정도 사다가 군데군데 무더기로 심어 놓았었는데, 어린애 손가락처럼 뾰족뾰족 올라오고 있었습니다. 영하의 기온에도 꿋꿋이 버텨내며 새싹을 틔워내는 가녀린 생명들 앞에, 이 겨울을 이겨주어서 "장하다. 고맙다."고 속삭여 봅니다.

물줄기를 따라 흐르는 듯한 내 삶

어두움을 가르고 새벽이 서서히 아주 느리게 밝아오고 있다. 나이 탓인지 전처럼 아침 잠이 많지 않은 나는, 새벽 5시 반쯤이면 어김없이 눈이 뜨이곤 한다. 여름철에는 이때쯤이면 훤히 밝은 아침시각, 그러나 지금 같은 겨울철에는 안개로 뒤덮여 있는 사위가 밤중처럼 고요하기만 하다. 커튼을 열고 차가운 손을 비비며 어두움 속에 가려진 하늘을 쳐다본다. 사시사철 밤낮을 가리지 않고 내 창문 밖에서 서성이다가 기다렸다는 듯이 커튼을 열면 한 눈 가득 안겨 드는 하늘….

밤새도록 자지 않고 깨어 있는 가로등 불빛이 물기어린 아스팔트 위에서 피곤에 지쳐 흐느적거리고, 그 위를 이따금씩 자동차가 재빠르게 굴러 지나간다. 조금 있으면 호수 저편에서 한 무리의 새떼들이 까맣게 떼지어 날아와 바람을 일으키며 새벽공기를 휘젓다가 어디론가 훨훨 날아갈 것이고, 그들은 해가 설풋해지면 다시 돌아와 멋진 공중곡예를 펼쳐 보일 것이다. 교회당 뒤의 키 큰 전나무 위에 걸려있는 노르께한 하현달이 오늘 새벽따라 더 없이 다정스럽기만 하다.

지난해 초가을부터 나는 남편과 공용으로 쓰던 방에서 결혼 전 큰아들이 사용하던 작은 방으로 자리를 옮겨와 지내고 있다. 새벽잠만 없어진 게 아니라 초저녁 잠까지 점점 줄고 있어서 남편의 수면에 방해가 되어지고 있을 뿐 아니라, 피차간 취침시간과 기상시간이 서로 다르기 때문이다. 나는 밤마다 잠이 엄습해 올 때까지 침대에서 책을 읽는 버릇이 마른 땅처럼 굳어져 있다. 그러나 남편은 나와는 다르게 머리맡에 라디오를 배치해 두고 아침저녁으로 라디오를 즐겨 들으면서, 그때마다 전등불 좀 꺼줄 수 없냐고 짜증을 내기 일쑤이다. 이래저래 소지품을 싸들고 아들 방으로 피난민이 옮겨온 셈이다.

부부가 함께 몸 붙이고 살날도 그리 많지 않을 터인데 싶은 마음이 들지 않는 것도 아니고, 더는 서로 각방을 쓰고 자는 밤사이에 무슨 큰 변이라도 갑작스럽게 발생한다면 하는 위기감이 전혀 없는 것은 아니지만, 얼마 동안은 이렇게 지내고 싶은 마음이기도 하다.

한해 두해가 너무 빠르게 지나간다. 지난해는 유독 빨랐던 것 같다. 봄인가 했더니 여름이었고, 여름인가 싶더니 어느새 가을의 막바지를 보내고 있었다. 그 순간도 잠깐 나는 지금 손 시린 겨울철에 들어서서 세월의 허망함이 눈물겹다 못해 두렵기까지 하다.

강물이 물줄기를 따라 흐르듯이 나는 일상을 따라 산다. 더러는 스스로 만들어 가기도 하지만 대부분은 그날 그날의 상황에 따라 맞추어 살고 있다. 내가 몸담고 살아갈 자리는 내 집이고 내 가족이다. 내 집은 나의 우주이고, 내 유일한 친구는 남편이다. 결혼 후 그는 나의 안보자였고 기둥이었고 전적 의지였다. 나의 아들들과 딸은 나의 기쁨과 보람들이고 우리 손자들과 손녀들은 나의 희망과 축복과 사랑이다. 나는 내 가족이 내 곁에 있으므로 행복하고 늘 감사하는 마음이다.

사람들은 돈을 중히 여기고 전전긍긍하지만, 나는 돈의 귀함을 모르고 필요성도 절실하지 않다. 돈을 모를만큼 돈에 구애받지 않기 때문에 아쉬움도 없다. 그래서 내 남편은 나를 '한심한 여자' 라고 평하지만, 그렇다고 물 쓰듯 쓰거나 낭비하는 일은 절대로(?) 하지 않는다. 새로운 가정용 전자제품에 눈독을 들이거나, 집치장에 신경을 쓰는 일도 없고 (그래서 좀 부끄럽기도 하지만) 화장품이나 옷 그리고 머리모양에 돈을 쓰는 것도 아니고, 외식을 하거나 친구들과 몰려다니는 경우가 없기 때문에 낭비의 구석도 생겨날 리가 없다. 그래서 나는 가끔 내 남편에게 "당신이 이만큼이라도 여유 있게 살수 있는 것은 다 내 덕이요. 내가 돈을 쓸 줄 모르기 때문이요." 큰 소리를 치기도 한다. 그저 그렇게 살아온 삶이요 인생이지만 그렇다고 결코 목적이 없는 인생만은 아니고 아니었다. 내 하루하루의 평범한 일상 속에는 눈물과 땀은 있어 왔고, 지극히 의례적이고 피상적인 삶 같지만 갈등과 긴장 후회인들 어찌 없을 수 있으랴. 끝나지 않는 자기와의 투쟁은 지금도 계속되어지고 있다. 그러나 나는 항상 기쁘다. 그리고 감사하는 마음이다.

삶은 변화를 요구한다

영어라고 하면 학교 다닐 적에도 곰 쓸개 씹듯이 싫어했던 과목이었다. 응용력은 대단하지 못했지만, 달달 외우는 과목에는 둘째가라면 서러워할 만큼 열심히 외웠었는데, 영어단어 만큼은 왜 그리 한사코 머리를 아끼고 들었는지 모르겠다. 영어 선생님이 싫어서였던 것은 아닌 것 같고, 아마 발음에 영 자신감이 서지 않아서 미리부터 싹 치워버렸지 않았나 싶은 생각이 든다.

그 당시 내 친구들 중에는 학교에서 제법 한다는 똑똑이들이 몇 명 있었다. 그 중에서도 단짝이었던 문 OO는 유독 영어를 좋아해서 토요일이면 미국 선교사에게 영어회화를 배우고 있었는데, 같이 다니자고 노래를 불렀지만 그때마다 "영어공부 많이 해서 너나 미국 가서 살아라. 나는 내 나라에서 살란다." 라고 일언지하에 거절해 버렸었다. 그런데 그 친구는 일생 동안 고국에 머물러 살아가고, 내 나라에서 살겠다고 코웃음을 치며 빈정대던 나는 스물 중반을 넘어서기가 바쁘게 그 싫어하던 영어 종주국에 와서 일생을 보내고 뼈까지도 이국땅에 묻히게 될 판이니, 이래서 "사람일이란 알 수 없다."는 말이 생겨났는지 모르겠다는 생각을 자주하게 된다.

대한민국의 땅끝이라고 불리우는 한반도의 끝자락에서 태어나 그곳에서 살았던 나는, 중학교에 들어 가서야 우리와는 생판 다른 하얀 피부에 왕방울 같은 큰 눈을 가진 서양 사람을 난생 처음 보았었다. 물론 미국, 영국, 프랑스와 같은 먼 나라들에 이름과 수도명까지도 배워서 알고 있었고, 6.25 덕분에 미국의 아이젠하워나 맥아더같은 생소한 이름도 몇 들어 보기는 했었지만, 내 눈으로 서양 사람을 직접 목격하기는 중학교 입학과 더불어서였다. 미국의 여선교사님이 학교 교장이었던 것이다. 생각하면 동화같은 옛 어린시절의 이야기지만 신기하기 짝이 없었다. 외모에서 받은 생소함만이 신기했던것이 아니라, 아침 조회 때나 경건회 시간에 "학생들…." 로부터 시작된 영어도 아니고 한국말도 아닌, 생전 처음 들어보는 억양과 어투의 훈화는 마치 천상에서 들려오는 신비스러움까지 자아내 주었었다. 그런데 지금은 이상하게 생긴 얼굴들이 조금도 낯설어 보이지 않는 친숙한 내 이웃과 사랑하는 가족들 얼굴 모습들이어서, 이네들의 틈에 끼여 있는 내 동포들이 오히려 눈에 설어 보일만큼 안목에 변화의 물결이 일고 있다.

　"사랑하면 눈에 콩깍지가 낀다" 던가. 나는 내 남편이 남달리 못생겼다고는 한번도 느껴보지 못했었다. 남편이 고향에서 병원 레지던트로 일하고 있을 때, 시골 제자가 몸이 좀 이상하다고 찾아왔기에 남편을 소개해 주면서 "그 병원에서 제일 잘 생긴 의사가 내 남편이다."고 천거할 만큼 단아하고 깔끔한 용모에 매료되어 결혼을 했었다. 그런데 어느 날 영국인들의 틈에 끼여 기차역을 빠져나오고 있는 왜소하다 못해 꾀죄죄해 보이기 그지없는 남편의 외관(external appearance)은 저 분이 내 남편인가 싶도록 충격적이어서 당혹스럽기만 했다. 그 일이 있고 난 후부터 영국부인들 사이에 끼어 있는 내 위축된 모습을 남편에게 보이지 않으려고 신경을 쓰고 있다.

"유수와 같은 세월"이라던 어른들의 푸념이 어느덧 내 전용어가 되어가고 있는 요즈음 하루가 다르게 늘어나고 있는 얼굴의 주름살처럼, 나의 생활양식과 의식구조에 크고 작은 수많은 변화들이 일고 있다. 없었던 것이 채워지기도 하고, 존재했던것이 빠져나가기도 하는 가운데, 무엇보다도 배타적이기만 했던 서양인들을 바라보는 내 눈동자가 부드러워졌고 정다운 친구들처럼 친근감까지 느껴지고 있다. 길거리를 하릴없이 방황하고 있는 젊은이에 대한 편견이 벗겨 나간지도 오래고, 오히려 내 살붙이처럼 살갑고 사랑스럽게 느껴짐도 전에 없던 일이다.

타향도 오래 살다 보면 고향이 되어지는 법, 40년이 넘도록 살아가면서도 고향의 입맛만을 연연해하며 접고온 꿈같은 지난 날에 매달려 얼마를 더 이런식으로 살아야 할 것인가 싶은, 때 늦은 반성과 자각이 머리 속에 바람을 몰아다 줄 때가 종종 있다. 이 사람이 저 사람 같고 저 사람이 이 사람 같게만 느껴지던, 분간되지 않던 얼굴들이 어느덧 익숙한 내 이웃들이 된지 오래고, 천상의 언어로만 귓가에 와 닿던 그 이상했던 방언이 꿈 속에서도 톡 튀어 나올만큼 내 입술 위에서 춤을추듯 놀고 있기도 하다. 그러나 무엇보다도 신기하기도 하고 놀랍고 흥미롭기까지도 느껴지고 있는 사실은, 노랑머리에 파란눈을 달고 있는 서양인들이 한 명도 아닌 세 명이나 가족으로 보태졌다고 하는, 피할 수 없는 현실이 이 땅 이 백성들과의 인연을 외면하거나 결코 가볍게 여길 수 없을 것 같다는 느낌이다.

옛날에 어느 선인(righteous man)은 지나가는 길손들을 영접해 드렸다가 천사를 대접했다 하지 않던가. 길을 가다가 소매 끝을 스쳐도 전생의 인연이라 했는데 내 민족, 내 동포가 아니면 어떤가. 울타리 하나를 사이에 두고 몇 십 년을 살면서 아침 저녁으로 들며 날며 안부를 묻고 웃어 보이는 이웃이 참다운 내 이웃이요, 기꺼이 며느리와 사위가 되겠노라고 내 집으로 걸어 들어온 이 나라의 아들과 딸들이 내 가족들이고 보면, 감상의 거품을 거두어내고 따사한 가슴으로 만남의 인연들을 보물처럼 끌어 안아 소중하게 가꾸어내지 않으면 안될 것 같다.

세상은 변화와 발전을 향하여 놀랄만큼 빠른속도로 흐르고 있다. 세계가 1일 문화권에 들어선지도 오래고, 경제 과학 기술 정치 문화 등 다방면에서 글로벌 시대 거대한 물살을 타고 있다. 우리 기업들이 세계시장을 누비고 6천만이 넘는 우리 민족들이 세계 각국으로 펴져 나가 살면서, 유엔사무총장이 나올만큼 두각을 드러내며 한민족의 우수성과 위상을 펼쳐 나가고 있다. 뿐만 아니라 허다한 서양인들이 한국에 들어와 우리의 언어와 문화를 배우며 활발히 활동을 하고 있어 서울 거리 어디에서나 이들을 흔하게 만날 수 있고 쉽게 접할 수 있어서, 이제는 조금도 낯선 사람들이 아니다.

지금 한국의 청소년들은 김치찌개나 된장국보다는 피자나 햄버거에 입맛이 들어있고 옷차림도 명절이 아니면 고유의 한복 보다는 양복 차림을 하고 산다. 주거생활도 마찬가지다. 재래식 한옥은 문화유산으로나 가치를 발할 뿐 너도나도 살기 편하고 쾌적한 아파트를 선호한다. 이처럼 식상과 입맛이 바뀌고 주거생활이 바뀜에 따라 내 나라의 살고 있는 내 백성들의 생활양식과 의식구조에도 엄청난 변화가 일고 있어서, 선진국으로 이주해 간 이민자들 보다 오히려 본국에 살고 있는 서울내기들이 훨씬 더 서구적인 생각을 가지고 국제화의 거센 물결을 타고있다는 느낌을 저버릴 수 없다. 영어만 해도 그렇다. 영어권에서 생활하고 있는 우리들보다 영어문법이나 독해력에 있어서 실력이 월등한 한국 사람들을 만나게 되는데, 부끄럽기도 하지만 자신을 돌아볼 수 있는 반성과 도전의 기회를 제공해 주기도 해서 반갑기도 하고 놀라움을 자아내게도 한다.

우리 큰 아들과 작은 아들은 영국 NHS(National Health Service)에서 일하는 의료인들이다. 글로벌시대 영국인들임을 증명이라도 하듯이 하나같이 English girl 들에게 장가를 들었고, 건축사인 딸까지도 맨체스터 본토박이인 만쿠니언에게 시집을 갔다. 우리 부부는 다른 교민들의 자녀들처럼 그들이 대한의 딸들과 혼인해 주기를 바라며 내심 기대를 걸었었다. 특히 내가 더 그랬었다. 배달민족의 피를 나눈 내 민족의 딸들에게 더 감정이 더 가고, 참으로 시 부모 대접도 더 잘해 줄 것 같았고, 국제결혼에 대한 나만의 편견과 부정적인 생각에 애향심까지 보태져서 며느리들 만큼은 기필코 한국아이들을 얻어야 될 것처럼 고집하고 싶었던 것이다. 그러나 골프공과 자식은 부모의 마음대로 안 된다고 했던 친구의 말이 그대로 적중이라도 하듯이, 영국 여자와의 결혼을 극구 고집하고 드는데는 "자식 이길 부모가 없다"고 기껍게 순순히 손을 들어줄 방법 밖에는 다른 도리가 없었다. 그러나 한편으로 생각하면 한 며느리는 한국 아이고 다른 한 며느리는 영국아이이기 보다는 둘 다 같은 나라사람이어서, 오히려 가족적인 분위기와 화합에 있어서 다행스런 면도 없지 않아 끌어안고 다독거려 나오고 있다.

우리 큰 며느리로 말하면 캠브리지 대학을 졸업한 미모와 실력을 갖춘 의학 박사이다. 무남독녀로 자란 케이티는 친정 아버지의 기쁨이었고 자부심이었다 한다. 결혼 날짜를 잡아 놓고 런던 어느 호텔 레스토랑에서 양가 부모가 처음 만나는 자리에서 케이티 아버지 브라이언 씨는, 결혼 13년 만에 나온 눈에 넣어도 아깝지 않은 딸이라고 지레 눈시울을 적시우고 들었다. 해서인지는 몰라도 눈 씻고 찾아봐도 시부모에 대한 예의가 털끝만큼도 보이지 않는다. 오랜만에 만난 시부모에게도 인사할 줄 모르고, 시아버지 시어머니가 다가가서 키스를 해줘야 흡족한듯 방긋이 웃어보이고, 헤어질 때도 앉은 자리에서 일어서지도 않은 채 "bye bye"하고 손만 살랑살랑 흔들어 보일 뿐이다. 집안 살림은 가정부와 보모를 두고 하고, 주말 요리는 남편의 몫이 되고 있는 셈이다. 그래도 염치는 있는지 피터가 해주는 음식이 세상에서 가장 맛있다고 칭찬을 아끼지 않고, 남편을 추켜세워 주는 것 만큼은 빠트리지 않고 잘 챙기는 편이다. 이런 며느리에게서도 장점을 찾아 내기로 하면 아주 없는 것은 아니다. 자기를 중요하게 여기고 책임성이 강할 뿐만 아니라, 전형적인 서구 직업여성임에도 세 자녀들에게 쏟아 붓는 정성과 인내, 사랑과 헌신은 그 누구도 따라잡을 수 없으리만큼 놀랍고 기특하기만 하다. 큰 며느리에게서 내 모습을 발견할 때가 자주 있다. 늘 고맙게 여기며, 나의 단점을 끌어 안듯이 사랑으로 감싸내고자 노력을 기울여 나오고 있다.

　작은 며느리는 외모와 성품 면에서 큰 며느리와는 아주 대조적인 면이 많다. 런던 임페리얼 대학을 나온 가정의사이다. 자그마한 체구에 인형처럼 얼굴이 예쁘고 사근사근하기가 나주배는 저만치 가라다. 누구에게나 예의가 깍듯하고 채식주의자이기는 하지만, 부엌에서 음식 만들기를 좋아하며 얼굴 치장과 옷 치장에 관심이 지대하다. 웃거나 말할 때는 전신에서 애교가 좔좔 흐르고 주위에 친구가 많을 뿐더러 사람들과의 대화를 즐기고, 누구에게나 편안함을 안겨주는 전형적인 여성 타입이다. 큰 며느리와 나눌 수 없는 대화와 감정을 조금이나마 작은 며느리로부터 풀 수 있어서 퍽 다행으로 여기고 있다.

며느리와 사위가 모두 외국인들이다 보니 힘들지 않으냐고 물어보는 이웃들을 가끔 만나진다. 이는 한국 친지와 교민들로부터 받는 질문만이 아니고, 이곳 영국인들에게서도 종종 들을 수 있는 질문이기도 하다. 그러나 사람관계는 자기 할 탓이고 볼 탓이라고 말하고 싶다. 곱게 보면 미운 짓도 예뻐 보이고 미운 사람도 사랑의 마음으로 안으면 살갑게 느껴진다. 내가 잘하면 저쪽에서도 잘하고, 내가 비우고 버리면 저쪽에서도 비우고 버리는 자세를 취한다. 기대를 줄이면 실망도 줄고, 사랑하면 사랑받는 게 인지상정이 아닐까 싶다. 며느리들에게 주장하는 태도를 버리고 맞추어 가려고 노력하고, 시어머니 대접을 받는데서 보람과 기쁨을 찾기보다는, 손자 손녀들과 며느리들에게 우리나라 음식을 선보이고 싶어서 식모노릇을 즐겨하며, 비록 식구들 사이에서의 일일지라도 가족들을 위해 사는 삶 속에 나를 위함이 들어 있다고 믿고, 내 행복 내가 만들어 가며 살고 있다고 말하고 싶다.

하루가 쌓여서 1달, 1년, 10년이 되고 흐르는 세월속에 내인생이 짜여가고 있다. 시간 속에 변하지 않는 것은 하나도 없다더니, 그간 내 삶 속에 내적 외적으로 무수한 변화가 있어 왔고, 이 변화들 중에는 죽음이 내어깨를 툭 치는 순간까지도 계속되어 갈 것도 더러는 있으리라. 해남 돌자갈 밭에서 태어나서 자라, 정거장처럼 남미를 거쳐 지구 반바퀴를 돌고 돌아 낯선 이 영국 땅에 거처를 정한지도 어언 반세기를 바라보고 있다. 들고 나는 바닷물결에 이리 밀리고 저리 밀리며 밤과 낮으로 바닷바람을 머리에 굴러쓰고 말없이 해변가에 누워있는 소라껍질, 비록 겉모양은 닳고 닳아 있을지라도 여전히 소라껍질인 것을….

   핏덩이 같이 뜨거운 그 무엇이 목구멍에 걸려있다가 울컥 넘어오려고 한다. 길가에 버려진 아이처럼 울음이 터져 나올 것 같다.

땅에는 꽃이 있다

이웃에는 꽃을 무척 좋아하는 교민 할머니가 살고 있었다. 슬하에 자식은 두지 못해서였는지 몰라도 유별나게 꽃을 좋아하던 분이었다. 영국의 주택들은 집 앞에 자동차 한 두대쯤 세워 둘 수 있는 공간과 앞 뒤로 정원이 딸려있는 이층으로 지어진 세미디태치드(semi-detached) 집이 보통이다. 할머니는 자동차 도로에 인접해 있는 플랫(Flat)에 살았다. 플랫은 디태치드나 세미디태치드 집들처럼 정원이 딸려 있지 않아서, 그분은 부엌 뒤에 붙어 있는 조그만 공간에 플라스틱 바스켓을 줄줄이 늘어 놓고, 그 안에 상추와 부추, 들깨 씨앗을 뿌려 가꾸었고, 도로와 맞붙어 있는 출입구(현관) 앞에는 화분을 놓아두고 서양 봉선화와 제라늄, 달리아를 심어 지나는 사람들의 눈과 마음을 즐겁게 해주었다. 그런가 하면 집안 라운지에는 오밀조밀 벽에 예쁜 꽃접시 그림들을 붙여 놓았고, 진열장에는 온통 꽃무늬의 찻잔들과 디너세트로 가득 채워 사시사철 꽃을 보고 아침저녁 꽃을 즐겨내는 마음으로 사는듯 싶더니, 이태전에 남편을 잃은 후 30년이 훨씬 넘게 살아온 영국생활을 접고 영구 귀국했다.

꽃은 보는 이의 마음을 즐겁게 해주고 감동을 일으킨다. 그래서 우리는 병문안을 할 때나 생일을 축하할 때 혹은 남의 집을 방문하고 아이를 낳을 때, 꽃이나 화환을 선물하고 자녀들의 졸업식에도 꽃다발을 안겨줌으로 졸업을 축하한다. 빨간 장미꽃 한송이로 연인에게 사랑을 고백하기도 하고, 어버이의 날에는 가슴에 빨간 카네이션을 달아 드리고, 친지의 개업을 축하할 때도 보기 좋은 화환으로 축하의 마음을 표한다. 결혼식장과 장례식장에도 꽃으로 아름답게 실내장식을 하고, 회의석상에도 꽃은 빠지지 않을만큼 분위기 조성에 일품이요 글자나 말을 대신하는 매개체 역할을 주도한다.

또한 꽃은 아름다움의 상징이기도 하다. 꽃마다 색깔이 다르고 모양과 크기가 다르지만 아름답지 않은 꽃은 없다. 우리는 얼굴이 예쁜 미모의 여인을 두고 꽃처럼 예쁘다고 꽃에 비견해서 찬사를 보낸다. 아름다움을 싫어할 사람은 없다. 아름다움은 보는 사람의 눈길과 마음을 사로잡고 소유하고 싶은 충동심과 기쁨을 불러일으킨다. 꽃처럼 아름다운 여성의 미모에 매혹되어 결혼했다가 실망하기도 하고, 예쁜 꽃무늬의 찻잔에 현혹되어 자꾸 사게 되는 주부들, 화가들은 아름다운 꽃과 어여쁜 여인의 모습을 화폭에 담아내고자 고심하게 되고, 사진작가들 중에는 희귀한 화초를 찾아 산천을 누비고 다니기도 한다. 대부분의 우리들은 그렇게까지는 못해도 집에 손바닥만 한 공지가 붙어 있어도 꽃씨를 뿌리고, 거실이나 오피스에도 화분 몇개쯤은 들여놓고 틈틈이 화초에 눈을 주고 앉아서 친구 삼아 두런두런 속삭인다.

일반적으로 영국 주택들은 집집마다 가든이 달려 있어서, 정원을 가꾸고 꾸미는 가드닝을 취미로 여기고 사는 사람들이 많고, 가드너를 두고 사는 이들도 적지 않다. 옛날 우리나라의 선비들이 정원에 꽃과 나무를 심고 시를 읊으며 학식과 인격과 덕행을 식물에서 익혀 나갔듯이(소나무의 지조와 대나무의 꿋꿋한 기상, 국화의 고결함과 매화의 품격 등) 영국의 옛 영주들의 저택들은 수천 수만 평에 달하는 방대한 토지 공간을 논밭으로 개간하는 대신에 가든으로 꾸며놓고 갖가지 수목들과 화초는 물론이려니와, 아프리카의 열대성 식물들을 비롯하여 세계 각국 각처에서 수집해 온 희귀성 식물들을 부와 신분의 상징처럼 자랑하기도 했던 모양이다.

우리 집도 원래는 터를 꽤나 넓게 잡고 있었나 본데, 옛 집 주인이 가세가 기울어지면서 마구간을 이층짜리 단독주택으로 개조에서 팔고, 테니스코트와 텃밭에 방갈로 두 채를 들어 앉혀 팔았다 한다. 그러고도 몇 평이나 되는지는 알 수 없지만, 가든이 인근 집들에 비하여 곱절이나 넓은 편이다. 차도 쪽으로 두르고 있는 동쪽 정원에는 헤지 울타리 안으로 영국의 고택들의 정원에 가장 많은 서양 철쭉 (로도덴드론)들이 키재기를 하며 겹겹이 줄지어 서서 사시사철 푸르름을 떨구어 내다가 5월 중순쯤이면 하얀색, 분홍색, 다홍색, 보라색 꽃들이 한데 어울려 화려한 꽃잔치를 펴고들 때는 그 황홀함이 극치에 달하고들 만큼 일대 장관을 이뤄낸다. 그러나 만개 해 있는 기간이 짧은데다가 꽃송이가 소담스럽고 화려한만큼, 모든 것들이 다 그러하기는 하지만, 지는 모습이 허망하다 못해 처량하기 그지없고, 한 여름을 넘기고 나면 담을 넘어 설만큼 쑥쑥 키가 자라곤 해서 다듬어 주는데 힘이 버거울만큼 일 거리가 많은 것이 탈이다.

"정원 가꾸기는 두말할 나위 없이 세상에서 가장 값진 일이다" 버나드 쇼는 말했다. 그런데 내 남편에게는 큰 짐덩어리가 되고 있음도 사실이다. 해마다 봄 가을 두차례 걸쳐서 깎아 줘야 하는 헤지와 여름철에는 이

삼 주일에 한번씩 깎는 잔디, 월동 준비를 하듯 10월이면 서양철쭉을 비롯해서 목련, 동백, 장미들과 다른 몇 그루의 나무들 그리고 코니퍼와 고목이 되어버린 사과나무들의 가지를 쳐 주어야함이 남편에게는 적지 않은 무게로 작용하고 있는 것이다. "집과 나무는 가꾸어 주기 나름"이라는 말이 있다. 하나, 우리집은 마누라나 집 가축이 매 일반이어서 어수선하거나 추하게 보이지만 않을 정도로 대강대강 꾸미고 치우고 정리하며 살아가고 있는 셈이다.

젊었을 적에는 시간이 없었고, 지금은 나이탓인지 가꾸고 꾸미며 치장하는 일에 마음과 신경이 함께 무디어져 가고 있다고나 할까. 어제는(11월 중순) 내일부터 날씨가 영하로 떨어질 만큼 추워지게 될 것이라는 티비에서 흘러나오는 일기예보를 듣고, 이파리가 다 떨어져 나간 꽤 벗은 나뭇가지에 대롱대롱 매달려 있는 사과들을 따주고, 가랑잎들을 쓸어모아서 서양철쭉가지들과 함께 뜰에서 태웠다. 생나무가지와 축축한 가랑잎 타는 연기가 시커멓게 뒷뜰에 퍼져났다. 한참을 태우고 있는데, 느닷없이 두명의 소방대원이 소방차를 이끌고 들이닥치는 바람에 기겁하지 않을 수 없었다. 화재를 의심하고 온 모양이었다. 보고를 하고 태워야 했느냐고 물으니, 그건 아니란다. 고마운 사람들이었다.

꽃을 심어 가꾸고 보살펴 내며, 다음해를 위해서 깔끔하게 정리까지 해줘야 하는 작업들이 다소 힘겹고 귀찮은 것도 사실이지만, 형형색색으로 피어있는 꽃의 아름다움을 보기 위해서는 이 정도의 수고쯤은 감수해 내야 할 것도 같다는 생각이다. 화려한 빛깔로 집안 분위기와 품위를 돋우고 한 때의 도취일 망정 만개의 황홀감에 젖어 꽃 향기에 취해 보는 행복,

누군가가 그런 말을 했었다.

"하늘엔 별이 있고, 땅엔 꽃이 있고, 사람의 마음엔 사랑이 있다."

별과 꽃과 사랑은 아름다움의 극치요. 별과 꽃과 사랑이 존재하는 이상 인간은 행복할 수 있고 또한 충분히 행복하다는 것이다. 공명과 공감을 일으켜내는 적절한 표현으로 마음에 와닿고 있다.

자수(Tapestry) 같은 인생

"인생은 자수와 같다" 영국의 한 크리스천 저자는 말했다. 그럴듯한 표현처럼 생각되어진다. 어느해였던가. 우리 큰 아들이 대학 다닐 때였고 보면, 그게 오래전 일이다. 아들은 방학 동안에는 대개는 아르바이트를 해서 푼돈이라도 벌어쓰곤 했는데, 그해 겨울 방학 동안에는 마땅한 일자리를 찾을 수 없어서, 그냥 집에서 쉬고 있었다. 그 당시 나는 미켈란 젤로의 '최후의 만찬'을 도본으로 한 가로 1m 가량이나 되는 대형 벽화를 십자수로 새겨가고 있었고, 집에서 하는 일이 없어 가뜩이나 따분했던 아들은 자기가 한번 해보겠다며 손에 바늘을 쥐고 수틀을 끌어안고 앉아 시험삼아 해 보더니, 의외로 재미있어 했다. 올이 촘촘한 포플린이나 옥양목 바탕에 수를 놓는 것이 아니라, 올이 성긴 삼베 원단 위에 패턴을 따라가며 한뜸한뜸 바느질만 해주면 되는, 손끝이 곱지 않아도 쉽게 할 수 있는 서양자수여서 그랬을 것이다.

아들은 3 주간이라는 크리스마스 휴가를 수틀 앞에 앉아 열심히 십자수를 새겼는데(컴퓨터가 없던 시절이라서 가능했을 것이다), 작품이 완성되어 나왔을 때는 코가 약간 삐뚤어진 제자가 있는가 하면, 손목이 굽은 제자도 나왔고, 예수님의 옷자락 색채가 원본과는 다르게 새겨지기도 했었지만, 이는 패턴과 비교해서 꼼꼼이 살펴볼 때이고, 보통 사람들의 눈에는 흠 없는 완벽한 자수처럼 보여질 뿐이어서, 우아한 액자 속에 넣어 20년 함께 라운지 벽에 걸려 보는 이로 하여금 감탄을 자아내고 있다. 모든 수예품들은 완벽한 작품처럼 보여지는 수작이라 하더라도 뒷면으로 뒤집어 놓고 볼 것 같으면, 어떻게 보아도 아름답다고 여겨질 수 없는 볼썽 사나운 조잡한 모습들을 하고 있다. 이쪽에서 저쪽으로 건너뛰는 얽히고 설킨 실낱들 하며, 끊겼다 이어진 무수한 실밥들과 매듭들은 앞면의 일목요연한 고움이 연상되지 않을 만큼 어수선하고 혼잡스럽기 그지없을 뿐이다. 그러나 이처럼 들쑥날쑥 혼잡스럽고 볼품 없는 뒷면이 없었던들 어찌 전면의 아름다운 작품이 가능할 수 있었겠는가. 인생도 이와 마찬가지라는 것이다.

그리고 보면 내 생애도 가을이 깊을대로 깊어져 마음 속에 낙엽이 소복소복 쌓여가고 있다. 하루, 일주일, 한달, 1년이 쌓이고 쌓여 어언 70 대 중반에 들어서서 지난 발자취를 더듬어 살펴볼 때, 나만의 소우주 속에 들어앉아 마치 세상과 담 쌓고 내 울타리만을 지켜나온 느낌이 지배적이다. 의식주에 전전긍긍하지 않고 살 수 있었고, 자식들로 인하여 근심 걱정 해보지 않았으며, 남편 때문에 울분으로 속 썩고 살지 않아도 되었으니, 비록 범상을 뛰어넘지 못한 평범한 삶이었다 할지라도, 푸념과 넋두리를 풀어 놓고 하소연 할 입장은 아니다.

사람은 어느 나라, 어느 부모, 어느 시대에 출생하였느냐에 따라(이는 스스로가 선택할 수 없는 운명이고 필연이다) 삶의 질과 양상이 달라진다는데, 그리고 보면 우리 부모님과 조국 그리고 몸 담고 살아오고 있는 영국이라는 복지사회와 평화시대(매일뉴스에 나오고 있는 시리아와 이란의 참상들이 안타깝고 분노스럽지만) 그리고 나의 기쁨과 긍지가 되는 사랑하는 자녀들과 나의 지붕과 언덕인 고마운 남편에게 크게 감사해야 할 것 같고, 지극히 높으신 분의 도움과 은총이 아니었다면…싶기도 하다. 인생은 스스로 만들어 나가야 하지만, 그럼에도 주어진 것들이 더 많음을 이 나이에서 느끼고 깨닫게 된다고나 할까.

그러나 "인생은 외적 필요조건 충족만이 전부는 아니다"라는 생각도 지켜나가고 있다. 외적으로 갖출 것 다 갖추고도 가족과 담 쌓고 사는 사람들이 얼마든지 있는 것이다. 물론 돈이 있으면 무겁고 답답한 심정을 쇼핑으로 해소시켜내기도 하고, 친구들을 만나 시간을 보내기도, 여행을 다니기도 하면서 이유 없는 심기를 다소 잠재울 수 있겠지만, 그렇다고 내적 요소가 다 끝난 것은 아닐 터다. 그리고 보면 나 역시도 늘 자신과 싸우며 살아왔다는 느낌이기도 하다. 항상 감사하며 기쁘게 열심히 산다고 살아왔지만, 내적갈등이랄까 무엇인가 중요한 것들이 쏙 빠져나간 듯 허탈한 심정이 마음 밑바닥에 늘 깔려 있어서, 좀 더, 좀 더를 부르짖으며 자신을 채찍질하듯 다그쳐나온 감도 없지 않다. 대부분의 인간사회가 그러하듯이 나 역시도 근심, 걱정, 두려움에 싸였던 순간들과 후회스럽고 마음 아팠던 일들, 가슴 태우며 초조하고 불안했던 상황들, 짙은 안개 속에 들어앉아 있는 듯이 한치 앞도 보이지 않는 암담한 심정, 사람 관계 실패에서 오는 헝크러진 감정들로 인한 속상함, 자신에 대한 실망감과 후회스러움, 외롭고 고적한 삶을 추스려잡기가 버겁게만 느껴졌던 시절들, 신체적 결함과 결손을 어떻게 하지 못하는 무너진 여심 속에 파고든 한숨과 실망스러움, 그러나 다른 한편으로 나는 늘 소망에 찼고 기뻐하며 감사하는 삶이었음을 고백하지 않을 수 없음은, 내 머리 위에는 눈을 들어 무시로 쳐다 볼 수 있는 푸르고 높은 하늘이 걸려있고 "내가 산을 향하여 눈을 들리라" 고백했던 시인처럼, 바라볼 수 있는 든든한 산이 내 앞에 펼쳐져 있었기 때문이리라.

　이쯤에서 만일 내게 수예품 원단을 디자인하는 재주가 주어졌다면, 하고 상상해 본다. 그렇게만 된다면, 나는 도면의 삼분의 일에 하얀 뭉게구름이 피어오르는 푸른 하늘을 배경으로 작품을 디자인 할 것이다. 그리고 소망이라는 활자를 긴꼬리처럼 늘어뜨린 붉은 애드벌룬을 둥실 구름까지 떠오르게 하고, 아래 하단은 라우리(Lowry)의 그림 'Day of Celebration'처럼 수많은 인파가 광장으로 나와 Victory Day(2차 세계대전에서의 승리를 기념하는 날)를 경축함과 같은 환희와 기쁨의 축제 장면을 곱게 연출한 할 것이다. 흰색실과 푸른색 실을 가장 많이 사용할 것이요, 황금색 실과 갈색 빛깔의 실에 회색과 검정색 실을 섞어가며 밝고 명쾌한 분위기를 깔끔하고 단아하게 처리해 내고 싶다. 공간이 조금 더 허락된다면, 길가의 예쁜 화초들과 나무 몇그루를 심어 사람들과 빌딩과 길과 광장을 멋스럽고 조화롭게 꾸며보는 재주를 부려 보고 싶기도 하다.

　　내가 싫어서 한사코 내 품에서 떠날 궁리만 하는 무정한 세월, 붙잡아도 쓸 데 없고, 불러도 들은척 만척 발걸음만 더욱 빨라지는구나. 한줄기의 스산한 늦가을 바람이 나무가지를 뒤흔들고 지나갈 때면 풀잎처럼 흔들리는 내 마음
　　화살처럼 빠른 광음이 벌린 두 팔 사이 사이로 바람타고 도망가네.

계절에서 인생을 배우다

눈부시도록 찬란한 가을 햇살이다. 전신에 휘감겨 드는 따사한 햇살을 등뒤로 하고 안락의자 속에 깊숙히 파묻혀 창문 밖의 정갈한 가을 하늘에 무심히 눈을 주고 앉아 잠풀 같은 사념에 잠겨든다. 어느새 가을이라니 급류 같은 세월이 칼바람처럼 가슴을 할퀴고 지나간다. 스스르 감겨들던 눈꺼풀이 느닷없이 귀싸대기라도 한 대 얻어 맞은 듯 정신이 버쩍 든다. 중국의 교육자요 철학자와 저술가였던 임어당씨는 인생을 사계절에 비교하여 말했던 적이 있다. 만상이 푸릇푸릇 생명이 약동하는 봄철을 유아기에, 작렬하는 태양볕 아래 푸르름을 뚝뚝 떨치는 녹음방초의 여름을 청년기에, 오곡백과가 알알이 영글고 맛들어 가는 천고마비의 결실과 수확의 계절을 장년기에, 그리고 춥고 음산한 시련의 겨울을 노년기에 비유했던 것이다.

사계(four seasons)는 서로 연결되어 쉬임없이 흐른다. 봄은 여름철로, 여름철은 가을철로 또한 가을은 겨울철로 잇따라 기울고 있는 것이다. 봄은 여름과 가을과 다르며, 가을은 또한 겨울과 다르다. 그 이치가 꼭 아이가 자라서 청년이 되고, 청년이 나이를 먹으면 장년으로 그리고 장년은 또한 흐르는 세월 속에 노인이 되어가는 이치와 다르지 않겠다 하겠고, 어린아이는 청년과 다르고, 청년은 장년과 다르며, 장년은 노인과 다름 같기도 하다.

지나간 계절은 두번 다시 돌아오지 않는다. 물론 내년에도 봄은 올 것이다. 그러나 내년의 봄은 금년 봄과는 다르다. 새 봄인 것이다. 하늘에는 해가 떠오르고 구름이 끼여있고 달이 기울고 별이 빛나고, 거리에는 비가 내리고 바람이 불어온다. 그러나 오늘의 하늘은 어제의 하늘과 다르고, 오늘 내린 비는 어제의 비가 아니다. 인생도 마찬가지다. 오늘의 나는 어제의 내가 아니다. 겉 생김새와 모습은 전혀 달라 보이지 않을지 모르지만, 무언가 달라도 다르다. 흰 머리카락이 하나 더 나와도 나왔을 것이요, 주름살이 하나 더 생겨도 생겼을 것이다.

시간은 절대로 붙들어 둘 수 없고 뒤로 물러서 주지도 않는다. 끊임없이 앞으로 나아간다. 기울어 가는 태양을 붙잡아 중천에 매달아 두고 떠오르는 달을 떠오르지 못하도록 야알론 골짜기에 머물게 했던, 여호수아의 기적은 우리 인간들에게는 결코 일어나지 않는다. 괴롭고 힘들 때 뛰어넘고 싶고, 기쁘고 행복할 때 오래오래 붙들어 두고 싶어도 그렇게 되지 않는게 시간이요, 과거는 아무리 후회스러울지라도 되돌릴 수 없고, 미래는 아무리 급해도 미리 소급해서 사용할 수 없다. 인간은 오직 현재를 살고 있을 뿐이로되, 이 현재 마저도 눈에 보이지 않게 자꾸만 앞으로 흐르고 있어서, 지금 이 순간이 다음 시간에는 과거로 변하고, 오늘이 내일엔 추억으로 낙엽처럼 쌓여질 것이다.

일년 중에 가장 좋아하는 계절이 어느 계절이냐고 사람들에게 물으면, 저마다 각기 다른 대답이 나올 수 있으리라 짐작되지만, 그런 중에도 봄철과 가을철을 꼽는 분들이 많으리라 여겨진다. 해동의 시냇물가에 버들 강아지 잎 피어나고, 까칠한 나뭇가지 마디에서 연록색 새싹이 파릇파 릇 돋아오르며, 아지랑이 아롱아롱 강남 갔던 제비가 빨랫줄에 모여 앉 아 지지배배 인사를 건네는 봄. 부드러운 봄바람에 간지럼을 타듯 개나 리 진달래 수선화 튤립 살구꽃 복사꽃이 앞서거니 뒤서거니 꽃망울을 터 뜨려내는 봄은 환상의 계절이요, 가슴설레이게 하는 꿈과 희망의 계절이 기도 하다.

하면, 가을은 어떤가. 울긋불긋 꽃단풍으로 단장한 가을산의 정취는 봄 꽃들의 어여쁨과 현란함에 비길바 아닌 황홀함 속의 경탄이다. 가을 햇살 아래 알알이 익어가는 오곡백과와 아득히 높고 푸른 하늘, 휘영청 달 밝은 밤에 풀 벌레 우는 소리와 낙엽지는 소리. 봄을 곱고 부드러운 여성적인 계절이라고 한다면, 가을은 눈매가 시원한 초월과 달관의, 조 금은 외로워 보이는 남정네의 계절처럼 느껴진다. 가을은 확실히 새 희망 에 가슴 부푼 봄철과는 달리 쓸쓸하고 고즈넉한 조락의 계절이다. 모든 이의 경탄과 찬사를 받아낼 만큼, 가을 나무들은 현란한 꽃 빛깔로 눈부 신 몸치장을 하고 있지만, 속을 들여다보면 수액이 말라 그 아름다움과 영화가 점점 시들어 가다 못해, 조만간은 처절한 모습으로 땅바닥에 드 러누워 이리 저리 바람에 날기도 하고 사람들의 발길에 밟히기도, 더러는 무더기채 불에 태워질 속절없는 운명인 것이다. 가을 추수가 끝난 들녘은 또 얼마나 허허롭고 쓸쓸한 정경인가. 잊고 지냈던 인생 무상을 떠올리게 되고, 고독과 허무감이 뼈 속 깊이 파고드는 철인의 사색과 시인의 시정이 고요한 물살로 가슴에 여울져오는 계절이 곧 가을이기도 하리라.

무성했던 잎파리들이 한잎 두잎 떨어져 나가고, 성긴 잎 사이사이로 빨

간 가을 열매들이 유난히 커 보이는 가을은 완숙의 풍요로운 계절인 것만
은 확실하다. 그러나 다른 한편으로는 내려 놓을 준비의 계절임도 무시
할 수 없을 것이다. 한 그루의 나무가 열매는 사람들에게 내어주고, 잎파
리는 뿌리에게 내려주듯, 인생도 그러하리라.

우리 딸 은영이

옛날 일기장을 뒤적거리다가 딸애가 나(엄마)에게 띄워 보낸 서신 한장을 발견했다.

엄마께

엄마, 엄마를 사랑해요, 엄마도 나를 사랑하시는 줄 잘 알아요. 그러나 내가 엄마를 얼마나 얼마나 더 사랑한다고요. (But I love you very very much). 엄마 나를 키워주시고 행복하게 해주셔서 고마워요. 엄마가 아니면 나는 나 혼자서는 내 앞을 가릴수가 없어요. 빨리 낫으세요. 사랑해요 엄마.

그레이스 xxxxx

딸애가 5살 막 학동이 되었던 무렵, 나는 두달동안 병원에 입원해 있었던 적이 있었고, 그때 보내온 40년전의 병문안 카드 전문이다.

작년말에 사위가 직장을 옮기는 바람에, 그동안 만체스처에 살고 있던 딸네 식구들이 부득불 영국의 북동쪽 뉴카슬로 이사를 가야했다. 5년전에도 10년 넘게 다니던 건축회사와 매주 이틀씩 나가던 만체스터 대학의 강의를 접고 남편의 직장일 때문에 런던으로 이사를 했었는데, 또다시 그리된 셈이다. 여자인 자신의 진로보다 남편의 앞날과 장래에 무게와 비중을 두고 결정하여 따름이 옳은 처사와 도리이기는 하겠지만, 매번 그리되고 보니 나는 은근히 걱정이 되고 불만스럽기까지 했다. 그러나 정작 본인은 여기서처럼 그 곳에서도 쉽게 일자리를 구할 수 있다고 자신만만한 태도였고, 다만 여기 학생들에게 이번 학기를 이수해야 할 책임이 남아 있어서, 얼마동안은 장거리 출퇴근이 불가피함을 드러냈다. 다행히 사위를 필요로 한 사업주가 사위뿐만이 아니라 딸 앞으로도 새 자동차 한 대를 사주어서, 헌 차를 굴릴 때 보다는 기분도 좋고 도로에서 안심이 되기도 하지만, 3시간이라는 장거리 운전이 되어서 딸은 강의가 있는 전날 밤에 기차로 내려와 우리 집에서 자고, 다음날 강의를 끝내고 귀가하곤 한다.

지난 주일 하행하는 야간열차 안에서였다고 한다. 늘 하던 버릇대로 무료함을 달래기 위해 딸애는 잡지를 읽다가 무심결에 차창 밖으로 시선을 돌려 대는데, 아 글쎄 생각지도 못했던 엄마가 유리창 밖에 서 있더란다. 너무도 뜻밖이라 깜짝놀라 눈을 휘둥그레하게 뜨고 자세히 바라보니, 그건 엄마가 아니고 자기였다고 딸은 웃어 죽겠다는 듯이 깔깔대며 이야기했다.

흔히들 "그 어머니에 그 딸"이라고들 말한다. 딸을 보면 엄마의 어떠함이 엿보이고, 엄마를 보면 딸의 됨됨이를 알아볼수 있다는 뜻일 것이다. 작금은 연애하는 애인이 없으면 장가들고 시집가기가 힘들어진 세상이지만, 우리 때만 해도 연애를 터부처럼 여기고 들어서, 연애경력이 있는 줄 알면 결혼을 꺼려했고, 연애사실이 부모님께 드러나면 다리 뼈가 부러지게 맞을 정도로 연애를 금기로 여겼었다. 그런가 하면 우리 부모님 시절에는 신랑신부가 얼굴 한번 보는 일 없이 집안에서 맺어준대로 혼인하는 경우가 다반사였는데, 내가 아는 어떤 분은 결혼전 혼인할 신부를 한번 보고 싶은데 방법이 없어서, 처녀의 어머니를 보고 난 뒤 마음이 놓여 안심하고 지금의 부인과 결혼을 했노라는 이야기를 들은 적이 있다. 그만큼 엄마는 딸의 거울이다. 딸은 엄마의 그림자이고.

"그 아버지에 그 아들"이라는 말이 있기는 하지만, 아이들이 크면서 아빠 보다는 엄마에게 더 밀착되어 자란 탓인지 대개는 아들도 아빠보다는 엄마를 더 많이 닮는다고 하는데, 딸들의 경우는 물어볼 것도 없이 '모전여전' 이라는 말처럼 얼굴모습이나 행동, 성격과 예의범절, 생각이나 정서 그리고 결혼을 하면 음식솜씨를 비롯해서 가사를 꾸려나가는 제반 살림살이에 이르기까지 친정엄마와 유사한 점들을 알게 모르게 드러낸다. 그래서 결혼하기 전에는 자기 어머니의 성격이나 행동을 심히 못마땅하게 여기고, 나는 절대로 내 어머니처럼 행동하지 않겠다고 그토록 장담하고 벼르던 사람도, 자기 어머니와 똑같은 행동을 부지불식간에 드러내고 있는 자신을 발견하고 저으기 놀라게 된다는 말들을 한다.

나 역시도 그런 생각과 느낌이 들때가 한두번이 아니다. 어렸을 적에는 얼굴 윤곽이나 체격 성품까지도 어머니 쪽보다는 아버지를 더 많이 닮았다고 여겼는데, 나이가 들수록 내 얼굴 위에 어머니의 얼굴 모습이 얼핏설핏 드러나 겹쳐보이곤 한다. 축 처진 눈꺼풀 하며 웃고 찡그릴 때의 표정, 따뜻함이나 부드러운 여성다움은 손톱만큼도 없어 보이는 무뚝뚝하고 신경질적인 어투가 영락없는 어머니를 빼다 박았다. 청결성이 좋은 버릇인지 나쁜 버릇인지는 모르지만, 이것도 어머니로부터 물려받은 대물림인 것만은 틀림없고, 외골수적인 성품도 우리 어머니를 그대로 본딴듯한데,

사람관계에 있어서는 단점으로 나타나는 부분이 없지않아 있지만, 하나님께 향한 따뜻하고 인내와 희생심이 남달랐던 근면하기 그지없었던 우리 어머니, 나는 그 분의 부지런함의 절반에도 미치지 못하고 게으름만 피우기 일쑤여서 부끄럽다.

"콩심은데 콩나고 팥심은데 팥 난다"는 속담이나 "사람이 무엇으로 심든지 그대로 거두리라"는 성경말씀은 만고불변의 진리이다. 그런데 사람들은 심지 않은 것을 추수하고 싶어한다. 명랑하고 긍정적이며 근면 성실한 어머니 밑에서 이를 보고 자란 아이들은, 누가 가르쳐 주고 하라고 명령하지 않아도 어른이 되면 부지런하고 성실한 인생을 살게 마련이다.

나는 평생을 남편의 후광 속에 의존적이고 소극적인 인생을 살아왔다. 이도 사람이 사는 한 모습이겠거니 생각하며, 불만이나 짜증 대신 남편에게 고마워하며 감사하며 내 하루하루의 일상을 사랑하며 열심히 살고자 최선을 다하고 있다. 그러나 내 딸만큼은 나처럼, 이 엄마처럼 세상이 두렵고 만사에 자신없는 무능한 인간이 되어서는 절대로 안된다고 하는 생각이 지배적이다. 의욕과 정열과 실력과 꿈이 있는 전문직업 여성이 되어 당당하고 보람차게 열심히 살아 주기를 소망하고 바라며 꿈 속에서도 이 어미는 딸을 위해 기도하고 있다. 가정과 자기 개발과 성취를 함께 병행시켜 낼 수 있는 지혜와 덕성과 신앙을 지닌 어머니와 남편을 사랑하고 사랑하는 행복한 아내. 여기에 더하여 지금까지 그래왔던 것처럼 교회와 이웃에 대한 봉사와 배려도 꾸준히 지속적으로 펼쳐내기를 바라는 마음이다.

나는 모양이나 내고 한들거리며 취미나 즐겨내는 여성은 내 딸이라도 싫다. 이런 것들은 늙어서도 충분히 누리고 또 할 수 있다. 젊음이라는 금쪽 같은 기회가 항상 우리 앞에 열려 있는 것은 아니다. 다시 명심하거라. "인생은 심는대로 거둔다"는 엄연한 사실을, 심지 않는 사람은 후일에 거둘것이 없다. 거둬들일 것이 없으면 누릴것도 없게 된다는 사실을 잊지 말거라. 젊었을 때, 건강이 주어졌을 때, 할 수 있을 때, 열심히 뿌려, 부지런히 새벽부터 저녁까지 힘 다 해 가꾸어 내라. 사랑하는 딸아.

7 월의 신록처럼

세상은 온통 아름답고 좋은 것투성이다. 봄철에는 아기자기하게 고개를 맞대고 옹기종기 피어 있는 꽃들의 화려함이 아름답고 좋더니, 여름에는 싱그러운 여름 나무들과 푸른숲이 아름답고, 탁 트인 바다가 나를 미혹하고 든다. 겨울에는 따스한 햇볕이 좋더니, 여름에는 창문 가득히 안겨오는 하얀 달빛이 가슴을 설레이게 만들고, 맑고 청명한 여름 하늘에 두둥실 떠 있는 뭉게구름이 한 폭의 그림처럼 아름답다. 아침으로 풀잎에 매달려 있는 영롱한 이슬방울의 반짝임과 나무위에서 번쩍이는 정오의 햇살…눈으로 보아 눈에 축복과 영광이요, 마음으로 느껴 마음에 즐거움과 감동이 아닐 수 없다.

영국의 여름철은 일년 중 가장 활동하기 좋은 활발한 계절이다. 겨우내 봄내 추위 속에 (영국은 봄철이라도 춥다) 둘둘 몸에 감고 지냈던 두터운 코트와 스웨터를 훌훌 벗어 버리고 반팔 소매에 반바지 차림, 발에는 샌들을 신고 활보하는 인파로 여름거리는 활기를 띠고, 상가는 상가 대로 북적이고 있어서 살맛이 난다고나 할까, 사람 사는 느낌이다. 집집마다에서 들려오는 정원의 잔디를 손질하는 잔디깎이의 윙윙거리는 시끄러운 소리도 귀에 들리기 좋고, 이웃 집 개의 짖어대는 소리까지도 심심한 귀에 정겨움을 자아낼 만큼 주변의 모든 것들이 생기를 띠고 계절에 단맛 처럼 설레임으로 와 닿는다.

춥지도 않고 그렇다고 못견디게 덥지도 않은, 거리를 활보하기에 딱 좋은 이런 계절에는 오랫동안 만나지 못했던 친구들을 찾아보고 함께 쇼핑도 하고, 거리를 배회하며 커피숍에 앉아 있는 시간을 보내어도 좋고, 남편과 함께 여름햇살을 등 뒤로하고 개울물이 물이 졸졸 흐르고 있는 시냇가를 산책해도 좋으리라. 날씨가 흐리면 흐린대로 좋고, 비가 오면 비가 오는 대로 빗소리에 귀를 열고 서서 비내리는 여름거리를 바라보거나 우산을 쓰고 거리를 걸어 보아도 좋을 것이다. 그러나 지금 내게 있어서 가장 아름답고 무엇보다도 내 마음을 감동시키며 듣는 것은, 울타리 너머로 들려오는 이웃집 꼬마 아이들의 떠들고 재잘거리는 어린애들의 목소리다. 어린애들이 동네 가운데서 떠들고 노는 모습을 좀처럼 볼 수 없어서인지는 모르지만, 햇볕이 좋은 오후 한나절 특히 토요일이나 일요일 오후에 어린 아이들의 목소리가 바람결에 실려 울타리 너머로 들려오곤 하는데, 내게는 그게 그렇게 스위트하게 들릴 수가 없어서, 텃밭 일을 하는 척하면서 유심히 귀 기울여 듣곤 한다. 때로는 두어 아이가 도란도란 이야기를 나누고 있는 말소리이지만, 어떤 목청 좋은 가수의 노래 소리보다 아름답고 사랑스럽게 가슴에 와 닿는 느낌이다. 하긴 나도 슬하에 어린 아이들을 두고 직접 키워낼 적에는 아이들 떠드는 소리가 결코 달콤하게만 들리지는 않았었다. 지레 신경이 곤두서기도 했었고 "제발 조용히 하지 못 하겠냐"고 아이들의 목소리가 내 귓전을 때리기도 전에 먼저 핏대 오른 고성이 터져나오기도 했던 것이다.

나이 탓일까. 삭막한 내 귀에 어린애들의 카랑카랑한 목소리가 청아

한 새소리 보다 더 곱고 사랑스럽게 들려지는 이 정감. 어쩌면 나는 이웃 집 아이들이 떠들고 노는 담장너머로 들려오는 목소리 속에서 내 사랑하는 손자들과 소녀들의 목소리를 듣고 있는지도 모른다. 이런 착각은 길을 가다가 등 뒤에서 아이들의 말소리가 들릴라 치면 반사적으로 얼른 뒤를 돌아보며 목소리의 주인공을 두리번두리번 찾아보곤 하는데, 내 아이들을 키울 때는 느껴보지 못했던, 그때마다 따뜻하고 포근한 행복한 감성이 휩싸여 들곤한다.

다른 이야기지만, 영국은 동네 곳곳에 넓다란 놀이터가 자리하고 있어서 마을 어귀나 공터에서 뛰어 놀고 있는 아이들을 찾아 볼래야 찾아 볼 수가 없다. 어찌된 셈인지 놀이터에서 마저도 땀을 뻘뻘 흘리며 천방지축 뛰어다니는 아이들도 좀처럼 발견하기 어렵기도 하고, 그저 한 발짝만 밖으로 나가도 곁에 어른이 딸려 있기 마련이어서, 자유스럽게 떠들며 뛰어 놀아도 되는 놀이터에서 마저도 잘 길들여진 애견처럼 행동을 한다. 가끔 혼자서 놀이터에 나와 노는 아이들이 종종 눈에 띄기는 해도, 그런 애들 마저도 교실 안에서 처럼 얌전하게 놀다가 시간이 되면 집으로 돌아가곤 한다.

우리네 클 때 처럼 밀고 당기고 싸움하는 아이들은 눈씻고 찾아봐도 볼 수가 없고, 엄마가 밥 먹으라고 찾으러 나올 때까지 넋잃고 놀이에 빠져 놀고 있는 애들도 아직 보지를 못했다. 하나같이 놀이터에서 마저도 점잖은 애기 어른들이다. 그래서 어른이 되면 영국신사라는 말을 듣게 되는 지도 모르겠다. 가만히 보면 아이들은 어른들 보다 행복도가 높다. 아이들이 어른들 보다 행복할 수 있는 이유를 찾아보기로 하면 어디 한두 가지겠는가마는 그중에는 친구들과 어울려 지껄이며 신나게 뛰어놀 수 있음도 한몫 하리라고 본다. 정지를 거부하고 들듯이 부단히 뛰고 움직이고 지껄이고 웃고 하는 가운데 키가 자라고 지능이 발달하고 마치 7월의 울울 청청한 신록들처럼 활동성이 왕성해지리라. 곁에서 가만히 바라만 보아도 이 얼마나 귀엽고 사랑스러운 아이들의 노는 모습이런가. 햇볕은 머리 위에서 빛나고, 공기는 훈훈하며 감미롭고, 주위는 녹색으로 물들어 있는 상큼한 아침햇살 같은 아이들이여, 7월의 푸르디 푸른 나무들처럼 복되고 복될지어다. 가만히 읊조린다.

아들의 대학졸업식

  우리가족이 영국에 왔을 때, 우리는 도버에서 가까운 포크스톤 (forlkestone)이란 곳에 1년 남짓 상주하다가, 삶의 터전을 피터버러 (Peterborough)로 옮겨야 했습니다. 남편이 피터버러 지방정부 병원에 레지던트로 일을 얻었기 때문이었습니다. 가서보니, 케임브리지 대학이 이웃에 있었습니다. 한국에서 이름을 자주 들어 보았던 유서깊은 대학인 지라, 우리 아들들도 이 다음에 이런 유명대학에 들어가기를 바라는 호기 심과 기대감이 없지 않아, 주말에 대학구경을 나섰던 것입니다. 그 당시 우리 큰 아들은 5살로 이제 막 유치원에 들어갔고, 둘째는 2년하고 몇개 월이 지난나이었습니다. 까마득한 옛날입니다. 도시 전체가 대학이라고 해야 할 만큼, 2개의 칼리지가 케임브리지시 전역에 두루 흩어져 있고 대 학을 끼고 흐르는 강물 위에 두어척의 목선이 유유히 떠 있었습니다. 우 리는 킹스 칼리지와 퀸스칼리지 만을 구경하고, 성 마가렛 칼리지는 마당 도 밟아 보지 못한 채 하루 해가 기울고 있어서, 먼 거리에서 앞모습만 사 진기에 담아 오는 것만으로 소원 풀이라도 한것 마냥 만족스러운 마음이 었던 것입니다.

  그때 기억이 오랜 세월 동안 어린 두 아이들 뇌리속에 뿌리를 내리고 있 었던 것일까요. 2년 터울로 고등학교를 졸업했던 아들들은, 그이나 내가 강요나 귀띔을 한 것도 아닌데 하나같이 케임브리지 대학을 1차로 지망했고, 큰 아들은 퀸스에서 그리고 작은 아들은 임마뉴엘에서 육년이란 (정확히 5년 반) 짧지 않은 세월을 통해 자아실현의 꿈을 키워냈던 것입니다.

드디어 큰 아들 졸업식 날이 돌아왔습니다. 6년동안 간간히 들락거린 낯익은 대학 전경이 이날은 여느 때와는 사뭇 달라 보였습니다. 처음 큰 아들이 구두 시험을 치르러 갔었을때 자동차 속에서 바라보았던 한없이 높아보이던 벽돌담이 내 집 울타리처럼 정이 들어가고 있을 때, 오늘이 마지막이 될지도 모른다는 생각에 마치 내가 졸업이라도 하는 듯한 서운한 느낌이기도 했습니다.

졸업식날의 주역은 단연 학교를 졸업하는 졸업생들의 것입니다. 그러함에도 학교 당국은 학부모들을 위하여 각별히 마음을 써서 세세한 배려와 극진한 환대를 빠뜨리지 않았습니다. 졸업식 당일에 시간을 맞추기 힘든 먼 곳에 거주하는 학부모들을 위해서 기숙사를 열어서 무료로 숙소를 제공한 것도 그렇고, 마치 부잣집 잔치 마냥 칵테일 파티에서부터 시작하여 성대한 오찬을 융숭하게 대접 받았던, 한국에서는 경험은 고사하고 듣도 보도 못했던 이색적인 졸업식 행사가, 이런 졸업식도 있는가 싶도록 진한 감동을 몰아다 주고도 남음이 있었다고나 할까요.

맑고 투명한 6월 초여름의 햇살아래 장미 꽃들이 망울망울 피어나고 있는 대학 정원의 푸른 잔디 위에서, 영예의 졸업생들과 학부모들은 와인 잔을 손에 들고 삼삼오오 모여서 자기소개를 주고 받으며 담소를 즐기다가 오찬행사에 들어 갔습니다. 단과별로 치루어지고 있는 졸업식 행사라서 조촐한 가족분위기처럼 전혀 어수선스럽지 않아서 좋았고, 평소에 친숙한 친구들을 (졸업생) 중심으로 테이블이 미리 짜여져 있어서 조금 전에 만난 학부모님들이라도 할지라도, 마치 오랫동안 알고 지냈던 구면지기들 처럼 자연스러운 분위기 속에 와인잔을 부딪히며 화기애애한 더없이 즐거운 식사 시간이었던 것입니다. 메인코스로는 로스트비프와 연어가 아스파라거스와 삶은 야채들을 곁들여 로스트 포테이토나 보일드 포테이토와 함께 나왔고 후식으로는 제철의 딸기와 크림, 그리고 아이스크림과 애플파이가 나왔는데 영국 전통 음식으로 어디에다 내놔도 손색이 없는 호텔급 성찬으로 이름몫을 하고도 남음이었습니다.

그날 주 행사였던 졸업식은 오후 3시 정각에 싸네트홀에서 열렸습니다. 대학이 생긴 후 500년 동안 줄곧 졸업식 행사가 치러지고 있다는 싸네트홀은 대강당이라기 보다는, 삼사백명 정도가 들어갈 수 있는 아늑한 공간이 흡사 교회 분위기를 연출시키고 있는 느낌이기도 했습니다. 우리가 싸네트홀에 도착했을 때는 다른 칼리지 학생들의 졸업식이 막 끝난 후였는지, 졸업 가운 차림의 학생들이 줄을 지어 홀을 나오고 있는 찰라였습니다.

졸업식은 불과 한시간 남짓한 짧은 예식이었지만, 순간 순간이 성스러울만큼 엄숙한 감동의 연속이었다고나 할까요. 특히 호명을 따라 졸업생들이 한 사람씩 앞으로 나와 단 앞에 무릎을 꿇고 성부 성자 성령의 이름으로 졸업장을 받아쥐는 모습이라니, 마치 사제의식을 치르는 듯한 경건함과 비장함이 융숭한 오찬 못지않게 뭉클한 감동을 몰아다 주었던 것입니다. (교회 결혼식 경우에도 신랑 신부들은 따로 성만찬을 합니다.)

졸업식이 끝나고 학부모들에게 대학내의 구석 구석을 관람할 수 있는 특혜가 주어지기도 했는데, 우리 부부는 대학 독서실을 둘러보고 채플로 발길을 돌렸습니다. 명실공히 세계 명문대 중에 하나로 손꼽히고 드는 이유를, 고서적으로 차있는 방대한 도서실에서 다시 한번 눈으로 확인할 수 있었고, 케임브리지 세븐과 같은 청년들이 머리를 맞대고 불꽃처럼 타오르는 중국 선교의 비전을 키우며 기도했을 채플에 들어섰을 때는 거룩한 감동의 파동이 골골히 가슴 속을 파고 들었습니다. 케임브리지 세븐과 같은 청년들이 또 다시 이곳에서 배출되어 지기를 간절히 염원하면서 채플을 나왔을 때는 6월 초순 긴 여름의 하루가 설핏해지고 있었습니다.

다리가 휘청 전신에 피곤기가 몰려왔습니다. 그러나 아들이 한 곳을 더 가보자고 하기에 피곤한 몸을 가누며 따라간 곳은 놀랍게도 우리 가족이 처음 이 대학을 관광 왔을때 가족 사진을 찍었던 바로 그 장소. 5 살 어린 나이였는데 20년 후 지금까지도 그것을 기억하고 있다는 사실이 너무 신통하고 놀라워서 어떻게 기억하느냐고 물어보았더니, 앨범 속의 사진에서 발견하고 알았다는 겁니다. 당시는 넓다란 잔디밭을 가로질러 킹스칼리지와 퀸스칼리지가 서로 마주 보고 서 있는 그 중간쯤에 흐르고 있는 작은 개울을 철 다리로 연결시켜 놓았었는데, 다리 이쪽과 저쪽으로 빨간 황토흙이 드러나 보이는 어디에 묘목 몇그루가 심어져 있었습니다. 우리는 그 철다리위에서 사진을 찍었고 그동안 까맣게 잊고 지냈었는데, 그로부터 꼭 20년 후인 아들의 졸업식 날 다시 찾아와 보니 가녀린 묘목은 그 사이 우람한 거목이 되어 넓은 초원에 위풍당당히 서서 활짝 웃으며 우리들을 반기고 있음이 한마디로 놀라웠고 감개가 무량하기 그지없었던 것입니다. 흐르는 세월 속에 큰 거목들이 되어 있는 나무들을 뒷 배경으로 사진을 찍고 돌아서는 나의 뇌리 속에 '성장' '변화'라는 단어들이 떠 올랐고, 거목같은 아들이 대견스러워 자랑스럽게 느껴지고 있었습니다.

핑크빛을 좋아하는 친구

유난히 핑크빛을 좋아하는 친구가 있다. 고희를 서너해 앞두고 있는 지금은 생업에서 손을 놓고 골프와 잔디밭에서 하는 실외볼링에 심취하여 소일하는 친구인데, 여성용 화장품류를 판매했던 멋스러운 할머니다. 분홍색 핸드백과 구두를 즐겨 착용하고 손톱에도 진분홍 매니큐어를 바르고 다니는 할머니는 지금같이 추운 겨울철에는 분홍색 무늬의 모자와 목도리 차림일 때가 많습니다. 얼굴에 그려진 고운 주름살만 아니면 날씬한 몸매 까지도 70 을 바라보는 노인이라기 보다는 이제 막 사랑에 눈이 트인 청순한 소녀의 인상을 풍겨내고 있다고나 할는지. 날씨가 우중충하고 온몸이 떨리고 움츠러드는 짙은 색깔의 옷차림 일색인 사람들 속에 섞여 함께 걸어갈 때면, 마치 한송이의 화사한 봄꽃처럼 주위를 환하게 밝혀내는 매력이 넘쳐나는 할머니입니다.

핑크빛은 흰색과 빨강색의 혼합적인 색깔로 꿈많은 소녀의 이미지를 자아내 준다. 정중하고 핍박한 느낌인 파란색이 남성을 대표하는 빛깔이라면, 밝고 여린 분홍색은 여성의 색깔이다. 그래서 엄마들은 딸들에게 예쁜 분홍색 옷을 즐겨 입히고, 여아들의 방은 분홍빛깔로 꾸며내는가 하면, 여자아이들의 소지품들 중에는 분홍빛깔이 대부분이다. 결혼식 때도 신부의 어머니는 분홍색 계통으로 차려입고, 더 나아가서는 여성들만의 우환인 유방암을 핑크빛 리본으로, 또 유방암 병원을 핑크빛 병원으로 불리우기도 하다.

이처럼 여성의 빛깔로 자리매김을 하고 있는 분홍색은 열애의 로맨틱한 빛깔로도 통한다. 우리는 사랑에 도취한 청춘남녀의 로맨스를 '핑크빛 연애중'이라 놀려대고 금슬좋은 다복한 부부사이를 가리켜 '핑크빛 인생'이라 칭하며 시샘과 부러움의 눈총을 보낸다. 또 어버이날이나 스승의 날에 진분홍 카네이션을 가슴에 달아드리거나 꽃바구니를 안겨드림으로 사랑과 감사와 존경의 맘을 대신하고 드는 것을 보면, 핑크색은 훈훈하고 따뜻한 애정의 자못 감동적인 색깔이기도 하다.

생각컨대, 우리는 빛이 없는 어두움만의 세상이 상상되어 지지 않는 것처럼 색깔이 없는 무색의 우주를 그려볼 수 없다. 산천초목과 삼라만상의 빼어난 아름다움은 만상에 두루 퍼져나가는 밝은 빛과 빛에서 생성되어지고 있는 색깔이 만들어낸 요술이다. 흑백 TV와 디지털 TV의 화면을 비교해보라. 디지털 TV가 그려내 보여주는 그 산뜻한 색채와 밝은 환상이 우리의 눈과 마음을 얼마나 즐겁고 경쾌하게 만들어 주고 있는가. 아름다움의 원조라고 할 수 있는 색깔이야 말로 하나의 신비요, 축복이요, 눈의 영광이다.

아름다움의 대명사로 불리우고 있는 꽃에서 은은하고 화려한 꽃 빛깔들을 제하여 버린다고 가정해보자. 우리는 꽃과 열매에서 지금과 같은 어여쁨을 아무짝에도 느낄 수 없을 것은 자명한 사실이다. 꽃과 열매의 어여쁨, 소낙비 후에 나타나는 칠색 무지개와 서편 하늘을 붉게 물들이는 저녁노을의 고움, 눈부신 햇살 아래 반짝이는 호수의 은물결과 금물결, 밤하늘에 둥실 떠 있는 은은한 달빛과 반짝이는 별빛, 푸른 여름 숲들과 가을 꽃단풍. 파란 하늘을 뒷배경으로 소리없이 피어오르는 하얀 뭉게구름, 연두색 어린 빛으로 물들어가는 봄이 오는 들녘과 하얀 백설로 뒤덮여 있는 겨울산…. 이 모든 자연의 황홀한 아름다움과 눈부심과 그 은은한 대조. 오늘은 나도 화가가 되어 하얀 화선지 위에 연분홍 동백꽃 몇송이 그려보고 싶다. 아니, 그 보다 시내에 나가 핑크빛 블라우스라도 하나 사 입어야 할까보다.

퇴락한 가옥처럼

손바닥만한 아파트에 무슨 고장이 그리도 많은지, 불과 20년도 안된 멀쩡한 아파트인데 마치 퇴락한 건물처럼 심심하면 말썽을 부려댄다. 한 달전에는 가스보일러가 고장이 나서 온수가 나오지 않았다. 처음에는 따뜻한 물이 나왔다 끊어졌다 하더니, 아예 찬물만 흘러보냈다. 어쩔 수 없이 기술자를 불렀다. 보일러가 낡아서 새것으로 바꾸어야 한다는 것이었고, 자그마치 천구백 유로를 말했다. 그것도 인건비는 공제하고 재료 값만 그렇다는 것이었다. 입이 딱 벌어졌다. 당장 샤워를 할 수가 없어서 남편은 '그러라' 했지만, 나는 다른 사람에게도 알아보고 결정을 하자고 아랫집 벨기에 부인을 찾아가 대충 설명을 곁들여 자초지종을 이야기 했 더니, 고맙게도 자기 집 보일러를 고쳤던 기술자를 소개해 주겠단다. 3일 을 왔다갔다 하더니, 4일째 되던 날 문제점을 찾아냈다. 보일러 안의 전 기선이 문제였던것이다.

천구백유로를 지불해야 했던 보일러를 단돈 350유로에 고치게 된 대 박. 그러나 그 대박의 기쁨도 잠깐. 이번에는 싱크대의 물통이 막혀 물이 잘 내려가지를 않았다. 남편은 개수대 물구멍을 트는 것 정도야 자기도 해낼 수 있다고 자신있어 하더니, 하루종일 끙끙대다가 결국은 배관공을 불렀는데, 설상가상으로 오늘 아침에는 베란다 유리창문 여닫기가 뻑뻑 해져서 힘껏 잡아당기는 바람에 철사끈이 끊어져 버렸는지 아예 창문이 열리지 않는다. 탈도 많고 고장도 많은 집안 기물들.

　너무 비약된 생각인지 모르지만, 이 아파트가 꼭 늙어가는 내 육신과 같다는 느낌이 지금 추적추적 안겨들고 있다. 지난 3-4년 동안 나는 병원을 이웃집 찾아 다니듯이 빈번하게 왔다갔다 했었다. 생명이 위급한 심각한 병들은 아니었고 아프고, 쓰리고, 가렵고…등의 증상들.

　처음에는 오른쪽 눈썹 위의 이마가 가렵기 시작했다. 수년 전에도 그런 일이 있었다가 나았기 때문에 그러려니 하고 참아내려고 했었는데, 그게 아니었다. 종합병원 피부과를 들락거리며 조직검사를 받기에 이르렀고, 다행스럽게 완치를 보아 피부암 염려에서 풀려나기는 했지만, 뒤이어 눈과 귀 혈압등 2-3년 동안 병원신세를 많이 지고 살았던 것 같다.

　세월이라는 연령의 풍화작용으로 겉모습만 (흰머리와 얼굴의 주름살) 시간을 타는 줄 알았었는데, 마치 퇴락되어가는 아파트 처럼 육체가 또한 보이지 않게 망가지고 허물어지고 약해져 가는 이변을 피할 수 없나보다 싶기도 하지만, 그래도 "이 나이에 이 정도의 건강이라면" 하고 기술자를 물색하고 배관공을 부르듯이 약국과 병원을 왔다갔다 들락거리며 살아가고 있다.

2.
나는 하늘가는 나그네

나는 하늘 가는 나그네

하늘이 좋아. 나는야 하늘이 더 없이 좋아, 하늘 아래 집을 짓고 울을 두르고 뜰을 다듬고 하늘 아래 우물을 판다네. 우물 속에 내 얼굴 얼비치고 파아란 하늘이 떠 있네. 하늘이 좋아 나는야 하늘이 더 없이 좋아, 아득한 창공에 눈을 주고 서서 하늘 소리에 귀 기울이며 격조 높은 목소리로 하늘을 노래하는 하는, 나는 하늘 가는 나그네라오.

어제는 그리도 드센 바람이 온 종일 장을 치고도 심기가 더 풀렸던지 밤에까지도 소란을 피우고 들었다. 아침에 일어나 뒷뜰에 나가 보니 가을 햇살 아래 빨갛게 익어 한참 맛들어가던 탐스러운 사과 열매들이 추풍낙엽처럼, 겨울이 오는 차디찬 땅바닥에 위에 뒹굴고 있어서 바구니에 주워 담는데, 그것도 일이라고 허리가 아프고 오금이 펼 수 없을 만큼 저려왔다. "다 살았구나"를 뇌까리며 이마 위에 흘러내리는 머리카락을 쓸어 올리다 말고 무심코 쳐다본 하늘. 하늘은 마치 장난치는 아이처럼 나를 내려다보며 히죽 웃었다. 언제나 어느 때든지 과감한 눈빛으로 반겨주는 정다운 하늘이다.

해와 달과 수억 만개의 별들을 품고 있는 무궁한 하늘은 사람들의 가슴속에 켜켜이 쌓여있는 온갖 아픔과 슬픔, 탄식과 울분, 고통과 번뇌를 넓고 넓은 치마폭 감싸듯 끌어 안아 위로와 평안과 고요와 안식으로 채위 주신다. 그래서 사람들은 마음이 아프거나 억울한 일을 당했을 때 하늘을 쳐다보며 한숨을 들이킨다. 땅은 내것 네것이 있어서 돈이나 댓가를 지불해야만 취할 수 있고 소유할 수 있지만, 만물을 덮어주는 크고 넓은 가슴을 지닌 하늘은 누구나가 값없이도 향유해 낼 수 있는 모든 이의 것이라고 말한 사람이 있다.

정말 그렇다. 하늘은 만물을 덮어주고 감싸주는 땅의 지붕이요 옥토끼가 떡방아 찧는 달과 별이 반짝이는 신비의 세계이다. 해와 달과 별과 천체가 그 궤도를 따라 어김없이 움직이고, 구름이 떠있고, 낮과 밤이 전개되고 봄, 여름, 가을, 겨울 사계가 운행한다. 하늘이 없는 땅은 없고, 땅이 없는 하늘이 없다. 하늘 아래 새가 날고 바람이 불고 사람이 산다. 하늘에는 하늘의 언어가 있다. 하늘은 땅의 근원이요 땅의 생명이다. 땅에서 수증기가 하늘로 올라가면 이슬이 되고 비가 되고 서리나 눈이 되어 다시 땅으로 떨어진다. 땅은 이를 받아서 씨앗을 싹 틔우고, 그 씨앗들이 자라서 꽃을 피우고 결실 한다.

나는 바람에 떨어지는 낙과들을 줍다말고 하늘사랑을 열창하고 싶어, 흙묻은 손도 씻지 않고 펜을 쥐고 앉아 하얀 백지 위에 마음을 쏟아 담는다. 유리창 밖에서 하늘은 여전히 나를 보고 싱글벙글이다. 오늘따라 저 하늘이 이 하얀 백지와 많이 닮았다고 하는 생각이 추적추적 마음에 찾아들고 있다. 언제라도 한숨 어린 나의 탄식과 누구에게도 말 못할 속내를 묵묵히 받아주고 있음이 그렇고, 먹구름과 같은 답답함과 막막함, 억울하고 분노스러울 때와, 깜짝 기쁠 때나 슬플 때, 그리움이 피어오르고 세상으로 마음이 흘러가고 일상에 찌들고 먼지 낀 텁텁한 생각과 혼탁한 감정이 나를 침몰시키려고 들 때, 나는 펜을 들거나 뒤뜰로 나가 하늘을 응시한다. 하늘은 언제 쳐다봐도 상명한 감동을 몰아다 주고 가슴속 응어리를 녹여주는 절대한 힘이 있다. 하늘이 있어 얼마나 좋은가, 덮어주고 품어주는 하늘.

 이는 펜도 마찬가지다. 펜을 들었을 때 내가 보인다. 내 속에 깊이 잠들어 있던 순수와 착함과 정직이 고개를 쳐들고 일어나 수런수런 말을 걸어온다. "독한 마음 품지 말고 강퍅한 생각일랑 갖지 말자. 남을 미워하지 말고 이해하려고 노력하고, 아름답고 선한 것만 생각하고, 작은 것에도 고마워할 줄 알며, 범사에 감사 하자. 실수를 줄이고 죄를 멀리하자. 남과 비교하지 말고, 시기 질투를 버리고 내 생활에 최선을 다하자. 일시적인 세속에 뜻을 두지 말고 하늘에 눈을 꽂고 영원한 것들을 사모하며, 이웃을 배려하고 따뜻한 말과 미소를 잊지 말자." 이런 저런 반성과 새로운 각성이 펜을 잡고 글을 써 내려가는 동안 마치 하늘을 응시하고 서 있을 때 처럼 가슴 저 밑바닥에서 치밀어 오르곤 하는 것이다. 초가을 하늘 빛이 파아란 호수처럼 아름답다. 늘 바람이 불고 비가 내리고 구름이 끼어있어 곧잘 우중충하기만한 하늘 빛이 오늘따라 유난히 맑고 투명하다. 드물게 대하는 투명한 하늘 빛이 속 가슴까지 툭 트이게 하고, 트인 가슴 속에 해맑은 하늘빛이 아롱거린다.

청동거울을 닦습니다

청동 거울을 닦습니다.

지푸라기를 대야물에 적셔서 잿가루를 묻혀 닦습니다. 뽀독뽀독 소리
가 나도록 손목에 힘을 주어 닦고 뽀얀 입김으로 호호 불어가며 문지릅
니다.

뺨을 타고 흐르는 눈물이 턱밑에 대롱대롱 매달려 있다가 거울 위로 후
두둑 떨어집니다

눈물과 잿가루가 함께 뒤엉켜 뽀얀 안개빛이 됩니다.

평생을 자식들 밖에 모르고 살았던 여자가 있었습니다.

지금은 출가하여 모두들 떨어져 나가 살고 있지만 어쩌다가 생각이 미
처지면 부족하고 못다 했다는 끈적지근한 후회스러움이 아픔이 되어 곧
잘 눈시울을 적시우고 드는 여자. 여자는 어느 날 아침,

나도 내 부모님께 귀중한 딸이었다고 하는 느닷없는 생각에 한참을 끼
억찌억 울다가 문득,

"하나님이 세상을 이처럼 사랑하사 독생자를 주셨으니 이는 저를 믿는
자마다 멸망치 않고 영생을 얻게 하심이라." 그 말씀 앞에 망연자실 촛불
녹듯 마음이 녹아 납니다.

알지 못했던 새로운 사실 하나를 어슴프레 느껴 깨달아 알게 된 여자는, 무량한 감동 속에 예수를 좇는 무리들의 대열 속에 끼어들어 서성대며 한참을 맴돌다가 전설 속의 신화만큼도 믿지 못해했던, 소경이 눈을 뜨고 귀머거리가 듣게 되고 앉은뱅이가 기뻐뛰는 놀라운 기적들을 두 눈으로 똑똑히 보았습니다. 그리고 어느 날, 칠흙같은 까만 머리에 청순한 여인이 귀중한 옥합을 깨뜨려 예수의 발등에 붓고 삼단같은 머리 털로 발을 씻겨드리는 엄숙하고 성스러운 장면 앞에서 나사렛 그 분 앞에 무릎을 꿇고 말았던 것입니다.

　도움받고 도와가며 더불어 사는 세상이요, 자식을 위해서는 목숨까지도 내놓을 부모님과, 평생을 함께 하는 부부 사이라 할지라도 마지막 길에서는 혼자 일 수밖에 없는 인간.
　믿음으로 얻은 구원이지만, 행함이라는 행위를 놓고 절대자 앞에 서서 주판알을 튕겨야 한다는 두려운 사실 앞에 망가지고, 허물어진 성처럼 돌자갈과 가시덤불뿐인 황량한 자신의 마음밭을 어쩌지 못해 여자는 고개를 묻고 십자가에 달린 예수를 바라봅니다.

　청동거울을 닦습니다,
　깨끗한 세마포 천으로 정갈하게 닦습니다.
　따사하고 부드러운 손길로 청명한 속 가슴이 얼비추이도록 오래 오래 닦습니다. 말씀으로 기도로 닦고, 믿음과 사랑으로 닦습니다.
　청동 거울 속에 비친 자신의 모습 속에서 환한 주의 빛이 햇살처럼 서려 나도록, 곱게 곱게 닦습니다.

시간과 더불어

해마다 8월달을 접고 9월 달에 들어 설 때면, 세월이 빠르도 너무 빠르다고 하는 애상한 생각이 찬바람처럼 옷섶을 파고 들곤 한다. 나의 1년 사계는 8월달이 절정이다. 그래서 될 수만 있다면 8월 달을 엿가락 늘이듯이 길게 늘여 붙잡아 두고 싶은 심정이 꿀 같다. 그러나 금년 여름 만은 예외다. 오히려 하루 속히 손님이 떠나주기를 바라는 집 주인 마냥 지레 배웅하고 싶은 심정이다.

그 이유는 다른 데 있는 것이 아니다. 부러진 팔과 손목에는 시간 외에는 다른 명약이 없고, 그동안 두차례 걸쳐서 시술을 받았던 고막수술 역시도 시간 속의 자체치유와 회복의 길만이, 받아야 할 밥상처럼 내 앞에 놓여 있기 때문이다. 꼭 4개월을 바깥 활동을 접고 집안에 들어앉아 있는 유폐감을 참고 이겨내기도 쉬운 일은 아니지만, 무엇보다도 엉망으로 고장난 감관들이 나를 더욱 어둡고 힘들게 만들고 있다.

고막 수술을 하면서 미각 신경을 건드려 놓았는지 딱히 알 수는 없지만, 입안이 정상이 아닌 것만은 확실하다. 건조하고 마치 소태를 씹는 것처럼 써서 음식 맛을 모르겠고, 입 안의 감각이 둔한 것인지 덤덤한 것인지 묘한 느낌이다. 수술 후 보청기를 착용할 수 없어서 일체 음향과 단절된 상태에 놓여 머리 속에서는 벌집 쑤셔놓은듯 이음이 기승을 부리고, "이렇게 좋은 이빨은 처음 본다"던 치과의사의 칭찬이 맹랑한 헛말처럼, 며칠 전에 어금니 두 개를 뽑고난 후 이빨이 시려서 칫솔질하는 것도, 음식 먹는 것도 수월치가 않고 곤혹스럽기 그지없다. 시력이야 본시부터 좋지 못했으니 새삼스럽게 탓할 바는 아니지만, 이것저것이 합쳐지고 보태져서 마치 동굴 속의 밀폐된 생활처럼 천지간이 어둡게만 느껴져서 하루하루 일상이 짙은 안개 속을 뚫고 운전하는 느낌이 들곤 한다.

그러함에도 이상하리만치 마음만은 기쁘고 평안하고 여유롭다. 나는 이 평안과 기쁨이 어디에서 내려오고 움트나고 있는지 그 길을 알 수 없으나, 마치 맑은 노랫가락이 전신을 감싸고 드는 듯 감미롭게 느껴지곤 해서 "아, 주님께서 사마리아 여인에게 약속하신 생수가 곧 다름아닌 영혼 깊은 곳에서 솟아나고 흘러나는 이 평안과 기쁨을 말씀하신 것이구나 싶도록 감성의 풍요를 느낀다고나 할까. 은혜롭다.

오래 전에 읽었던 워치맨 리의 간증문이 머리 속에 잡혀 들고 있다. 복음사역의 초기, 그가 어려움을 당하고 있던 무렵이었다. 환상 중에 배를 타고 항해하던 그의 앞에 난 데 없이 거대한 바위 덩어리가 나타났고, 하늘에서 소리가 있기를 "워치맨아, 저 바위를 없애주랴. 아니면 바닷물을 넘치게 해주랴." 음성이 들렸다 한다. 그때에 그는 바닷물을 넘치게 해서 배가 바위 위로 지나가게 해 달라고 대답했다고 당시를 기술 하고있었다. 문제를 직접 없이해 주시기 보다는, 이겨낼 수 있는 주님의 능력을 원했던 것이다.

부러진 팔과 손목이야 여름철이 지나고 가을철로 접어들면 예전과 같지는 못해도 생활에는 불편이 없을 것이다. 그러나 문제는 청력이다. 병원측에서는 실패한 고막 수술과 고클리어 임플란트 수술까지도 내가 원한다면 끝까지 최선을 다 해 보겠다는 입장이다. 나는 왜 주님께서 이 가시를 떼어가지 않으시는지 모른다. "믿음이 없어서 고침을 못 받는다"고 말하는 어느 교우의 지적이 섭섭하게 들리다 못해 화가 나기도 했지만, 그 말이 맞는지도 모르겠다. 주님께서 죽은지 나흘이 되어 무덤에 장사 된 나사로를 향하여 "나사로야 나오너라!" 명령하셨을 때, 썩어서 냄새 난 나사로가 살아서 뚜벅뚜벅 걸어 나왔었다. 그 권세자의 믿음과 능력이 내게는 백분의 일도 없는 것이다. "에바다!" 양쪽 귀에 손을 대고 아무리 소리쳐 명령을 해도 열리지 않는 내 귀. 나는 이렇게 35년을 살아왔다. 그러함에도 주님을 사랑한다고 나는 거짓없이 고백하리라. 일심으로 그분을 사랑하여 힘으로 삼고 있다고 하늘과 땅에 외치리라. 어느듯 알게 모르게 안락의자만을 파고드는 신도로 변해가는 내 신앙모습일지 모르겠지만, 젊은시절 활활 타오르던 전도의 불길이 지금은 절절한 사랑고백으로 마음을 곱게곱게 수놓아가고 있다고나 할까. 새벽마다 아침마다 "사랑해요. 주님 사랑해요" 내영혼 깊은 곳에서 피어오르는 고운 멜로디로 주님 앞에 거짓없는 사랑을 고백하고 호소하는 이 감격과 행복을 아는 사람은 알리라.

그러고 보면 나의 신앙 모습에도 적지 않은 변화와 변모가 드러나 보인다. 예전에는 많은 시간을 말씀공부에 할애하고 들었었다. 지금은 말씀 보다는 찬양쪽으로 마음이 기울어 가고 있다. 노래가 기도요 신앙고백이다. 두 눈을 꼭 감고 의자에 앉아 찬송가의 가사 귀절들을 따라가며 말씀을 묵상해내듯 기도하듯 음절로써 내 안에 깃들어 있는 믿음과 소망과 사랑을 고백하고 아뢰는 가운데 절절한 마음으로 호소하며 소원을 간원드린다.

"슬픔 대신 희락을, 재 대신 화관을, 근심 대신 찬송을, 찬송의 옷을 주셨네!" 내게 향하신 주님의 뜻과 계획을 내 어찌 조목조목 짚어내듯 속속들이 알겠는가마는, 꼭 알아야 할 필요가 없을지 모른다고 하는 생각이 지금 마음 속에 잡혀들고 있다. 주님이 나의 삶을 주관하실 참 목자되심을 믿고, 주님만을 따르기로 작정하고 나섰다고 할진대, 내 스스로 푸른 초장과 맑은 시냇물을 찾아 이곳저곳으로 방황하며 허덕이지 않아도 될 것이요, 악한 맹수들의 공격을 두려워하여 지레 근심하며 겁먹을 필요성마저 없을 것이다. 주께서 내 앞에 내 인생 지도를 작성하여 보여주시지 않는다 해도, 매일매일 주님과 함께 걸어 나가다 보면 결국엔 내 인생 마지막 끝날 내가 도달해야 할 목적지에 주님과 함께 서게 될터이니 말이다.

그러나 문제가 아주 없는 것은 아니다. 주님께서 나와 함께 내 곁에 걷고 계실지라도, 엠마오로 내려갔던 제자들처럼 내 인생 행로 중에 함께하신 주님의 실체를 내 육안으로 볼 수 없고, 더는 그분의 인도하심과 원하심을 이해하지 못함으로 해서 딴 마음에 사로잡히기도 하고, 엉뚱한 길로 빠져들어 미궁 속을 헤매이며 시행착오를 일으키게 되는 경우도 적지 않아 많으리라. 또한 육신의 소욕이 불순종이라는 죄를 유발시키기도 하고, 주의 때를 참고 기다리지 못함도 엉뚱한 오해와 갈등 실망과 좌절 속의 불만 불평의 소지가 되어 짐작하다. 지금은 내 형편과 처지가 꼭 그렇지 않나 싶은 마음이다.

어느날 아침에

　큰 방에서 마치 누군가 이야기를 도란거리듯이 가만 가만한 라디오 소리가 문틈사이로 연기처럼 새어 흘러들고 있다. 남편이 아침 잠에서 깨어난 모양이다. 라디오는 그에게 있어서 세상에 이런저런 잡다한 소식과 제반 정보와 상식들을 들려주고 접하게 하는 창구이고 둘도 없는 친구이다. 그는 저녁이면 라디오를 청취하는 가운데 숙면 속으로 빠져들고, 새벽이면 기상나팔처럼 라디오 소리에 맞춰 눈을 뜬다. 몸이 몹시 피곤하거나 몸져 눕지 않는 한 아침이면 내가 남편 없이 일어나는 것이 보통 상례이다. 불면증 기운이 있는지는 모르겠지만, 나는 보통 초저녁에 한숨 푹 자고 두 세시쯤이면 자동적으로 눈이 떠지곤 한다. 그리고 나면 그후 부터부터는 여간해서 잠이 찾아오지 않고 말똥말똥 깨어 있거나, 계속 선잠을 헤매이다가 어두운 새벽 기운이 조금씩 힘을 잃어가고 있을 때쯤해서 한 보따리씩 꿈을 끌어안고 이불 속을 빠져 나오고는 한다. 덕분에 꼭두새벽부터 나는 하나님을 뵈옵고저 그분 앞에 나아가기를 마다하지 않는다. 이는 나의 하루 일과 중 빼놓을 수 없는 귀중한 시간이기도 하다. 그래서 지금은 하나님 앞에 앉는 일이 하나의 습관처럼 몸에 배었다고나 할까. 몇 시간이고 앉아 지내도 지루하다거나, 말이 막히지 않을 만큼 자연스러워지고 있으니 말이다.

오늘 새벽에 나는 하나님 앞에 약간의 불평불만과 조금 짜증섞인 목소리로 흔치않은 아침 문안을 드렸던 것 같다. 하나님은 언제나처럼 잠잠히 듣고만 계셨고, 나는 그분의 무거운 침묵을 깨뜨리기라도 할 것처럼 열을 올려 목청을 높였다. 우리 집은 동네 가운데 위치하고 있으면서도 터가 넓어서 아무리 큰 목청으로 찬양을 하고 기도를 드려도 내 목소리가 울타리 밖을 벗어나지 못한다. 퍽 다행한 일이다. 또 집안 식구라야 기껏 남편 밖에 없고, 그이는 나의 예배방식에 어느만큼 익숙해 있기도 하려니와 라디오 소리가 방음장치를 대신해 내고 있는 셈이다.

그동안 몸져 누운 것은 아니지만, 나는 장장 사개월이 다 가도록 바깥 출입이 수월치 못한 처지에 놓여, 꼼짝없이 집 안에 갇혀 지내고 있는 상태이다. 부엌 타일 바닥에 넘어져 왼팔도 아닌 오른 팔목과 어깨 부상을 입고 두 달 넘게 깁스를 하고 지내야 했고, 깁스를 풀고 난 지금 팔목과 손등의 피부가 뱀 허물 벗듯이 벗겨나간 자리에 새 피부가 입혀지고 어린 아이같이 부드러운 살갗에 보송보송 잔털이 자라고 있기는 하지만, 통증만은 여전하고 어깨와 손목에 아직 힘을 주지 못한 채 일상생활에 불편함이 이만저만이 아니다. 물리치료 효과가 있는지 없는지 병원문만 들락거릴 뿐 아픈 건 여전하고 엎친데 덮친다고, 고막수술까지 실패로 돌아와 재수술 날짜를 받아 놓고 기다리고 있는 상황이다 보니, 하나님 앞에 약간은 짜증스럽기도하고 초조한 마음이기도 하다.

한참 울부짖고 난 후 나는 펜을 들어 "Daily Bread"의 책장 여백에 독백처럼 지금의 심정을 마치 친정 엄마 앞에서 투정을 부리듯 피력해 본다. 먼 옛날 젊으나 젊은 시절에 당신을 믿고 따르기로 마음사려 작정하고 들었을 때, 나는 당신만을 평생토록 사랑하고 섬기겠노라, 보이지 않는 당신의 손가락에 약지를 걸고 굳은 약속을 다짐했습니다. 그 순간 그 시로부터 당신은 나의 외로운 나그네 길에 오직 의지할 나의 하늘 아버지가 되셨고, 사랑하는 신랑이 되셨습니다. 당신과의 사이에 은밀히 서로 주고 받은 감미롭고 황홀한 크고 놀라운 주의 사랑, 그로인해 나는 항상 기뻤고 턱없이 행복감에 젖어 자주 눈물겨워 했던 감격과 감명의 시간들. "우리 서로 받은 그 기쁨을 알 사람이 없도다!" 하루가 멀다하고 노래하곤 했습니다. 그러함에도 나는 어릴 적 장에 가신 할머니를 이제 오시나 저제 오시나 눈을 부비며 온종일 황홀한 기대감으로 기다렸듯이, 매번 당신을 기다려야만 했고 그 기다림은 실망과 함구무언이거나 무답으로 안겨 받을 때가 없지않아 있어 왔으며, 매사에 이기는 분은 항상 당신이셨고, 지는 사람은 도맡아 놓고 나였습니다.

마음 속에 믿음 잃지 않고 말씀 속에서 위로를 얻으며 흔들리는 믿음의 그네줄을 두 손으로 꽉 붙잡고 하늘을 응시하며 여기까지 걸어 나왔습니다. 보옵소서 주여, 내 마음속에 슬픔과 아픔, 실망이 가득하옵고, 내 눈에는 주체할 수 없는 눈물이 풀잎 위의 이슬처럼 방울방울 혀 뺨을 타고 흘러내리다 못해 카펫을 적시고 듭니다.

나의 주여, 감사인지 감격인지 혹은 당신께 향한 턱없는 원망과 실망인지, 그 무엇인지 모르겠는 격한 감정의 슬픔 덩어리가 이리도 가슴을 아리게 함을 굽어 살피옵소서.

내 마음 깊은 심연 속에 가라 앉아 있다가 당신 앞에 앉기만 하면 어인

일로 이렇듯 봇물 터지듯이 속수무책 터져나오는지요. 응석인지 탄원인지 혹은 고백속의 부르짖음인지 나도 알 수 없나이다.

나보다 나를 더 정확히 아시고 판단하시는 주여. 원하옵나니 스스로에 대한 이 연민을 거두게 하시고, 당신께 향한 살얼음같은 실망과 노여움에서 나를 벗어나게 하옵소서. 주는 나의 구원자이시요, 밤과 낮으로 쉼 없이 내 영혼을 손보시고 이에 더하여 육체까지 치료해 주시는 치유의 하나님이시옵니다.

밤 사이 헝크러져 있는 내 침대를 정리하고, 입고 자던 잠옷을 일상복으로 갈아 입혀 주려고 어느 아침처럼 내가 임시적으로 사용하고 있는 작은 방으로 들어서던 순간, 남편이 "저 꽃이 금년 봄에는 참 오랫동안 싱싱하게 피어있네." 혼잣말처럼 중얼거렸다. 뒷뜰 울타리 옆에 타오르는 불길처럼 새빨갛게 피어있는 서양 철쭉꽃을 두고 하는 감탄이다. 아닌게 아니라, 차가운 날씨 탓인지 보통 3주를 넘기기 힘들어하던 꽃봉오리들이 금년 봄에는 한달하고도 달포가 넘도록 내 방 창문을 빤히 쳐다보고 있어서, 더없이 환한 웃음을 보내며 둘도 없는 친구 노릇을 해주고 있어서 고맙기 그지 없는 마음이다.

이 집으로 이사 온 다음에 사다 심었으니까, 삼 미터도 다 못된 저 작은 꽃나무 하나가 사반세기라는 오랜 세월을 품고 있는 셈이다. 원래는 현관 앞에 심기어진 두 그루의 동백꽃나무들과의 사이에 어깨동무를 하듯 나란히 서 있었다. 그러던 것이 어느새 늦가을 태풍에 쓰러져 반쯤 뿌리가 뽑힌 채 비스듬히 누워 있는 것을 큰 뿌리는 원래 자리에 다시 파묻어 주고, 새끼 가지는 떼어다가 뒤뜰에 옮겨 심었다. 뿌리가 없어서 저게 살아 나려나 싶었는데, 용케도 살아서 해마다 오월이 되면 화사한 꽃수레를 대동하고 강인한 생명력을 과시해 보이곤해서 참으로 놀랍고 고맙다.

꽃의 아름다움을 전혀 몰랐었다고 하면 참 말이 될 수 없겠지만, 그럼에도 금년 봄처럼 꽃들의 어여쁨에 흠뻑 빠져든 적이 내가 언제 또 있었던가 싶도록 느껴지는 요즘이다. 나는 하루에도 몇차례씩은 마치 들리지 않는 꽃들의 속삭임과 웃음소리를 들어볼 것처럼 창문에 몸을 바싹 붙이고 서서, 괜시리 어둡고 암담하게 느껴지고 있는 침울한 마음을 꽃바람에 실려 멀리 멀리 날려 보내곤 한다.

정답게 삽시다

　빵조각을 조근거리다 말고 거두절미하고 "정답게 삽시다!"고 맞으편에 앉아 묵묵히 아침을 들고 있는 남편에게 불쑥 손을 내밀어 악수를 청했다. 아침 식탁에서 어린애 장난도 아니고 이 무슨 생뚱맞은 행동인가마는 남편은 배시시 웃으며 천연덕스럽게 내 손을 맞잡고 가볍게 흔들었다. 늙으면 어린애가 된다는 말이 있는데, 내가 꼭 그러나보다. 우리 두 부부만의 생활이 어제 오늘만이 아닌 오랜 세월에 접어들고 있는데도, 마치 신혼 때 처럼 아기자기하고 사랑스럽게 느껴질 때면, 더도 덜도 말고 10년만 더 이렇게 정답게 살았으면 싶은 마음이 간절해지곤 한다. 이럴 때 나는 짜릿한 행복감에 젖어든다. 이른 새벽부터 시작해서 오전시간은 나는 그 누구에게도 빼앗기거나 내어주는 일을 삼간다. 하루 중 정신이 가장 맑고 초롱초롱한 새벽과 아침 시간을 오직 자신만을 위하여 사용하고자 스스로 몽그려 나오고 있다고나 할까. 물론 이런저런 일에 뜻하지 않게 침범당하고 빼앗기는 경우가 있긴 하지만, 그래서 아침과 점심식사는 늘 남편의 몫이 되어진다. 아침이래야 빵 몇조각에 과일 정도이고, 점심 역시 간단히 오븐에 굽거나 라면에 치즈 정도여서 남편은 내 도움없이도 식사 준비를 거뜬히 끝내고, 다 됐다 싶으면 징을 서너차려 쾅쾅 울려대고 징 소리가 울릴때까지 나는 대개 이층 내 방에서 내 시간을 갖는다.

나는 인생지각생이다. 어처구니없게도 초등학교에 입학해 다니면서까지도 학교갔다 집에 돌아오면 할머니의 빈 젖꼭지를 찾을만큼 인생 출발선에부터 늦깎이였던 것이다. 혼기에 접어 든 나이가 돼서야 정신이 좀 들기는 했지만, 때는 이미 많이 늦어 있었다. 세 아이들이 웬만큼 자라 모두 학동이 되었을 때, 늦게나마 어깨를 걷어붙이고 분발의 비장한 각오를 굳히고들 무렵, 난청이라는 청천벽력 같은 숙명이 발의 족쇄처럼 발목을 잡고 늘어졌으니, 속세 말로 운명, 내 인생 어찌해야 할 것인가 어두운 밤 울기도 많이 울었다. 그러던 어느날 아침 일이다. "네 창고가 비어있으면 다른 사람의 것을 빌려오든지 도둑질을 하든지 해서라도 네 창고를 매꾸고 채워내라!" 위에서 들려주신 계시의 말씀인지, 내 영혼의 발열같은 순간적 착상인지 종잡을 수 없는 내면의 소리가, 일차적으로 양서필독의 절대 중요성을 깨우쳐 주었으되, 나는 전적으로 이에 부응하여 충성하지를 못했던 사실도 스스로 인정하여 수긍하지 않을 수 없는 입장이다. 그러함에도 후회는 없다. 자탄하지도 않는다. 아침 공기처럼 신선한 마음으로 늘 깨어 살려고 애써왔고, 미흡하지만 나를 비우고 높으신 이의 가르침과 심성으로 채우고자 날마다 순간마다 하늘을 우러렀다.

그러나 하나님 안에서는 늘 평강과 기쁨과 용서와 안위였지만, 이웃들과의 사이에서는 아프고 후회되는 일이 많았다. 이는 교회 안에서도 마찬가지였다. 그래서 나는 늘 외로웠지만, 이웃들에게 다가가는 일이 두렵고 꺼려져서, 위만 바라보며 외지고 고적한 소외된 인생길을 걷고 있는게 아닌가 싶은 생각도 든다. 그래도 나는 늘 기쁘고 감사한 마음이다. 어느때고 오늘 아침 식탁에서 처럼 내 손을 맞잡아 주고 굳은 일이나 좋은 일이나 다 받아 채워주며 해결해 주는 해결사 같은 남편이 곁에 있어서 열

친구보다 더 의지가 되고 마음 든든하다.

"사랑이란 당신과 내가 같이 늙고 싶은 심정"이라고 표현해 놓은 글을 어느 책에선가 읽었었는데, 입술로 고백하고 표현해 내지 않아도 검은 머리가 백발이 되도록 50년 60년 함께 동거하며 늙어가고 있음이 사랑임을 이제는 알 것 같은 마음이다.

짝사랑

    나의 하루는 그날 그날이기는 하지만, 반듯하고 고요롭다. 도전이나 자극을 모르는, 생각하기에 따라서는 따분하고 지루한 일상이 상황감각을 무디게 만들지 않을까 싶은 우려심만을 빼면, 차분하고 익숙해서 조금도 싫지 않다. 대부분 혼자이면서도 혼자라는 느낌이 없고, 마음 깊숙이에 포근하고 따사한 기류가 흐르고 평온하다.

    며칠전 이웃 동네 살면서 가끔 커피를 마시러 오던 교수부인이 귀국길에 올라서서 "혼자서 외롭게만 집에 계시지 말고, 교민들과 자주 만나 함께 쇼핑도 다니고 식사도 하시고 그러세요"라며 두 손을 꼭 잡으셨다. 처음 듣는 충언은 아니지만 고마웠다. 아마 주위 분들의 눈에는 내 생활이 쓸쓸하고 외로워 보이나 보다. 어쩌면 난청으로 인하여 스스로 이웃과 격리되어 쓸쓸한 인생을 보내고 있다고 느껴져서 처량하고 안타깝다 못해 측은한 마음이 들고 있는지도 모를 일이다. 생각컨대 외로움은 누구에게나 있고 '군중 속에 외로움'이라는 말처럼, 어디에나 널려있다. 외로움은 남에게 이해받고 싶고, 사랑받고 싶은 마음의 문제이지, 단순히 환경적인 문제만은 아닐 것이다. 외롭지 않다고 말한다면 억지 고집이 될 터이고, 나는 내 일상과 삶을 충분히 사랑한다.

    영국의 시골 길을 드라이브하면서 보면, 수확이 다 끝난 허허벌판 같은 팜란드(farm land) 한복판에 쓸쓸하게 서 있는 외로운 나무들이 자주 눈에 들어오곤 한다. 나무를 심어 밭둑으로 삼았던(경계선) 과거 시절이

있었던 모양이다. 무성했던 여름잎새들은 모조리 떨구어 낸채 철사줄같
은 앙상한 매마른 가지를 달고. 추위에 떨고 서 있는 겨울 나무가 을씨년
스럽고 외로워 보이기 그지없다. 조용한 목소리로 속삭이듯 곁에 가 물어
보았다. "얼마나 춥고 쓸쓸하느냐?" 그랬더니 예상외로 겨울 나무는 빙
그레 미소를 까지 지어 보이면서 아니란다. 온몸이 움츠러드는 추운 날
씨 중에도 때때로 반가운 햇살이 구름 속에서 반짝 웃으면서 놀다가고,
나뭇가지에 깃을 치고 사는 새들은 아침 저녁으로 고운 목소리로 노래를
들려주는데, 그뿐만이 아니라고 자랑까지 늘어 놓았다. 하루 종일 수다
를 떨며 발밑에서 간지럼을 피우고드는 미물들의 귀여움과, 끊임없이 세
상 소식을 날라다 알려주는 바람의 고마움, 밤이면 어김없이 찾아와 주
는 달과 별들의 잔치 자리에 함께 참예하는 풍성한 기쁨이 수액처럼 전신
을 훈훈히 감싸주고 있다고, 겨울 나무는 고개를 절레절레 흔들어 보이
기까지 했다.

"아! 그렇구나." 감탄이 절로 터져 나왔다. 사람들은 세상이 삭막하고
쓸쓸하다고 느껴질 때, 그리고 눈이 뿌옇게 흐려 보일만큼 그리움이 조수
처럼 밀려올 때, 어떤 모양과 방식으로 전신에 파고드는 소슬바람을 잠
재우고 다스려낼까를 생각해 본다. 더러는 수화기를 들어 다정한 친구의
목소리를 듣거나, 쇼핑을 나가거나, 보고싶은 영화를 보거나, 산책을 하
거나, 여행을 떠나기로 할 것이고, 더러는 푹신한 의자에 파묻혀 음악을
들으며 사색에 잠겨 들기도 하리라. 나는 어떨까? 나는 이것도 저것도 아
니다. 뒷뜰로 나가 손바닥만한 야채밭에 다리가 쥐가 나도록 쪼그리고
앉아, 풀을 매거나 채소 잎파리 뒤에 붙어있는 유충들을 잡아 주고 정원
에 피어 시들어 가고 있는 꽃봉오리를 따주거나 빗자루를 들고 앞마당과
뒷마당을 싹싹 쓸어낸다. 보통 때는 부엌에서 오랜 시간을 보내고 싶지

않지만, 이런 날에는 부엌에 들어가 오랜 시간을 소비한다. 싱크대를 에 작스로 뽀득뽀득 닦아 윤기를 내고, 쿠커와 부엌 구석구석에 끼어있는 기름 때를 벗겨 내기도, 먹고 싶은 음식을 머리에 떠올리며 손님을 맞이하듯 나물을 무치고 고기를 먹고 찌개를 끓이며 스스로 일을 만들어서 부산을 떤다. 음식 말이 나왔으니 말이지만, 나는 결혼 후부터 시작해 여태 밥을 해먹고 살지만, 참말이지 부엌에서 음식 만드는 주방 일을 좋아하거나 즐겨본 적이 없다. 무엇보다도 부엌에 들어가 시간을 보내는 일이 낭비처럼 여겨지고 있어서, 의무처럼 마지못해 해내고 있을 뿐이다.

때로 나는 남편과 내가 서로 자리를 바꿔 살았으면 더 좋겠다고 하는 생각이 들기도 한다. 성품이 자상하고 꼼꼼한 남편은 음식에도 무척 관심과 흥미가 많다. 밥솥이나 후라이판에 코팅이 벗겨졌다고 몇 개씩 사다 주기도 하고, 부엌에서 쓰는 장갑까지도 남편이 챙겨준다. 과식이나 포식은 금물로 여기고(미식가는 아니다), TV 요리 프로그램은 매일이다시피 보면서, 이러쿵저러쿵 일러주지만 나는 한 귀로 듣고 다른 귀로 흘려 버릴만큼 관심이 없기 때문인지, 새겨들을 귀도 붙이지 못했다. 그래서 늘상 해오던 식으로 아침에는 빵을 내놓고, 점심 때는 국수나 어제 저녁에 먹다 남은 음식을 달리 변경시켜 대충 끼니를 때운다. 그러고 보면 식사다운 식사는 저녁 한끼인 셈인데, 그 한끼 마저도 무슨 반찬을 해야할지 부담스럽고 신경이 쓰여지곤 한다.

성경은 우리들에게 무엇을 먹을까 무엇을 마실까 염려하지 말라고 경고하고 있다. 예수님 당시에는 저녁지을 것이 없어서 끼니 걱정을 했던 모양인데, 작금 시대에 대부분 사람들은(아직도 끼니 걱정하는 사람이 있겠지만) 또 다른 걱정에 휘말리고 있지않나 싶기도 하다. 시중에 나도는 식료품들의 가지 수가 다양하고 질이 천차만별이어서 마음뿐만이 아니라 머릿속에서까지도 먹는 음식물에 무게를 두고 건강을 따지고 칼로리를 저울질하며, 무엇을 먹을까 고심하고 있다는 생각이 지펴날 때면, 입가에 야릇한 미소가 절로 퍼져나가기도 한다.

'음식은 정성'이라는 말이 있다. 정성을 들여야 맛이 난다는 뜻일 게다. 식구들에게는 미안하지만, 내 음식에서는 정성이라고는 찾아 볼 길이 없는 손놀림 뿐이라는 생각도 없지 않다. 50년 넘게 음식을 다루어 나오고 있는 습관대로 양념을 해서 간이나 맞추어 상에 올려놓고 먹는 식이다. 그래도 남편은 불평을 하지 않고 맛있다고 말할 때가 종종 있고, 아이들도 건강하게 키워냈다. 어떤 분들은 음식이 담백해서 좋다고 말하기도 하고, 이렇게 맛있는 음식을 처음 먹어본다고 하는 손님들도 더러 있고 보면, 정성이 좀 부족해도 손맛으로 먹을 만한 음식이 만들어지지 않나 하는 생각이 든다.

나는 음식에 손을 대고 서서 주물럭거릴 때마다, 글도 이렇게 몸에 붙어있는 습관대로 줄줄 열거해 낼수 있다면 얼마나 기쁘고 살 맛 날 것인가 싶어질 때가 있다. 그렇다. 글은 내 외로운 삶속에 유일한 낙이요 벗이다. 나는 30년 동안 글의 꽁무니를 붙잡고 늘어지고 있는 셈이지만, 글이란 녀석은 나를 좋아하는 기색이 조금도 보이지 않고, 항상 적당한 거리를 두고 저만큼 멀찌기 서서 나의 거동만을 지켜 볼 뿐이다. 이건 완전 짝사랑이구나, 싶기도 하다.

글을 얻기 위해서, 나는 여자들에게 기쁨이 될만한 다른 대상들을 다 내어 버릴만큼 희생을 자처하고 있는 셈이다. 한 날인들 조바심으로 답답하고 실망스럽지 않은 날이 있었으려나 싶도록, 나는 너에게 내 마음을 다 토로하고 호소하고 있지만, 너는 여전히 묵묵부답으로 나를 대하고 있을 뿐이구나. 그래도, 나는 너를 사랑한다, 나의 기쁨아!

난생 처음 해보는 얼굴팩

난생 처음 거울 앞에 앉아 말로만 들어왔던 '미용팩'이라는 것을 해 보았다. 이 나이에 새삼스럽게 예뻐지고 싶어서가 아니었다. 누가 서울 갔다가 들어오면서 내 얼굴에 더덕더덕 붙어있는 주름살이 좀 민망스러워 보였던지 안티링클 마스크팩 한 세트를 선물로 사왔다. 그게 작년 봄이었다. 그런데 금년 여름에 또 다른 친구가 고향 나들이를 다녀왔다면서, 미용영양제 팩을 내놓았다. 생각해줘서 고맙기도 하고 기쁘기도 했지만, 젊었을 적에는 하지 않았던 얼굴 팩이라서 어쩐지 생뚱맞게 느껴져서 서랍 속에 넣어 두었었는데, 서랍을 열 때마다 눈에 띄이곤 했다. 딸을 줄까하다가 오늘 오후에는 마음을 다져먹고 거울 앞에 앉아 안면도배(?)에 들어갔으나, 처음 해보는 일이라서인지 거즈가 자꾸 밀려, 그것도 생각보다 쉽지가 않았다.

그리고 보면 나는 영국에 온 이후 미용팩은 언감생심이고(하려면 못할 것도 없었을 거였지만) 화장 다운 화장도 해 본 적이 없다. 항상 민낯으로 지내다가 특별한 곳에 외출이라도 할 때면 '화장'이라는 것을 하는데, 그것도 극히 간단히 해치운다. 스킨소프트너나 토닉 로션은 생략하고, 모이스처 로션 위에 파운데이션을 바르고 분 첩으로 토닥토닥거려주면, 그만이다. 눈 화장도 아이펜슬로 눈썹이나 골라주고, 입술을 바르면 화장이 다 끝난 셈인데, 10분도 채 안 걸린다. 그럴지라도 어느 누가 사탕발림으로라도 예쁘다고 말을 하면, 속없이 마음이 설레이고 "사모님은 볼 때마다 점점 더 젊어지시네요." 라는 말만 들어도, 그 말이 결코 싫지는 않다.

한번은 옆 집에 사는 러브리브라고 하는 벨기에 부인과 함께 같은 차에 동승하고 주일 예배를 다녀온 적이 있다. 그때 러브리브가 내 얼굴을 빤히 쳐다보면서 나이를 물어봐도 되겠느냐고 해서 나는 싱글싱글 웃으며 어디 한번 맞춰보라고 대답했다. 미국인들은 모르지만 유럽사람들은 우리 한국인들처럼 조금만 친해졌다 싶으면 형님 동생 하면서 나이를 묻는 일이란 결코 없다. 그러함에도 나이 먹은 우리 여자들은 이런 저런 자리에서 한담을 나는 도중에 가끔씩 서로 나이를 물어보곤 하는데, 그때마다 나는 선뜻 내 나이를 대지 않고 "게스 미" (추측해서 맞춰봐) 라고 대답한다. 그러면 열이면 열 모든 부인들은 나의 실제 나이보다 다섯살이나 열살쯤 아래로 말하고 드는데, 그날 러브리브는 스무살을 더 어리게 잡았다. 서양 여인네들은 우리 한국 부인들 보다 똑같은 나이라 할지라도 훨씬 주름살이 많긴 하다. 그래서 어떤 부인들은 내 얼굴을 만져보기도 하고, 보톡스를 했냐고 물어 보기도 하지만, 스무살을 어리게 본다는 것은 말도 안되는 소리여서, 내나이를 대어 주었더니 깜짝 놀라면서 어떻게 그렇게 얼굴에 주름살이 없냐고 반문했다. "주님께서 내 안에 계시기 때문이다." 라고 우스개 소리를 하고나니, "내 안에도 예수님이 계시는데" 라고 응수해서 우리는 자동차 지붕이 떠나도록 뱃살을 쥐어가며 함께 웃었었다.

언제 죽음이 어깨를 툭치면서 가자고 눈짓을 보낼 지도 모르는 나이에, 주름살 운운하며 펜을 놀리고 있는 내 자신이 얼빠진 노인네의 노망기처럼 느껴지기도 하지만, 100 살을 먹어 갈 때 가더라도 여자들은 사는 동안은 정갈하고 고운 모습으로 살다가 가기를 원하는 게 본능이 아닌가 싶은 마음이 든다. 그래서 모든 여성들은 팽팽하고 탄력성있는 고운 피부를 유지하고자 요모저모로 고심하게 되는 게 아닌가 싶기도 하다.

오늘 (2016년 9월 10 일) 영국의 데일리 매일 신문에 올라온 한 기사 내용을 보면, 영국의 여성들 가운데는 얼굴과 목의 주름살을 제거하기 위해서 영하 섭씨 91도의 꽁꽁 얼어붙은 방에 3분 동안 들어가 있는 새들 프로스트 (saddle frost)를 한다는데, 효과가 좋아서 사진까지 크게 나와 있는 것을 보았다. 얼마전 미국에서는 생연어가 피부에 좋다는 연구 보고가 신문에 실린 그날, 너도 나도 연어를 찾는 바람에 수퍼마켓에 연어가 품절되어, 사고 싶어도 살 수 없을 만큼 구매가 어렵다는 기사를 읽은 적이 있다. '지성이면 감천'이라고, 작금 시대 여성들은 우리 어머니 시대들과 비교해 보면 열살 정도 혹은 스무살까지도 젊어보이지 않나 싶다. 그럼에도 우리들은 더 젊어지고 싶어서 안달이다. 내가 아는 중국 부인은 파리에 가서 태아의 줄기세포액을 얼굴에 투입했다는데, 50대처럼 피부가 팽팽하고 매끄럽게 보이기는 하지만, 맥주 한잔 들이키고 나면 마치 손찌검이라도 당한 것처럼 온통 뺨이 푸르뎅뎅해지곤 하는데, 젊어지는 것도 좋지만 젊어지려다가 오히려 부작용으로 얼굴을 망치고, 돈은 돈대로 고생은 고생대로 하는 경우도 없지 않음을 보기도 하고 들은 적도 있다.

보톡스를 투입하고 성한 얼굴을 칼로 째고 레이저로 지지고 주름살이 무서워서 크게 웃거나 입을 벌려 말하지도 못하고, 잠을 잘 때는 반듯이 누워서만 자야하고, 햇볕은 지옥 가는 것보다 더 무섭게 알고, 노화방지에 좋다는 식품만을 골라서 챙겨 먹고… 늙지 않으려다 스트레스만 잔뜩 쌓여 오히려 주름살이 더 늘게 되는 것은 아닐런지 싶은 노파심도 든다.

세월은 눈에 보이지 않아도, 지나가는 흔적을 등 뒤에 남겨두기 마련이다. 목과 얼굴, 손 등에 드러나는 주름살도 그 중에 하나이리라. 가래로 가로막고 호미로 먹는다 해도 별수 없는 일, 적당한 거리에서 곱게 가꾸어 낼 수 있는 다른 방법은 없을 것인지….

　그렇다. 사람에게는 '인상'이라는 게 있다. 매끄러운 피부로 주름살 없는 예쁜 얼굴 못지 않게 인상은 중요하다. 나는 내 남편이 총각 때 직업이 좋고 키가 크고 얼굴이 잘 생겨서 결혼한 것이 아니다. 순전히 첫인상에 매료되어 결혼했다. 제 아무리 예뻤던 사람도 나이를 먹으면 선천적인 아름다움은 없어지고 후천적인 미가 새롭게 조성된다. 그것이 곧 인상으로 나타난다. 그래서 나이가 들면 자기 얼굴은 자기가 책임져야 한다고 했을 것이다. '얼굴은 곧 그 사람의 이력서'라는 말이 있다. 얼굴을 보면 그 사람의 과거와 현재를 어렵지 않게 읽어낼 수 있다는 뜻일 것이다. 얼굴은 우리의 마음상태 즉 기쁘고, 슬프고, 짜증스럽고, 분노스러운 감정을 그대로 그려 보인다. 주름살이 없는 오만한 표정보다는 주름살이 좀 있고 검버섯이 피어난 얼굴이라도 상냥하고 겸손한 인상을 좋아한다. 따라서 우리는 연륜의 나이테는 싹 지우지 못한다 해도, 기쁘고 명랑한 얼굴 표정과 따스하고 다정한 인상을 가꾸어 냄으로써 노년의 완숙미(maturity)를 만들어낼 수 있다면 이 또한 아름다의 한 모습 일터이니, 겉사람(껍데기) 가꾸는 데만 노력하고 애쓸 것이 아니라, 속 사람도 부지런히 다듬어 가꾸어 내야 할 것이 아닌가 싶은 마음이기도 하다.

사귀고 싶은 사람

　화사한 예쁜 웃음으로 나를 반겨주는 지인이 있다. 예쁜 얼굴이라기보다는 그저 평범한 얼굴이지만, 맑고 깊은 파란 눈을 가진 이순(耳順) 직전의 젊은 할머니다.

　"너의 눈 속에 파란 하늘이 떠 있다"고 말하면 그녀는 말없이 빙긋 웃기만 한다. 그 웃는 얼굴이 우아하고 참 예쁘다.

　'웃음꽃'이라는 말처럼, 웃어서 예쁘지 않은 사람은 없다. 웃을 때 모두 다 예뻐 보인다. 보통 웃음을 어여쁜 꽃에 비유한다면, 그녀의 웃음은 아름다움 보다는 꽃이 풍겨내고 있는 그윽한 향기이다. 얼굴 전체가 햇살처럼 환해지면서 내면의 따사함과 훈훈함이 안면 가득히 퍼져나가는 참한 미소, 눈 가에 살짝 그어지는 주름살들이 더욱 정겨워 보인다.

　"사람은 웃는 모양을 보면 그 사람의 본성을 알 수 있고, 그 웃는 모습이 마음에 든다면 그 사람은 선량한 사람이라고 단언해도 된다"고 말했던 토스트예프스키의 말이 저절로 수긍이 되는 그런 미소이다.

　그녀의 선량하고 포근한 미소가 터무니 없도록 나로 하여금 그녀를 좋아하게 만들고 있다. 깊이 사귀어 보고 가까이 지내고 싶은 사람이다. 그러나, 이는 오직 마음에서 일뿐 한발짝도 나는 아직 그녀에게 다가서지 못한 터이기도 하다. 이네들(영국인들)의 사람 교제와 사람 사귐이 우리 한국 사람들과는 사뭇 달라서 조심스럽기도 하려니와, 아직은 차분히 접근할 기회를 얻지 못하고 있기 때문이다.

오늘 아침에도 나는 먼 발치에서 그녀에게 손만 흔들어 보였고, 그녀 역시 고운 미소의 눈 인사로 서로의 반가움을 대신했을 뿐이다.

꽃들의 계절 5월

　계절의 여왕으로 불리는 5월도 중순으로 넘어서고 있다. 가녀린 연록색 나뭇잎들은 하루가 다르게 푸른빛을 띠고, 사방에서 들려오는 꽃들의 자지러진 웃음소리가 마음을 설레게 하는 봄이다. 5월은 참으로 아름답고 황홀한 계절이다. 뒷뜰에 나가 활짝 만개해 있는 사과꽃 그늘 아래 두팔을 벌리고 서서 향긋한 꽃내음을 가슴 깊이 들이키며 잠시 봄기운에 젖어본다. 어디를 둘러보아도 형형색색의 찬란한 꽃들의 향연, 내 마음도 꽃피우고 새우는 황홀한 봄날이 된다.

　영국의 봄은 찬란하고 빛고운 봄이 아니다. 그래서 들판에 나가 보아도 아지랑이가 아롱아롱 피어오르는 봄날은 맞을 수 없다. 근년들어 지구의 온난화 덕분(?)으로 해마다 봄이 일찍 찾아들고, 기온도 조금씩 높아지는 기미를 보이기도 하지만, 계절이 뚜렷한 한국의 사계와는 사뭇 달라서, 칼날처럼 매서운 겨울 혹한이 있는 것도 아니고 7,8월로 접어 들었다해도 아스팔트가 녹아나는 여름 폭염을 접하는 경우도 거의 없다. 무덤덤한 계절이 이네들이 먹고 사는 음식 맛과도 닮았다는 느낌을 자아낼 만큼, 겨울철에도 기온이 영하로 떨어질 때가 많지 않을 뿐더러 눈이 내려야 할 계절에 비오는 날이 태반이어서 기분이 나지 않지만, 산과 들과 정원과 도로변의 파란 잔디들이 음산하고 을씨년스러운 겨울을 한결 산뜻하고 포근하게 장식하여 주고 있어서 결코 나쁘지는 않다.

우리 집은 1892년, 제1차 세계대전 이전에 지어진 아주 오래된 빅토리안 하우스이다. 그래서 영국의 고택들의 넓다란 정원에서 흔히 볼 수 있는 서양 철쭉나무가 울타리처럼 집 주위를 뺑 둘러 서 있다. 서양 철쭉은 진달래 꽃과 비슷하고 사철이 푸른 관목이다. 꽃색깔에 따라 피는 시기가 다르기는 하지만, 5월 중순에서 6월초 사이에 만개하는데, 양지 쪽에 서 있는 나무들은 꽃이 빠르고, 그늘이나 후미진 곳에서 자라고 있는 나무는 피어나는 시기가 조금 늦다. 꽃빛깔은 흰빛, 핑크빛, 보라빛, 빨간빛이고 꽃 한송이가 묶어 놓은 꽃다발처럼 소담스럽다. 꽃들이 서로 어우러져 활짝 피어날 적에는 집 주위가 온통 화려한 꽃빛으로 찬란하게 물들어 장관을 이루어내는데, 이럴 때면 길가던 사람들이 발걸음을 멈추고 서서 찬탄을 금치 못해 스마트폰 렌즈를 들이대곤 한다. 그리고 보면 우리 집 정원에는 일년초 꽃은 거의 없고, 다년생 관목들이 주류를 이루어 앞서거니 뒤서거니 꽃망울을 터뜨려 내고 있는 셈인데, 그 중에서도 5월에 피는 꽃이 대부분이다. 지금이 한창이어서 꽃동산에 들어앉아 사는 느낌이다.

영국의 주택들은 집 앞과 뒤에 정원들이 딸려 있어서 원예를 취미로 소일하고 즐기는 사람들이 많지만, 손바닥 만한 뒷텃밭 하나를 가꾸면서도 시간이 없어서 쩔쩔매고 있는 형편이어서, 나는 되도록이면 손이 덜 가는 여러해살이 관목들로만 심어두고 사시사철 잎을 보면서 봄 여름으로 즐긴다. 한해살이 화초들은 옹기종기 고개를 맞대고 꽃이 피어날 적에는 더 없이 화려하고 아기자기해서 사랑스럽지만, 봄철에 심어 주었다가 가을철이면 뽑아내야 하는 수고와 번거로움이 귀찮기도하고, 거기다가 해마다 들어가는 꽃모종 값도 만만치 않고, 정원사를 두고 살 마음도 아니고 해서, 나 편한대로 살고 있는 셈이다. 관목수들도 예쁘게 성형수술을 해주어야 하지만, 그 일은 남편이 알아서 잘해 준다.

이들 관목들 중에는 동백꽃 나무가 네 그루 섞여 있다. 현관 앞에는 빨간색 동백꽃 나무와 분홍색 동백꽃 나무를 심어 두었는데, 분홍꽃 나무는 몇 년 동안 잘 피더니 애석하게도 곁에 있는 철쭉나무에 치어서 죽어버렸고, 차고가 있는 뒷 가든에 심어둔 하얀 동백과 빨간 동백꽃 나무는 집 주인 나이만큼 고목이 되어 팔팔했던 생기를 점차 잃어가고 있지만, 해마다 봄철이 되면 젊은 나무들이 무색해할 정도로 잎파리 보다 더 많은 붉디 붉은 꽃봉오리들을 터뜨려 일대장관을 이루어 낸다. 목화송이처럼 새하얀 백동백꽃은 크리스마스 이전부터 피기 시작하여 3월에 이르는 초봄까지 겨울 한철 뒷뜰을 환하게 장식해 내지만, 안타깝게도 기온이 영하로 떨어질 때면 그처럼 청초하고 싱그러웠던 꽃망울이 점점 노랗게 변색되어 퇴물처럼, 더러는 나뭇가지에 대롱대롱 매달려 턱걸이를 하기도 하고, 더러는 속수무책 땅 위에 드러눕고는 한다. 그때마다 애처로운 마음 그지 없지만, 겨울철 날씨를 탓할 수 있는 것도 아니고 보면, 잇따라 새로운 꽃망울을 줄줄이 터뜨려 내는 어여쁨이 그저 고맙고 반가울 뿐이다.

동백꽃이 피어날 적이면 까맣게 잊혀졌던 얼굴 하나가 마음 속에 떠오르곤 한다. 어느해 봄날 여수 오동도의 동백꽃 그늘 아래 두 다리를 쭉 펴고 앉아, 발밑에서 철썩거리는 해조음에 귀를 기울이며 오후 한나절을 함께 보내면서도 통성명 없이 헤어졌던, 이름도 모르는 그 사람이 불현

듯 생각나곤 하는 것이다. 그러니까 어느 토요일 오후, 예고도 없이 친구를 만나러 갔다가 못 만나고 오동도 동백섬으로 발길을 돌리던 중 방향이 같고 목적지가 같았던 그 당시 내 나이 또래의 청년과 우연히 동행하게 되었고, 그와 함께 오후 한나절을 보냈던 기억 속의 추억. 얼굴은 고사하고 주소도 이름도 모르는 사람이고 보면 어떤 특정인에 대한 회상과 추억이라기 보다는 아름답고 순수했던 소녀시절의 애틋한 그리움 정도로 이해해야 될지도 모르겠고, 육신은 날로 늙어가는 볼품 없는 할머니일지라도 마음은 때묻지 않은 청순한 젊음에 머물러 있고 싶은 젊음에의 회구와 갈망인지도 모를 일이다.

거울을 보면 눈 밑과 입 언저리는 거미줄 같은 주름살 투성이요, 파뿌리처럼 하얀 머리카락은 한달이 멀다하고 염색을 해 주어야 하고, 무릎은 시큰거려서 층계를 올라다니기에도 힘이 드는데, 가슴 속에는 꿈 많은 소녀 하나가 들어 앉아 있는 것이다. 아니면 들어 앉히고 싶은 심정일까… 뒷뜰에 피어있는 목련꽃 나무 아래 섰노라면 여학교 때 즐겨 불렀던 '목련꽃 그늘 아래서…'의 노래가 자연스럽게 목청을 타고 흘러 나오고, 모란꽃 곁에 서면 김영랑씨의 '모란이 피기까지는…' 싯귀가 입술 위에 껑충 뛰어 올라서기 일쑤이다. 낮은 가락의 음조가 스스로 듣기에도 구슬프다 못해, 청승맞게 들릴 따름인데….

어머니 회상

어머니를 생각하면, 그저 마음이 아프고 가슴이 저려온다. 유년기 시절에 나는 어머니가 나를 사랑하지 않는다고 여길만큼 어머니와의 사이가 소원했다. 어머니에게 있어서 나는 첫딸이었지만, 당신 속에서 나온 딸이라기 보다는 시누이와 같은 존재였는지도 모른다. 어머니와 할머니는 한 지붕 아래에서 일주일 간격을 사이에 두고 앞서거니 뒤서거니 아이를 낳았다. 할머니는 아들을 분만하셨고 어머니는 딸을 낳으셨다. 나보다 일주일 먼저 출생한, 살았으면 내게 삼촌이요 더 없는 친구가 되었을 할머니 아들은 사산아였고, 노산이었던 할머니는 사후 뒤 끝이 좋지 않아 꼬박 1년 동안을 자리를 보전하고 계셨다고 한다. 때문에 가뜩이나 일손이 달린 시골살림이요, 생활이다 보니 어머니는 산후조리도 하지 못하신 채 시어머님의 병수발을 드셨고, 가사와 밭농사를 떠맡지 않을 수 없는 상황에 놓여, 당신의 딸을 그것도 첫딸을 품에 안고 젖을 빨려보지도 못하신채 시어머니에게 맡겨두고 밭으로 논으로 쫓기며 온 종일 일 속에 파묻혀 허덕여야 했다니 그 마음인들 오죽 하셨겠는가!

이렇게 해서 나는 엄마 대신 할머니의 품 속에서 삼촌이 먹어야 할 젖을 먹고, 응석받이가 되어 가고 있었다. 할머니에게 있어서 나는 분명히 손녀였지만 손녀 그 이상이었고, 본의 아니게 첫 딸을 시어머니께 빼앗겨 버린 어머니는, 어찌 내 탓이었을까마는 시어머니께 품고 지낸 분노와 원망과 지탄을 기회가 있을 때마다 딸인 내게 폭발하셨던 것이다. 그래서 어린 나는 어머니가 싫었고 무서워서 한사코 피하고만 싶었고, 어머니 눈치를 보며 할머니의 주위에만 뱅뱅돌면서 자랐다. 혹독한 시집살이 아래 딸까지 빼앗겨 버린 어머니는 설상가상으로 나를 낳은후 3-4년이 지나도록 태기가 없었다고 한다. 지금 세상 같으면 불임 3-4년이 무슨 큰 대수겠는가마는, 손자 보기를 가뜩이나 고대하고 계셨던 할머니는 완도에서 청상과부를 데려다가 우리 집과 담하나를 사이에 두고 살림을 차려주며, 손자 낳기를 기다리셨다하니 어머니가 받은 고통과 심려가 어떠하셨을 것인지, 가히 짐작이 가지 않을 뿐이다. 그래서 어머니는 후일에 당신의 딸은 절대로, 절대로 장남에게 시집보내지 않겠다고 단단히 결심을 굳히게 되셨고, 시집살이에 진저리를 치고 계셨던 어머니는 딸들에게 중매가 들어오면 장남인가 차남인가부터 먼저 짚고 나가셨다.

　이처럼 비참하고 가혹한 시집살이에 치를 떨고 계시던 어머니는 내가 막 초등학교에 들어가 다니던 그 해에 남편을 따라 도시생활로 접어드셨고, 나는 조부모님 슬하에 놓여 시골에서 열두 살이 될 때까지 할머니와 할아버지 밑에서 자랐다. 지금도 나의 뇌리 속에 생생히 기억되고 있는 장면은, 동생을 등에 엎고 한 손에 하얀 보따리를 들고 아버지를 따라 문밖을 나서시던 가냘픈 어머니의 처량한 모습이다. 어머니는 툇마루에 서 있는 나를 한번 힐끗 쳐다보실 뿐 아무 말도 없으신 채, 돌담을 끼고 총총걸음으로 아버지의 뒤를 따라 미지의 도시생활로 접어드셨고, 할머니와 할아버지는 고향을 등지고 떠나는 아들과 며느리가 못마땅해서, 떠나시는 모습 마저도 보고 싶지 않으시다는 듯이 방문을 닫고 들어 앉아 내다 보시지도 않으셨던 것이다. 그후 나는 그 나마도 어머니와는 완전히 단절된 채 조부모님 슬하에 놓여 자랐지만, 어머니가 보고 싶다거나 어머니를 찾는 일이 없었다. 아버지는 자주 고향에 내려오셨고 그때마다 연필과 필통을 사다주시기도 하고 운동화도 사오셨지만, 어머니는 두번 다시 고향마을에 발을 딛지 않으셨기 때문에 내 뇌리 속에서는 어머니라는 존재가 점점 사라져, 할머니의 치마자락이 어머니의 싸늘한 품 속보다 더 따뜻하고 아늑하게 느껴질 만큼 조부모님 슬하에서 유년기를 보냈었다. 할머니와 할아버지는 손녀 딸이 원하는 것이라면 호랑이 눈썹이라도 뽑아다 주실만큼 나를 애지중지하셨고, 먹는 것 입는 것 어느 것 하나 부족함 없이 유복하게 키우셨다. 그 무렵 나는 학교에서 돌아오면 엄마를 부르는 대신 할머니를 불렀고, 할머니가 집에 안 계실 적에는 밭으로 찾아가 빈 젖을 어루만지면서 어릿광을 피우곤 했었다. 친구가 없는 나는 소를 먹이시고 꼴을 뜯으러 다니시는 할아버지를 따라 산과 들로 뛰어다니며, 때로는 동네 아주머니들 틈에 끼어 바닷가에 나가 게를 잡고 꼬막과 바지락을 캐기도 하며, 나름대로 행복한 시골생활을 했던 것이다. 엄마는 내곁에 없었지만 시집가지 않은 고모님이 계셨으며, 갓 결혼하신 숙부와 숙모가 한 마을에 살고 있어서, 내게 늘 동무가 되어 주셨고 저녁 먹고 찾아가면 이야기도 들려 주시곤 해서 어머니의 빈자리나 외로움을 느낄 틈이 없었다.

열두 살이 되기까지 이렇게 시골에서 응석받이로 커가던 나는 중학교 입학을 한 해 앞두고 엄마와 아빠와 동생들이 살고 있는 도시로 올라 오게 되었고, 그렇게도 고향을 떠나기 싫어 하시던 조부모님들도 전답을 처분하시고 도시 아들네 집으로 합솔하시기에 이르렀다. 할머니의 시퍼

렇던 성질이 도시생활로 접어들면서 조금씩 꺾여들기 시작했는데, 며느리의 눈치를 살피고 비위를 맞추기까지 할머니는 기가 죽어갔고, 나는 또 나대로 학교에서 시골뜨기를 면하지 못한채 도시아이들 속에서 주눅이 들어 아침이면 학교 가기가 싫어졌다. 내 평생에 기죽고 주눅이들만큼 자괴감을 맛보기는 그 때가 처음 있는 일이기도 했었다. 나는 도시생활이 싫었다. 한사코 시골학교로 돌아가고 싶었고, 여름방학을 기다리는 마음으로 학교를 다녔다고나 할까. 그러나 방학이 되어 시골에 내려가면 동네 또래들과 이웃 마을에 사는 친구들로부터 부러움의 대상이 되었고, 나는 곧잘 우쭐해져서 도시이야기를 들려주면서 소녀시절을 보내고 있었던 것이다.

이 무렵부터 어머니와의 관계가 조금씩 호전되어 가는 기미를 보이기는 했으나, 나는 여전히 어머니께 접근하기가 서먹했고 자유롭지가 못했다. 어머니와의 단절된 세월을 메꾸고 어머니의 마음에 맺힌 회한을 풀어드리기에는 아직 시간이 더 필요했는지는 모르지만, 원래 어머니의 차갑고 날카로운 퉁명스러운 어투와 살갑지 못한 성품이 어린 나를 두렵게 만들었던 것이 아닌가 싶기도 하다. 한마디로 어머니는 잔정이 없으신 분이셨다. 도시생활로 접어드신 후에도 시골에서처럼 일을 타고 난 분처럼 여전히 일 속에 파묻혀 사셨고, 차분히 앉아 못다 푸신 애정을 나누시고자 하기는커녕, 간간히 옛날을 들먹거리시곤 해서, 그때마다 듣기가 거북했고, 기분이 언짢아지곤 했던 것이다.

우리 부부는 신혼시절을 친정 집에서 보냈다. 1년 반이라는 그 기간은 내 일생을 통해서 어머니와 가장 가깝게 밀착되어, 그때까지 친정 어머니 마음 속 깊은 내부에 자리하고 있는, 가려져 보이지 않았던 모성애와 폐쇄적이고 삭막한 감성까지 십분 헤아려 낼 수 있는 절대한 기회이기도 했다고 생각되어지는 부분이기도 했다. 어머니는 당신께서 밟아 나오신 끔찍스러울 만치 혹독했던 시집살이를 딸에게까지 재현시켜 낼 수 없다는 굳은 결심 아래, 사위의 군복무와 딸의 직장을 내세워 시어머니께 시집으로 가서 살도록 하지 않을 것을 미리 다짐받아 두었던 터이기도 했던 모양이다. 그래서 신혼여행 때 혼수품도 일부만 지참하고 여행을 했고, 신혼여행을 다녀와 일주일을 시댁에서 보내곤 곧장 친정집으로 직행, 아들을 낳아 백일이 되기까지, 힘이 드셨을 어머니는 아랑곳 없이 나는 어머니의 보살핌 아래 천연덕스럽게 신혼을 즐기기만 했던 것이다. '사위는 백년손님'이라는 말이 있다. 그래서였을까. 어머니는 할아버지와 할머니의 진지상은 식모에게 맡기시면서도, 사위 밥상만은 꼭 어머니가 챙기셨다.

어머니는 육식을 못하는 채식자여서, 붉은 피가 묻어 있는 쇠고기나 돼지고기는 보기도 끔찍해 하셨고, 고기 반찬을 담았던 그릇은 느끼한 기름기가 묻어 있다고, 한사코 멀리 하시는 분이었다. 그런 어머니가 사위를 위해서 거의 매일 정육점을 드나드셨는데, 하루는 정육점 아저씨가 "누구에게 먹이시려고 그렇게 매일 고기를 사러 오시냐" 묻더란다. 그뿐이 아니었다. 당신 딸에게는 젖을 물려 보신 적이 없으셨던 어머니셨지만, 외손자를 품에 안고 우유병을 빨리셨고, 당신 딸은 한번도 등에 업고 토닥거리며 어울리신 적이 없었지만, 외손자 기저귀를 갈아 채워주시고 등에 업어 잠을 재우셨던 어머니. 그러실 때 어머니는 무엇을 생각하셨고 그 심정이 어떠하셨을 것인지. 모르면 몰라도, 손자는 업어 키우시면서 감개가 무량하여 목구멍에서 뜨거운 것이 울컥 치밀어 오르는 순간인들 어찌 없을 수 있으셨겠는가.

꿈결같은 옛 이야기다. 누구나가 다 그렇다고는 하지만, 나는 첫 아이를 무척 힘들게 낳았다. 5분 간격으로 진행되는 진통이 더 이상 빨라질 줄을 모르고, 마치 시계추처럼 똑같은 속도만을 유지하고 들었다. 나는 꼭 3일 밤을 병실에 드러누워 머리를 쥐어 뜯으며 신음으로 지새웠는데, 사람 뱃속에 무슨 물이 그렇게도 많이 들어 있는지, 진통이 한번씩 지나갈 때마다 양수가 한 보시기씩 쏟아져 나왔다. 시어머니는 날계란을 먹으면 아기가 쉽게 나온다고 자꾸만 내 입술에 생계란을 대어 주셨지만, 나는 아무것도 먹을 수가 없었고 진통이 폭군처럼 한차례씩 휩쓸고 지나가고 나면, 깊은 잠속으로 곤히 빠져들곤 했었다. 요즘 같으면 진작 수술을 단행했겠지만, 당시만해도 제왕절개 수술로 아기를 낳는 것은 마지막 방법이었던 모양이다. 4일째 되던 날 새벽, 남편의 선배였던 담당의사는 마지막으로 진통 촉진제를 하나 더 주사 한다면서, 이래도 안되면 수술을 해야겠다고 수술 제의를 해 왔었고, 다행히 그 촉진제 주사가 효력을 발생하고 들었던지, 잠시후 아이의 머리가 보인다고 의사는 기쁜 소식을 들려주듯 말했다. 나는 급히 분만실로 옮겨졌다. 그러나 다행이라고 안도의 숨을 몰아 쉬기도 잠깐, 빼꼼히 머리를 드러내 보이던 아기는 숨바꼭질을 하듯 다시 자취를 감추어 버렸다. 3일밤을 딸의 곁에서 딸과 함께 산고를 치러내고 계시던 어머니는 심신이 지칠 대로 지친 채 근심과 두려움 속에 반쯤 혼이 나가 차가운 분만실 콘크리트 바닥에 털썩 주저앉아 "선생님 아기는 이 다음에 또 낳을 수 있으니 제발 내 딸만 살려주십시요." 의사의 하얀 가운 자락을 붙들다 시피하며 딸의 생명을 애걸하는 소리가 귓전을 때렸다. 어머니의 어디쯤에 나에 대한 저토록 안타깝고 애끓는 모성애가 들어 있었던가 싶도록 충격적인 장면이기도 했다.

이때였다. "사돈 뭔 그런 섭섭한 말을 다 하시오. 애기가 지 시를 타고 나오려고 그러는데, 힘들게 나온 애기가 더 크게 된다요." 어머니를 나무라는 말씀인지, 아니면 위로를 주시는 말씀인지, 알 수 없는 차분하고 여유있는 시어머님의 목소리. 나는 며느리지만 우리 시어머님이 나를 사랑하고 계신다고 믿고 있었다. 그 분은 눈가에 항상 실웃음을 짓고 계셨고, 시아버님이 돌아가신 후 줄곧 옷감 장사를 하고 계시던 분답게, 언제 누굴 대해서도 친근감을 불러일으킬 만큼 따사하고 사교적이셨다. 한마디로 친정 어머니와는 대조적이었다. 간간히 시어머님을 뵈러 가면 흰머리를 뽑으라고 누우시면서, 이것저것을 물어 보시고 고부간의 정을 돈독히 하셨다. 아들만 여덟을 낳아 키우시던 시어머님은 다섯째 아들인 내 남편을 딸처럼 여겨오셨다고 했고, 그래서 내가 딸 같은 며느리이기를 바라고 계신다고 말씀하실 만큼 다감한 분이셨다. 나는 며느리에 대한 시어머님의 기대와 사랑, 따뜻함과 부드러움이 허위요, 가면처럼 부정적으로 여기고 생각할 마음은 털 끝만치도 없다. 그분은 여전히 친절하시고 정이 많으신 좋으신 분이다. 그러함에도 분만실에서의 그 짤막한 몇마디의 말씀은 나로 하여금 두고두고 깊이깊이 생각케 하는 뉘앙스가 느껴진다.

모성애보다 강하고 깊고 절실한 사랑은 없다. 이는 어쩌면 할머니와 나와의 관계 속에서도 적용되고 찾아질 수 있는 부분일지도 모르겠다 싶기도 하다. 어머니께 생각이 미쳐지면 나는 언제나 가슴이 아프고 쓰려온다. 어머니는 학교를 다녀보신 적이 없으시고, 글을 모르셨던 분이셨다. 그래서 가끔씩 "내가 너처럼 공부를 했으면 이 나라 대통령도 하겠다." 나무라시곤 하셨는데, 어느 해인가 어머니를 뵈었을 때 전화 다이얼을 돌려 누구에겐가 전화를 거시고 시계를 보시며 밥 할 시간이 다 되었다고 말씀하셔서서 놀라웠다. 어머니는 셋째 딸에게 글을 배우셨다고, 장하신듯 만면에 웃음을 흘리시며 자랑까지 늘어 놓으셨다. 일평생 글을 모르셨던 답답함이 얼마나 크셨겠고, 다른 사람도 아닌 남편에게 무식하다는 말을 들으셨을 때, 그 수치스러움과 마음의 상처인들 오죽하셨을 것인지…늘그막에 교회를 다니시면서 집사직분까지 받으셨다는 어머니는 "내 주를 가까이 하게함은"을 18번 처럼 애창 하셨고, 새벽기도를 다녀오시는 길이면 아들의 타월 공장을 한 바퀴 도시면서 축수기도를 잊지 않으셨다 한다.

나는 어머니 생전에 어머니를 위해서 아무것도 해 드린 것이 없다. 비행기를 태워 드리지도 못했고, 밍크코트 대신에 토끼털 윗도리를, 오리털이불 대신에 새털이불을, 그렇다고 용돈을 듬뿍 손에 쥐어드린적 마저도 기억 속에는 없다. 어머니 곁에 앉아 오손도손 이야기를 나누어 본 적도 없었던 것 같고, 어머니 가슴에 묻어 둔 넋두리와 하소연과 푸념을 들어주고 따뜻한 위로의 말 한마디나 손 한번 잡아드리지도 못했고, 내 손으로 생일상은 고사하고 따뜻한 진지상 한번 차려드린 바도 없었다. 내 나이 스물 일곱에 어머니 곁을 떠나와 안부편지인들 몇 번이나 써 보냈으며, 두 세번도 다 못 되었을 전화 통화. 그러면서 나는 고국에 나갈 적마다 틈만 있으면 어머니 앞에 백배 만배 사죄할 기회만을 엿보기만 했고, 그 일마저도 끝내 이루어드리지 못한 채 지금은 유명을 달리 하고 계신다. 이런 내가 어찌 어머니의 여식이라 떳떳하게 말 할 수 있으랴. 죄송스럽고 후회스러움만이 앙금처럼 가슴 밑바닥에 깔려있다가, 문득문득 어머니에 대한 회상이 지펴오르면 땅이 부끄러워서 어디에 무릎 꿇고 하늘에 사죄해야 할 것인지, 무너져 내리는 심정이기만하다.

나의 아버지

편지도 편지 나름이기는 하겠지만, 우리는 편지를 쓰고 앉아 있는 동안 만리장성 같은 장문의 편지가 아닐지라도, 혹 짧은 문안엽서나 카드 한 장을 쓰더라도 상대방을 머리에 떠올리며 수취인에 대한 생각으로 정신을 집중해서 앉아 써내려 갑니다. 편지는 솔직하고 정직합니다. 그립고, 보고 싶고, 사랑한다는 애틋한 사연과 기쁘고, 즐겁고, 감사하고, 미안하다는 따뜻한 인사말, 가슴 아프고, 안타깝고, 서럽고, 한스러웠던 구구절절한 가장 내밀한 속내까지를 참말이지 얼굴 맞대고 앉아서 하는 쑥스럽고, 민망하고, 부끄러워서 감히 입술 위에 올려 놓을 수 없는 사연들까지도, 하얀 편지 위에 곱게 마음을 새겨 넣듯이 가감 없이 술회해 나갑니다. 편지는 진실을 담아내는 영혼의 소리요, 은밀한 마음의 고백과도 같습니다. 손글씨 편지가 점점 사라져 가고 있지만, 나는 편지처럼 진실되이 세상을 살고 싶고 편지를 쓰듯 절실한 사랑의 마음으로 남은 여생을 조심스럽게 살았으면 하고 생각할 때가 종종 있습니다.

지금은 지하묘소에 어머니와 나란히 묻혀계신 우리 아버지는 살아 생전에 한달이 멀다 하고 이역만리에서 외롭게 살고 있는 딸에게 편지를 자주 띄어 보내곤 하셨습니다. 몸담아 나오신 사업에서 손을 떼신 후에야 심심해서라도 그리하셨다고 여길 수도 있겠지만, 바쁘시게 일하시던 젊은 시절에도 한달이 멀다 하고 편지를 하시곤 했던 것입니다. 집에서 아이들이나 키우고 들었던 내가 미처 답장을 써낼 여유를 찾지 못하고 차일 피일 미루고 있는 사이에, 아버지로부터 또 편지가 날아오곤해서 때마다 죄송스러운 마음일 때가 한 두번이 아닐 정도로 자주 하셨던 것입니다. 60년대 이전부터도 우리 집에는 전화기가 설치되어 있어서 전화 통화도 가능했지만, 국제 전화는 워낙 잡음이 많았고 통화비가 만만치 않았던 시절이라서, 아버지는 편지만이 유일한 통신수단 처럼 그때마다 편지를 쓰고 또 쓰셨던 것 같습니다.

어제는 누렇게 빛바랜 옛날 편지들을 펼쳐놓고, 작고하신지 십 년이 다 되신 사랑하는 아버지의 편지만을 간추렸습니다. 세금명세서를 작성하실 때를 제외하고는 평소에 책상 앞에 앉아 계실 적이 없으셨던 아버지께서, 책상을 마주 대하고 앉아 편지를 쓰고 계신 모습을 상상하며 숙연한 마음새가 되어 수십년도 훨씬 더 뛰어넘은, 더러는 반세기가 다한 아버지의 편지들을 하나 둘씩 다시 읽어 내려갑니다.

아버지의 편지는 항상 "정님아 보아라"로 서두를 잡고 "잘 있느냐. 여기있는 네 어머니와 나는 건강하고 모두 잘 있다. 우리들 걱정은 하지 말고 너희들 몸 건강하고 우리 원혁이 원성이 잘 키워라. 소식이 없으면 걱정이 되니 답장을 꼭 있지 말아라. 아버지가 또 편지 하마…" 가끔은 동생들의 근황이 쓰여 있기도 하지만, 대개는 천편일률적으로 똑같은 내용을 담고 있어서, 아버지와 대면하고 앉아서 육성으로 들을 것 같으면 조금은 따분하고 귀찮아서 "아부지!"하고 소리를 내쳤을 성 싶은 내용들이지만, 편지라서였는지 언제 받아도 반갑고 늘 들은 말씀을 반복적으로 들어도 그때마다 가슴에 새겨 듣고 싶은 말씀이기만 했던 것입니다.

아버지가 돌아가시기 두달전, 그해 가을 나는 한국 방문을 계획했다가 다음 해로 미뤘던 것인데, 그 겨울에 아버지는 영원히 다시 올 수 없는 길을 떠나시고 마셨습니다. 그 누구도 아버지가 앓고 누워 계신다고 우리에게 말해 주지 않아서, 우리는 전혀 모르고 있었던 것입니다. 그래도 입관식이라도 참석할 수 있어서 퍽 다행이었다고 생각하곤 합니다. 아버지는 생시적 모습으로 고운 세마포 옷을 차려입고 새마포 두건에 버선을 신으시고 주무신듯 반듯이 누워 계셨습니다. 어머니 소천 후 7년만에 뵙는 아버지의 모습이었습니다. 두건 밑으로 드러나 보이는 하얀 머리카락이 신선처럼 고결하게 느껴졌고, 정갈하고 깨끗한 모습은 생시적보다 젊어 보이고 평안해 보였습니다. 낮잠을 주무시고 계신듯한 아버지의 시신 앞에 서서 "아버지 나 왔어요." 흔들어 깨우고 싶은 마음을 가까스로 억제하고, 나는 물끄러미 아버지의 얼굴을 내려다보며 잠시 생각에 잠겨 있었습니다. 그러나 울지는 않았던 것입니다. 천국에 가셨다고 믿고 다시 뵈올 것을 확신하는 마음이 들어서가 아니었습니다. 그 순간 종교적 생각은 털끝만큼도 없었고, 인생무상을 잠시 머리에 떠올리며 서 있었던 것입니다.

아버지에게 있어서 나는 큰 딸입니다. 스무살 때 어머니와 결혼하신 아버지는 22살에 나를 낳으셨습니다. 김씨 집안 장남의 손아랫 동생과 나는 대여섯 살이라는 많은 터울이 있습니다. 그래서였는지, 바깥출입을 하실 적이면 아버지는 곧잘 나를 데리고 다니셨는데, 나는 어머니와 함께 외가집을 간일은 없지만 아버지와 같이 두어번 다녀온 기억이 있습니다. 또 추석 명절이면 멀리 강진에 있는 선산에 성묘를 다녀오시곤 하셨는데, 그때도 나를 앞세우셨던 것입니다.

어느해 추석입니다. 아버지와 함께 성묘를 다녀오는 밤길에 휘영청 둥근 보름달이 머리위에서 계속 우리를 따라오고 있어서 "아부지 달이 왜 우리를 따라와?" 물었을 때 "너하고 친구하고 싶은가 보다"고 대답하셨던 아버지는, 학교에 갔다 대문에 들어서면 머리에 하얀 새치가 보인다고 마당 가운데 세워놓고 딸의 새치를 뽑아 주시기까지, 누구에게나 다정다감한 정이 많으셨던 분이셨습니다. 농삿꾼의 장남으로 태어나셨으나, 농사 일에는 뜻이 없으셨던 아버지는 험난한 시국을 탓하시며 고향산천을 등지셨고, 신용을 밑천으로 한때는 시의 한 동이 아버지의 소유지가 될만큼 자산가이기도 했었고, 고향마을에 공동우물을 보수해 주고 (집집마다 지금처럼 상수도가 설치되어 있기 이전), 마을 입구의 신작로 길을 닦아 주실만큼 김씨 집성촌이었던 고향마을을 빛내기도 하셨으나, 어머니 가슴에 대못을 꽝꽝 박아 평생 한을 맺히게 하셨던 분이기도 합니다.

결혼 직후 우리 부부는 친정집에 기거한 적이 있었는데, 아버지는 가끔씩 한 밤중에 방문 앞에 서서 "정님아" 부르시곤 하셨습니다. 연탄을 때던 시절이라, 자식들이 곤히 잠들어 있는 사이에 혹시라도 연탄가스가 방으로 새어들지 않았나 염려되어 확인하시느라고 그러셨던 것입니다. 나는 어머니와는 오손도손 이야기를 나누어 본적이 없었지만, 아버지와는 곧잘 농을 치며 응석을 부렸고, 그때마다 어머니는 "넋살이 좋기가 그만이다!" 눈을 흘기곤 하셨던 것입니다.

꿈결같이 아련한 옛 추억들이 꼬리에 꼬리를 물고 뇌리 속에 파고드는 순간입니다. 만감이 교차되는 가운데, 나는 풀어 헤쳤던 아버지의 편지들을 다시 상자 속에 차곡차곡 집어 넣으면서 "아버지" 가만히 하버지를 불러 봅니다.

3.
겨울 창가에 서서

설익은 감자 (half baked potato)

예년에 비해 금년에는 유난히 가을철이 빠른 걸음으로 우리 곁에 성큼 다가서 있는 느낌이다. 뒷 뜰에 빨갛게 익어있는 사과 열매가 더욱 그런 감흥을 자아내게 하는지도 모르겠다. 늘상 9월달에 들어서야 입에 댈 수 있었던 사과를 금년에는 8월 중순부터 따먹을 수 있을만큼 일찍 맛이 들기 시작했으니 말이다. 수은주는 아직도 여름철 기온을 가리키고 있는데, 계절을 속일 수 없는 탓인지 푸르기만 했던 여름신록들이 가을을 알리는 전령사들처럼 점차 누런 빛을 띄우고, 성미 급한 잎새들은 벌써부터 붉은 꽃단풍으로 차려 입고 사람들의 눈길을 사로잡고 있다.

호수처럼 낡고 투명한, 드물게 보는 초가을 하늘과 눈맞춤을 하며 함초롬히 창문 가에 서 있다. 어제는 한나절에 걸쳐 유리창에 달라 붙어있는 먼지와 때자국을 닦아 내느라고 이마에 땀을 흘려가며 무척 애를 먹었는데, 덕분에 한결 맑아진 유리문을 뚫고 청명한 가을 햇살이 하얀 뭉게구름과 어깨동무를 하고 방안 가득 안겨들고 있다.

마음도 계절을 타는 것일까, 평생 젊은 시절만 있어줄 것처럼 무심하기만 했던 젊음에 대한 소중함이 뼈져리게 느껴지고, 인생이 뜬구름처럼 속절없고 허망하다는 생각조차 추적추적 찾아들고 있으니 말이다. 지난날의 발자취가 되돌아 보아지고, 사랑하는 이들의 모습들이 머리 속에서 아른거리기도 하고, 언제이던가 한 친구가 날더러 "옛 일들을 자주 회상한다"고 지적하더니, 노인들의 회고벽이 내게 달라붙어 있는지 자꾸만 옛 시절들이 낡은 필름처럼 끊어졌다 이어졌다 한다.

"늙는다"는 추운 겨울을 맞이하고 드는 것만큼 싫다. 그래서인지 길거리나 쇼핑센터에서 허리를 다친 사람처럼 허리를 펴지 못한 채 구부정한 자세로 보행기에 의지하여 절뚝절뚝 걷고 있는 노인 할머니들을 볼라치면, 남의 일 같이 여겨지지 않고 애처롭다 못해 겁부터 몰려오곤 한다.

어제는 친구라고 부를만한 가까운 사이는 아니었지만, 지금보다 훨씬 젊은 시절에 오며 가며 알고 지냈던 권사를 영국교회에서 만났다. 본인의 말대로 하면, 한국교회에서 30대 후반에 권사직분을 받았던 분이다. 해서인지 남달리 믿음이 돈독해 보이고 열성적이며 강단있어 보이는 분이다. 그 사이 몇차례 전화가 걸려오기는 했지만, 20년 동안 내왕 없이 지냈었는데, 며칠 전 주일예배 후 어느 부인이(할머니가 아니라 부인) 주춤주춤 다가서며 "나 모르겠냐?" 물었다. 알 것도 같은데, 분명치가 않아서 머뭇거리고 섰는데, 아무개라고 자기 이름을 대었다. 나야 눈이 시원치 않으니까 그렇다고 치더라도, 눈 좋은 내 남편도 알아볼 수 없을 만큼 변해도, 너무 변한 모습이었다. 나보다 두살 아래고 보면 결코 젊은 나이는 아닌데, 50 대도 안된 곁에 서 있는 집사보다 더 젊어보였으니 말이다. 주름살은 커녕 팽팽한 얼굴피부에 말할 때면 눈을 자주 깜박거리곤 했는데, 쌍커풀이 진 예쁜 눈은 달라진 얼굴 윤곽과 더불어 옛 모습이라고는 찾아보기 힘들만큼 중년의 아름다움을 발산해 보였다.

　구면지기들은 오랜만에 만나서 할 말들이 창창하고, 처음 만난 사람들은 초면인대로 자기소개를 하고 전화번호를 주고받기에 열을 올리고 있는 동안, 나는 마치 이방인처럼 그들로부터 저만큼 멀찍이 물러서서 딴 생각을 곱씹고 있었다. 사람의 얼굴이 성형수술과 줄기세포 주사와 보톡스 주사 몇대로 저렇듯 몰라 볼만큼 고와지고 예뻐지듯이, 우리의 속 사람인 영혼과 마음도 그리되어질 수 있는 방법이 없을까 싶은, 되지도 않고 될 수도 없는 생각.

　그러고 보면 내가 이 세상에 좀 더 오랫도록 머물기를 소망하고, 나에게 허락되어진 수한 보다 길기를 바라는 염원 가운데는 설익은 감자같은 내 속사람 때문이기도 하다. S권사가 내게 다가서면서 아무개라고 자기를 소개하며 알은 체를 했을때, 솔직히 말해서 오랜만에 만나 반갑고 기뻤다기 보다는 "저 여자"라는 미묘한 감정이 먼저 앞섰던 것이라고 말하지 않을 수 없다. 그녀의 예나 다름없이 당당하고 자신감 넘치는 활달한 입담에 주눅이 들린 사람처럼 움추려 들어, 뒷자리로 물러서지 않을 수 없었던 것도 순전히 난청으로 인한 대화와 소통의 어려움으로만 돌려대기 보다는, 비교하는 어줍잖고 옹졸한 내 심성을 먼저 탓해야 옳으리라. 난감하고 비참한 느낌까지를 안으로 맛보지 않으면 안될만큼, 내 자신의 몰골이 초라하고 못나보였으니 말이다.

　돌아보건대, 하나님이 어떤 분이시라는 그 분의 성품에 대한 이해와 믿음, 기도의 제목에 따른 내용의 깊이와 간절한 심도는 주님과 함께 보내는 세월과 더불어 날로 깊어 지고 풍성해짐도 거짓말은 아니다. 그런데 마땅히 변하고 바뀌어야 할 속 마음은 그렇게도 간절히 바라고 회원하는 데도, 붙박이처럼 요지부동하기만 하다. 특히 감정이 정화되지 못했다. 여전히 싫은 사람은 싫고, 미운 사람은 밉게 보인다. 참말이지 이쯤해서 내 얼굴에 다닥 다닥 붙어있는 주름살과 축처진 눈두덩이는 그만두고, 거칠고 옹졸한 내 속사람, 내 속 심성을 곱고도 예쁘게, 펴 줄 의사는 없는지 두루 수소문해서라도 찾아나서야 할까보다. 수치스럽고 부끄러워서 누구에게도 말할 수 없는 편협하고 옹졸한 내 마음과 감성을 손보아 줄 의사, 찌들고 시든 내 육체 속에 아름다운 영혼을 심어 곱게 꽃피워 주실 분.

겨울 창가에 서서

나의 하루는 밤내 굳게 닫혀 있던 커튼을 여는 일로부터 시작됩니다. 남쪽으로 향해 있는 중앙의 창문 커튼을 사시절 매양 반쯤 열어둔 채로 있어서 굳이 손을 댈 필요가 없지만, 동쪽과 서쪽을 향해 놓여 있는 창문들은 밤내 두꺼운 커튼이 드리워져 있다가 내 몸의 구석 구석에 채 걷혀지지 않고, 밝혀 있는 아침 잠을 내쳐버리기라도 할 듯이 활짝 커튼을 열어제치곤 합니다.

이때쯤이면 보통 지금 같은 겨울철에는 사위가 깊은 잠속에 빠져 있기 마련이지만, 봄철과 여름에는 해님이 나보다는 한발짝 일찍 일어나서 길 건너편 집 모퉁이를 돌아서려다 말고, 하얀 잇빨을 보일듯 말듯 드러내며 아는 체를 하지만, 하루에도 몇번씩 얼굴을 폈다 찡그렸다 변덕을 부리기 일쑤인 옆집 부인이 베풀어 주는 불안한 선심 같아서, 그 반짝 웃음이 좀처럼 믿기워지지 않지만, 그래도 아침부터 찡그린 낯빛을 하기 보다는 한결 밝고 산뜻한 느낌이어서 싫지는 않습니다.

금년 겨울은 바람이 좀 자주 불기는 해도 비교적 온화한 기온입니다. 지난 겨울에는 책상을 마주하고 앉아 몇 줄 글이라도 쓸려고 하면 창문 밑의 틈사이를 통해서 스며드는 차가운 바깥 공기에 다리 정강이 힘줄이

뻣뻣해지면서 걷기가 불편스러웠었는데, 금년 겨울에는 한 해를 아무 탈 없이 보내고 새해에 들어서도 기온이 겨울답지 않게 영상을 줄곧 치달리고 있어서, 노인들과 가난한 사람들에게는 겨울나기가 한결 수월스러워 다행한 일입니다.

책상과 마주하고 앉아 유리창 뒤에 펼쳐져 있는 겨울 하늘을 바라봅니다. 잠새 한 마리가 이웃집 잡목 사이 위에 앉아 있다가 울타리를 타고 올라간 고양이에게 쫓겨 푸드득 날개짓을 하며 황망히 날아갑니다. 구름에 덮혀 있는 진회색 겨울 하늘은 손을 내밀어 뻗히면 잡힐 듯이 낮게 드리워져 있고, 찬바람이 쉬 소리를 내고 지나갈 때마다 정원의 나무 가지들은 서로를 꼬옥 부둥켜 안고 고개를 부벼대는 가운데, 이웃집들의 센트럴 히팅이 뿜어내는 희뿌연 연기가 "촌놈 지게만 보아도 고향 생각한다"고, 마치 시골 고향집 굴뚝에서 피어오르는 아침밥 짓는 풍경처럼 가슴에 여울져 옵니다. 정감어린 포근하고 훈훈한 아침 정경입니다.

겨울엔 이렇게 따사한 자기집 공간 속에 들어앉아 창문을 통해 바깥 세상을 내다보며, 익숙한 주변 풍경에 눈을 주고 앉아서 지나온 시간들을 되돌아 보게 하는 계절인지도 모르겠습니다. 세월이 나를 비웃듯이 빠르게 흘러 지나가고 있음에 새삼 놀라게 되고, 옷섶에 파고드는 겨울 찬바람 같은 외로움에 가슴 적시우며 인생무상을 떠올리게 됩니다. 까닭 없이 가슴 설레이던 아름답고 고운 봄철을 뜻없이 보내고, 빨래하고 밥 짓고 아이들 키워내는 가사일이 성에 차지않아 자신과 싸우며 몸살을 앓던 무덥고 지루하기 그지없던 여름철을 지나, 높고 푸른 하늘 아래 상명한 가을철로 들어서서 마치 제 시정을 맞이하기라도 했다는 듯, 꽃보다 예쁜 화려한 꽃단풍 인생을 그려보며 피어오르는 아침 햇살보다 더 곱고 찬란한 오색 무지개 같은 저녁 노을을 전심으로 소망하고 바라던 때가 엊그제 같습니다. 그런데 어느새 차가운 겨울철에 들어서서 그 아름답고 곱게만 느껴지던 가을 꽃 단풍이 차가운 겨울을 알리는 조락의 계절이었음을 뒤늦게 알게 되었다고나 할까요.

시간은 어쩌자고 한시도 멈추지 않고 앞으로만 계속 달음박질을 해댈까요. 뒤로는 좀 물러서 줄 수 없을까, 되지도 않는 생각을 반추하며 마지막 죽음의 순간에 처하여 "내게 조금만 더 햇볕을"하며 숨을 거두었다는 철학자 괴테를 머리에서 떠올려 봅니다. 그렇습니다. 인간은 시간과 더불어 살아가는 존재이기에 시간 속에서 낳아 자라고, 시간과 더불어 인생이 영글어 갑니다. 지금의 내 심정이 꼭 괴테처럼 "내게 조금만 더 시간을" 망망한 겨울 하늘에다 대고 외치고 싶을만큼 절실해지고 있습니다.

내 마음 속에는 비록 평범한 가정 주부로서의 생활이요 삶이지만, 낮은 목소리로 정직한 글을 쓰고 싶은 바램과 열망이 항상 자리하고 있습니다. 그러나 마음이 있다고 해서 글이 쓰여지는 것이 아님을 삼척동자도 모르지 않을 것이고, 지나깨나 글을 좇아가고 있는 셈이지만 좀처럼 글을 따라 잡을 수가 없어서 그저 안타깝고 한심스럽기까지 합니다. 이렇듯 스스로 글에 매달려 시간에 쫓기는 생활이다보니 남편에게 알게 모르게 외로움을 심어주게 되는 것이 아닌가 싶어 남편의 눈치를 살피게 되고 미안한 생각이 들때도 있지만, 살 날이 많지 않은 인생의 끝자락에 도달하여 늦게나마 자기 일에 심취하여 남이 알아주든지 말든지 스스로 보람과 기쁨을 누려보고 싶은 마음을 저버리고 싶은 생각이 추호도 없습니다.

　흔들리기 쉬운 마음을 되잡기라도 할 듯, 뒷뜰에 나가 물먹은 겨울 햇살아래 서 봅니다. 뒷뜰의 사과나무 가지에는 따주지 않았던 사과 열매들이 빨래줄에 널려있는 빨래처럼 대롱대롱 앙상한 가지에 매달려 위태롭게 흔들리고, 차가운 겨울 아침 냉기가 전신에 파고 듭니다. 사과 한 개를 따서 입에 넣고 깨물어 봅니다. 새콤 달콤한 사과즙이 입안 가득 차오릅니다. 겨울 내내 이렇게 앙상한 나뭇가지에 매달려 사람이 따 먹고, 새가 쪼아먹고, 땅에 떨어지면 벌레에게 파 먹히면서 안으로 안으로 쪼그라드는 사과 열매. 이른 봄철이면 새싹을 키워내기도 전부터, 고운 연분홍 꽃빛깔로 화려하게 피어나 뒷뜰을 장식하다가 봄나비처럼, 겨울 눈꽃처럼 황홀한 날개 짓으로 잔디밭 위에 눕던 사과 꽃. 꽃이 떨어진 자리에서 콩알만한 사과 열매. 나는 쪼그라져가는 겨울 사과 열매에서 화려하기 그지없던 봄철의 연분홍 사과꽃과 여름철에 들어선 맛들기 이전의 성싱한 사과 열매, 그리고 빨갛게 익은 탐스럽고 먹음직스러웠던 가을 사과를 머리 속에 그려 봅니다.

그리운 옛날

평소에는 잊고 지내다가도 밤으로 이불 속에 들어가 눈을 감으면, 마치 기다리고 있었다는 듯이 주마등처럼 뇌리 속에 아른거리는 얼굴들이 있습니다. 나이들어 많은 것들이 기억 속에서 점점 사라져 가고 있는 중에도, 애틋한 그리움으로 다가와 가슴에 안기는 보고 싶은 그리운 사람들, 빛바랜 사진처럼 희미해져 가는 얼굴들이기는 하지만 이름만은 오랜 세월속에서도 지워질줄 모르고 오히려 더욱 뚜렷해지는 추억 속의 자매들입니다.

하지만 이름만은 오랜 세월 속에서도 지워질줄 모르고 오히려 더욱 뚜렷해지는 추억속의 자매들입니다. 광소, 해자, 정분, 영순, 덕심… 이네들은 독일에서 일하던 간호원 시절에 주님을 영접해 드리고 고향의 품으로 돌아가기 전 영국에 들러, 1년 내지 3년 동안 바이블 칼리지에서 주의 말씀을 배우며 크리스천 생활과 삶을 실습했던 주 안의 자매들입니다. 고국에서라면 만날 수도, 사귐을 가질 수도 없었을 수많은 동포들과 주님의 일꾼들, 그리고 형제와 자매들, 대부분은 얼굴은 고사하고 이름 마저도 까맣게 잊은지 오래인데, 유독 잊혀지지 않고 있다가 문득 문득 생각날 적이면 보고 싶고 그립고 가뜩이나 그들의 소식이 궁금해 지곤 합니다.

그러니까 70년대 초, 당시는 영국에 상주하고 있던 교포 수가 지금처럼 많지 않았던 시절이었습니다. 그래서 오다가다 만난 동포라해도 금방 친해질 수 있었고, 마치 혈연이나 오래 사귀어 온 지기처럼 밀착되어 교분을 나눴던 것입니다. 거기다가 영국 내에 한인교회가 전무했던 시절이기도 해서, 어느 도시에 예수 믿는 사람이 있다는 입소문만을 듣고도 찾아나서곤 했었는데, 우연한 기회에 북아일랜드 어느 선교사를 통하여 위의 자매들과 연줄이 닿아 사귐을 갖게 된 것입니다. 말하자면 자매들이 영국에서 신학교를 다니던 시절, 나는 그들의 큰 언니가 되었고, 내 남편은 그들의 스폰서로서 보호자 역할을 했었는데, 신학교에 들어가기 전 영어 단기코스를 밟기는 했지만 충분치 못한 영어 실력으로 외국인들 틈에 끼어 공부를 하다보니 불면증에 시달림을 당한 자매도 있었고, 남녀 애정 문제로 물의를 일으킨 자매도 있었습니다. 그 때마다 학교측은 내 남편에게 연락을 취했고, 자동차로 5시간이나 되는 장거리를 달려가 통역과 카운셀링을 해 주고, 때로는 학생들을 집으로 데리고 와 포근히 안정을 취하고 휴식하도록 최대한의 배려와 도움을 기꺼이 베풀어 주었던 것입니다.

그런가 하면 방학 때가 되면 영국교회를 통해 오페어 걸 자리를 구해 주고, 그래도 갈 곳이 마땅찮은 학생들은 집에서 거두워내기까지 친 동기간처럼 보살폈습니다. 지금 생각하면 어떻게 그렇게 한톨의 짜증이나 귀찮아 하는 털끝만한 구석도 없이 아낌없이 마음을 주고 도움과 사랑을 베풀 수 있었는지, 당시는 우리집 경제사정이 우리 식구가 먹고 살기에도 빠듯했던 시절이고, 집도 협소해서 불편이 많았을 뿐만 아니라, 단손에 세 아이들을 키우던 시절이라 힘들었을 법도한데, 전혀 힘들다는 생각이 틈을 타지 못할만큼 하늘의 부요와 주님의 사랑으로 충만했던, 그들이 나를 따르고 사랑한만큼 나 또한 그들을 사랑했던 사랑의 연줄만이 지금은 아름다운 추억으로 가슴 속에 남아 돌고 있습니다. 내가 그들을 그리워하고 보고 싶어하는 그 이상으로 그들도 나를 생각하며 기도하리라.

그 뿐이 아닙니다. 중년에 들어서서 20년 가까이 동포 부녀자들에게 성경을 가르치면서 사귐을 가졌던 수많은 아름다운 추억들, 물론 본인이 성경을 많이 알아서 가르치게 된 것은 아닙니다. 그러니까 부인들 서너명이 아이들을 학교 보내고 할 일이 없는 날이면 이집 저집으로 번갈아 가면서 커피를 마시며 무료한 시간들을 메꾸고 있었나 봅니다. 그러다 보니 안 할 말도 나오게 되고 남의 흉도 보게 되고 그 자리가 그렇게 바람직하고 유익된 시간으로 채워지지 못했던 것 같습니다. 그래서 생각해 낸 것이 성경읽기 묘안이었는데, 읽어도 이해가 되지 않고 알 수가 없어서 결국은 나를 생각해 냈다는 것입니다.

이렇게 해서 성경공부 모임이 결성되었고, 3,4명으로 시작된 성경공부 모임이 때로는 20명이 넘는 숫자로 부흥되어 가면서, 여기에 자극을 받고 남편들 또한 성경 공부 모임을 결성하여 내 남편 장로님(당시는 장로가 아니었다)이 리드해 나가기까지 놀라운 발전을 이루었던 것입니다 그때에 만났던 많은 부인들, 대개는 학생들 부인들이었지만, 교환교수 부인들을 비롯해서 한국의 모모 대학교수들도 자주 참석하곤 했었는데, 지금 생각하면 어떻게 그렇게 겁없이 자신감을 가지고 가르칠 수 있었는지. 남을 가르쳤다기보다는 공부하였다는 생각이 더 많아서 부끄럽고 죄송하고 그런 마음이지만, 꿈 속에서도 보고 싶고 그리운 옛 얼굴들이기만 합니다.

그 때는 무척 힘들고 특히 어린 아이들 때문에 어려움도 적잖았었는데, 나중에는 남편들이 아이들을 도맡아 주어서 크게 은혜가 되었던 것 같습니다. 더러 어떤 부인들은 교회에서 하는 성경공부가 아니어서 가벼운 마음으로 참석하다가 4,5년 남편이 학위를 마치고 귀국하기까지 꾸준히 참석하는 중에 말씀에 깊이 뿌리를 내리고 믿음이 놀랍게 자라기도 했고, 더러는 영국 교회에서 세례를 받고 귀국하여 신앙생활을 잘 하고 있는 모습들을 먼 발치에서 지켜 내는 기쁨이 자랑스럽기 그지없습니다.

나는 찬송가를 부를 때마다, 찬송가 속에서 옛 자매들의 얼굴들 뿐만 아니라 목소리까지도 들려오는 듯한 느낌일 때가 있고, 말씀을 읽다가도 "아, 이 말씀 ○○가 무척 좋아했지" 싶으면, 느닷없이 목이 메오고 눈시울이 붉어질 때도 없지 않아 있게 됩니다. "주는 평화 우리의 평화" 를 부를 때면 신정현 사모의 얼굴이 떠오르고, "나 주의 도움 받고자"에서는 고성숙 여사의 음성이 들려옵니다. "거친 세상에서 실패 하거든"에서는 이미 주님 곁에 가 있는 사랑하는 희찬 자매가, "주의 사랑 비칠 때에"에서는 지금은 어디서 살고 있는지 모르는 예림이 엄마가, 그리고 "기뻐하며 왕께 노래 부르리"에서는 홍안의 여목사님과 "나 맡은 본분"에서는 김건식 목사님이, "자비하신 예수여"에서는 신대현 목사님의 고뇌에 찬 모습이 어른거릴만큼 수많은 얼굴들과 음성들이 궁금증과 그리움을 한아름씩 안고 뚜벅뚜벅 다가서곤 합니다.

그때마다 보고 싶고, 그때마다 가슴에 고여오는 아릿한 그리움, 내가 사랑하고 또 주님 안에서 나를 사랑했던, 지금은 내 곁에서 멀리 떠나 있는 불망의 과거속에 묻혀진 옛 사람들, 그래서 나의 눈가에는 늘 축축히 젖어있고, 나의 입술에서는 하나님을 기리고 송축하는 찬양이 끊임없이 흘러나오고, 나의 마음 속에서는 잔잔한 기쁨과 감사의 물결이 출렁대고 있는지도 모르겠습니다.

노래를 부르는 즐거움

　나는 음악을 감상하기 보다는 부르기를 훨씬 더 좋아하는 편이다. 지금이야 청력장애 탓으로 돌릴 수도 있겠으나, 귀가 멀쩡했던 젊은 시절에도 남이 부른 노래에 푹빠져 울먹거리기 보다는, 스스로 불러서 자기 도취에 젖어들기를 마다하지 않았었다. 처녀 시절 우리집 아랫채 행랑방에 독일제 피아노 한 대가 터줏자리를 지키듯 턱 버티고 들어앉아 있었다. 당시 우리 여덟 형제들 중에 피아노를 치는 아이가 있었던 것은 아니었고, 부모님 중에는 그 누구도 음악을 아시는 분이 없었다. 이웃집에 방송국에 다니던 피아니스트가 한 분 살고 있었는데, 그 분이 방속국을 통해서 자기 개인 사용 목적으로 피아노 한 대를 구입해 놓고, 피아노 대금을 지불하지 못하자 우리 아버지가 지불해 주고 가져온 피아노였다.

　오래 전 이야기이지만, 내 남편은 총각시절에 배우자로 음악을 전공한 처녀를 원했다는데, 맞선을 보던 저녁에(우리집에서 보았다). 피아노 소리가 들려서 무릎을 탁 쳤다지만, 나는 유감스럽게 도레미파도 제대로 두드리지 못할만큼 피아노와는 거리가 멀었고, 대신 심심풀이로 곧잘 목청을 뽑아 기분을 내곤 했었는데, 피아노는 못쳐도 노래라도 부를 줄 알알서 좋다며 함께 피아노 앞에 서서 웃곤 했었던 시절이 있기도 했었다.

해서일까, 나는 세상에서 돈 안들이고 자신을 해소시키며 즐겨 낼 수 있는 방법이 오직 노래 부르길 하는 듯, 지금도 무시로 노래를 열창하며 혼자서 흥얼거리곤 한다. 그러나 근간들어 모든 음악이 다 내게 유익과 기쁨을 가져다 주지 못함을 새롭게 경험한 바 있어 조심을 기한다고나 할까. 어느날엔가 느닷없이 '이별의 종착역'이라는 옛날 학창 시절에 즐겨 불렀던 유행가가 가슴 속에 파고 들었다. 인터넷에서 가물가물 잊혀져 가고 있는 가사를 찾아 노스탈지아에 사로잡혀 부르고 또 불렀다. 구구절절한 유행가 가사가 고독과 애수의 급물살로 가슴에 파고들어 인생의 허무와 늙음에 대한 비감까지를 몰고와 마음을 아리게 했다. 그리고 얼마후에 깨달았다. 그 유행가가 nothing wring 처럼 여겨질지라고, 명쾌하고 신선한 여운보다는 무엇인지도 모르게 꺼림칙한 심리 굴절, 즉 부정하고 속된 것들이 내 안으로 몰려와 가라앉아 있는 듯한 칙칙한 느낌 같은 것, 그래서 두번 다시 유행가에 매료되어 궁상떨지 말자고 각심하기에 이르렀던 것이다.

나는 찬송가를 많이 부른다. 매일 아침 4, 50분씩 찬송가를 열창하고, 부엌에서 일을 하거나 자동차를 타고 가면서 줄곧 찬송가를 부르곤 한다. 나의 아침기도가 오래도록 지속되어지는 것도 찬송가 덕분일 터이다. 나는 찬송으로 시작하여 은혜의 보좌 앞에 나가 하나님의 지극하신 사랑을 묵상하며 왕이신 주님을 경배한다.

음악은 사람의 감정을 사로잡는 힘이 있다. 신앙은 감정이 아니라는 말에 나는 열번이고 동의하지만, 감정이 따르지 않는 신앙이 없음도 힘주어 말하고 싶다. 사람은 감정의 동물이다. 예수님의 십자가 사건을 노래

하면서 맨숭맨숭한 마음일 순 없고, 하나님 사랑에 감복하는 자 치고 뜨겁게 감격하여 감사치 않을 심령이 어디 있으랴. 자신의 죄된 과거와 악행을 되돌아보고 후회하고 통탄하는 사람치고 눈물을 금한 자 누가 있고, 구속의 은혜에 감격하여 기뻐하지 않을 자 그 누구이겠는가?

주일 예배에 찬송가가 차지하고 있는 비중은 목사님 설교에 못지 않다. 설교는 귀로 듣고 목사님이 선포한 진리의 말씀을 삶 속에서 실천하고자 마음에 새겨 넣는 행위라면, 내 영이 찬송가를 노래함은 보다 적극적인 예배 참여이다. 찬양과 경배요, 자복과 회개요, 믿음과 소망과 확신과 기쁨에의 참여, 감사가 피어오르고 감격속에 잠겨드는 은혜의 꽃피움이다. 나는 비록 음정과 박자를 틀리게 부르는 경우도 있고, 목청도 그리곱지 못하지만 노래 할 수 있는 축복, 이 기쁨이 주워지지 않았다면 무슨 낙으로 세상을 살까 싶을 만큼 뜨거움으로 늘 하나님께 감사하며 찬양드린다.

큰 목소리로 한참동안 찬송가를 열창하다 보면, 찜찜하고 무거웠던 심정에 숨통이라도 뚫려난 듯 상쾌함과 가벼움이 찾아들고, 무욕구적일 만큼 소침한 일상에 활기와 기쁨이 되살아나곤 한다. 어찌 생각하면, 나는 매일 매 순간 찬송하는 힘으로 삶의 활력과 마음의 기쁨을 잃지 않고 살아있는 듯한 느낌이 없지 않다. 내 머리 속에는 찬송가의 가사로 가득 차 있고, 내 마음은 찬송가의 음률이 마르지 않는 물줄기처럼 잔잔히 흐르고 있다. 밤낮없이 윙윙거리는 머리 속 잡음과 동굴같은 난청을 이기게 하는, 하나님이 내게 주신 무기는 찬송가를 열창하는 힘이다. 오늘 새벽에는 "우리 받은 그 큰 은혜 말 할 수 없네. 주님의 영광 할렐루야"를 거푸 노래했다.

감절의 결실을 맺게 하옵소서

당신만을 사랑하고 오로지 당신만을 받들어 모시기로 작정하여 세상에 대하여는 귀 막고 눈 감고 고개 돌려 등지고 지내던 시절, 당신을 향하여만 예쁘게 피어나는 한 송이 꽃이기만을 소망했습니다.

그러나 미처 튼실치 못한 가녀린 영혼은
차가운 빙판길과 타오르는 뜨거운 불길 속에서 몸 가누지 못해했던 희구와 좌절 속의 외롭고 호젓한 순례길이었음을

가뭄 탄 화초처럼 타들어가는 목마름과
허리띠 동여매는 배고픔은 공복인들 없지 않아 있어 왔고 때마다 당신이 차려주신 뜻밖의 성찬 앞에
터져 나오는 기쁨을 감당치 못하게 했던 시절이었음도 기억속에 잡혀 듭니다.

주께서 얼마만큼의 강한 팔로 나를 붙드시고
부드럽고 고운 비단 채색띠의 은혜로 내 허리를 동여매고 계시온지
그 사랑과 그 은혜 짚어내지 못해 끼억끼억 울어대는 한 마리의 비둘기

하오면, 주께 향한 내 가슴 속 정념의 불길 마저도 피식피식 타오르며 연기 내뿜는 축축한 생솔가지임을 솔가지 타는 아릿한 연기가 짜디 짠 눈물이 되어 외줄기 강물처럼 가슴을 적시우고듧이
감당 못할 감격과 감동임을 이상해야 할 따름이옵니다.

무궁한 세월인 양 천지 분간 없이 세상을 어슬렁거리던 시절,
한줄기의 광명한 빛으로 내 심령의 가장 깊은 내전으로 찾아 드신 분이시여
줄어가는 내 생에 속에 큰 사랑과 큰 은혜 헤아려 알아가는 갑절의 결실을
맺게 하시고 세상과 같지 않은 안온한 평안 속에 정결하고 청순한 영혼
두 손 가지런히 바쳐드리는 열매 맺어가게 하옵소서. 아멘!

나는 메뚜기

우연한 기회에 카롤의 자동차를 타고 올드함을 다녀오는 일이 생겼습니다. 불과 20마일이 될까 말까 하는 짧은 거리이기는 했지만, 운전을 잘한다고 하는 표현을 뛰어 넘어, 흡사 우리 손자들이 배터리용 장난감 자동차를 가지고 서로 경기하는 것처럼, 하도 자동차를 능숙하고 날렵하게 몰고 가기에, 직업이 무엇이냐고 물어보았습니다. 서슴없이 '경찰'이라고 대답했습니다. 그러면 그렇지 하고 생각 할 판인데, 자기는 어렸을 적부터 cocky-sod였다고 깔깔대며 폭소를 터트려내는 폼으로 보아, 50초반의 아이 엄마라기 보다는 영락없는 tom boy 였습니다.

복잡한 볼튼 시내를 빠져나와 하행선 모터웨이로 진입하는 십자로에 서였습니다. 카롤은 자동차의 기름이 바닥났다고, 차를 돌려 다시 시내로 들어가 기름을 넣지 않으면 안된다고 말했습니다. 그때도 카롤은 당황한 빛 보다는 오히려 무슨 실한 일이라도 생겨난 듯이 만면에 희색이 가득해서 웃음기를 질질흘리며 가던 길을 되돌아 차를 몰았습니다. 만일에 내 남편이 그랬더면 "기름도 없이 차를 몰고 다니느냐"고 된소리부터 쏟아 낼법도 했지만, 그러나 어떡합니까. 절친한 친구 사이도 아니고 보면 오다가다 동승하게 된 차, 그저 느긋한 태도로 " I am ok"로 웃어 보일 수 밖에 ….

차를 돌려 다시 오던 길로 몰고 가는 동안에도 그녀는 조금도 불안해하는 기색이 없이, 마치 개그우먼처럼 시종일관 우스갯소리를 흘려보내고 있었지만, 왠지 조금도 싫게 들리거나 짜증스럽게 여겨지지가 않습니다. 아니, 오히려 중년의 나이를 되돌려 천진스런 홍안의 소녀같은 풋풋함과 발랄함이 볼우물에서부터 묻어나고 있어서 귀엽게 여겨지기까지 했고, 종횡무진한 치기어린 그녀의 입담이 은근히 부럽기도 했습니다. 그렇다고 내가 그녀의 농담을 다 알아들을 수 있었던 것은 아니었고, 반은 알아듣고 반은 흘려 보내면서 원숭이처럼 따라 웃기만 하는 처지였는데, 뜻없는 웃음, 의미없는 지껄임 속에도 따뜻한 교류가 우리 두 사람 사이에 흐르고 있음이 감지되었고, 그녀의 재치있는 농담과 여유로운 행동은 삶에 대한 담담한 기백까지 묻어나고 있어서 지금까지도 나를 감복케 하고 있습니다. 그리고 보면 70 평생 결코 짧다고만 생각되어지지 않는 내 일생 중에 가슴을 확 펴고 동네를 누비던 기쁘고 당당했던 시절은 철없던 유년시절 밖에 없었던 것 같기도 합니다.

12살이 되던 국민학교 6학년 때, 나는 시골에서 광주로 전학을 왔던 것입니다. 입고 다닌 입성이나 말의 억양에서부터 촌티가 좔좔 흘렀던 나는, 도시 아이들 사이에 위축되다 못해 기가 잔뜩 죽어 지냈고, 방학만 기다리다가 방학이 되어 시골에 내려가면 마치 금의환향이라도 한듯 우쭐한 기분이곤 했습니다. 중학교에서 고등학교롤 접어들면서부터 주위에 쟁쟁한 친구들을 붙이고 다니면서 함께 꿈과 이상을 키워 내는 활기찬 학교생활을 즐겨보기도 잠시. 대학 진학을 코 앞에 두고 닭모가지가 되는 내 일생중에 가장 큰 좌절과 실망을 곱씹게 되었고, 스물 일곱 되던 해에 꿈에도 그리운 조국을 떠나 사주팔자에 없는 타국 생활로 접어 들면서부터 나는 또 다시 주눅이 들고 기가 꺾이우는 외롭고 목마른 삶을 지금까지도 전전해 나오고 있다는 느낌이기도 합니다.

왜 이런 감상에 사로 잡히고 드는지는 모르지만, 나는 영국 친구들이 막힌 데 없이 글을 써 내려가는 모습을 지켜 볼라치면, 본인은 마치 낫 놓고 기억자도 모르는 문맹인처럼 감탄부터 입술에서 새어나오고, 부럽고도 부러운 마음이 되곤 합니다. 이런 느낌은 이웃들간의 대화에서도 마찬가지입니다. 자동차를 타고 오면서 카롤의 유머에 푹 빠져 감탄을 금치 못했던 것도, 따지고 보면 유창한 그녀의 입담 때문이었고 더 나아가서 내게 없는 기막힌 재치와 자신감 넘쳐보이는 당당함이랄까, 두려움 없는 강인한 정신력의 발로가 커다란 도전과 자극을 몰아다 주기까지 부러웠던 것입니다.

그러고 보면 나는 무려 반세기에 이르도록 영국에 상주하고 있음에도, 외부 사람들과 차단된 생활 탓도 없지는 않지만, 귀는 그래서 그렇다손 치더라도, 부끄럽게도 입 마저도 반쯤 풀려났으면 다행이다 싶도록 말이 어눌한 상태를 벗어나지 못하고 있습니다. 외국언어만 서툴고 어눌한 상태에 머물러 살고있는 게 아니라, 조국의 언어마저도 서툴고 부족하기는 매 한가지 입니다. 기억 상실증에 걸려 있는 것은 아닌상 싶은데, 자주 쓰던 말도 입술에서 선뜻 흘러나오지 않을 만큼 가물가물 잊혀가고, 펜을 자주자주 붙들고 몸부림 치지만 말과 표현력이 딸려들기가 이만 저만이 아닙니다. 이래 저래 한심스럽습니다.

거기다가 이제는 소심증에 노파심까지 달라붙고 있어서, 길 건너에 있는 co-up에만 아니 올려고 해도 이층 목욕탕 수도꼭지에서부터 샤워룸, 부엌 할 것 없이 두루 살펴내야 안심이 되고, 쿠커나 오븐이 제대로 잠겨 있는지 유리창문은 다 달아졌는지, 꼼꼼히 확인하고 점검한 후에야 현관 문을 나설 수 있고, 자동차를 몰고 나간다고 해도 모터웨이는 간이 떨려 선뜻 엄두도 못 내는 상태, 그저 기어가듯 차를 몰아도 되는 가까운 쇼핑이나 아는 친구집이 고작입니다.

차에 올라타면 기름부터 체크하고, 파킹을 해 놓고 서너 발짝 걸어나가다가도 미심쩍으면 되돌아 와서 핸드 브레이크는 걸렸나, 문은 잠겼나를 재 확인한 후에야 안심이 되어 볼 일을 보게 되고, 무엇이 나를 이토록 자신감과 투지력을 잃게 만들고 쥐구멍만 파고 들게 하는지, 출애굽한 이스라엘 백성들처럼 세상앞에 어줍잖은 자신이 메뚜기로만 보일 뿐입니다.

그러나 참 놀랍고도 신기한 일은 내 입술 위에서 하나님 찬양이 떠나지 않고, 또 가슴 속에는 자나깨나 감사가 넘치도록 찰랑거리고 있다고 하는 점입니다. 밥 한 숟갈을 목에 넘기지 못하여 고통하는 사람들이 있는데, 삼시 세끼 밥 잘 먹고 소화 잘 시켜 낼 수 있음이 감사하고, 평생을 자리보존하고 누워 고생하고 있는 분들을 생각하면 이 나이까지도 사랑하는 남편과 함께 다니고 싶은 곳, 자유롭게 찾아 다니면서 즐겨낼 수 있음만으로도 죽을 때 까지도 다 감사드리지 못할듯 싶은 심정이기만 합니다.

"메뚜기 보았자 풀 밭"이라는 말이 있기는 하지만, 내 풀 밭 안에서 일망정, 재주껏 열심히 뛰며 기쁘게 살고 싶습니다. 그리고 보니 나는 영낙 없는 메뚜기입니다.

감정의 동물

인간을 가리켜 '감정의 동물'이라고 말한다. 지성과 이성을 갖춘 고상한 사람들을 동물들이라니, 천부당 만부당 한 소리가 아닌가. 그러나 태초에 사람이나 동물들이 동일하게 흙으로 빚어졌다고 하는 동일 근본성으로 미루어 보거나, 사람인 내 속에 동물과 흡사한 치성이 없지않아, 하루에도 몇번씩 일어났다 쓰러지는 감정의 노도로 미루어 보아, 인간을 가리켜 '감정의 동물'이라는데 구구한 의미나 변명을 달 여지가 없어 보인다. 그 감정이란 것이 항상 생각이나 이성보다도 앞서기 마련이고, 나도 나를 믿을 수 없고 알 수 없을 만큼 변덕스럽고 엉뚱해서 부끄럽고 후회스럽게 만들기 일쑤이다. 그러나 한편으로 생각하면, 감정 따위는 옳지 못하고 가치가 없다하여 이성과 지성만을 강조하여 짓누르고 무시해 버려야 고상한 품위의 인격자라 여길 것인지… 결코 그렇지는 않다는 생각이 지배적이기도 하다.

감정이 없으면 사람이 아니다. 그는 목석이다. 잘은 모르지만, 동물들뿐만이 아니라 말 못하는 초목들도 감정(느낌)이 없지 않아 있음직 하다. 그러기 때문에 칼로 베인 자국에는 끈끈한 수액이 흘러나오고, 추우면 반동적으로 잎파리들이 움츠러들고, 기온이 올라가면 무럭무럭 자라 꽃을 피우게 되는 것은 아닐는지 싶은 생각이다.

또 감정이라 하면 시기, 질투와 분노와 살기, 짜증과 불만 같은 곱지못한 감정들을 떠올리기 쉽지만 인정, 사랑, 기쁨, 환희, 감격, 그리움과 같은 아름다운, 우리가 품어 지내고 자주 이웃들에게 표현하고 나타내야 할 감정들도 많다. 감정 자체가 모두 악하고 나쁘다기 보다는 어떤 방식과 형태로 나타내고 표현하느냐에 따라서 달라지지 않을까 생각되기도 한다. 감정은 마땅히 순화되고 아름다운 감정이라 할지라도 절제가 필요할 때는 절제 되어야 하지만, 슬픈 일에 슬퍼하고 기쁜일에 기뻐할 줄 모른다면 좀 곤란하지 않을까 싶기도 하고, 인간관계에 있어서 가깝게는 부모 자식과의 사이에도 적절한 감정표현은 없어서는 안될 양념과 같은 인성이다.

누가 내 허파 속에다 대고 바람이라도 불어넣고 있는 것일까. 이 터무니 없는 울렁거림, 마땅히 잘 죽을 준비를 해야 할 나이임에도, 내 마음 속에는 좋아하는 것들이 너무 많고, 하고 싶은 일들로 가득 차 있다. 예쁜 꽃을 바라보고 있노라면, 나도 꽃처럼 화사하게 피어나는 인생이고 싶고, 높은 창공을 휘젓고 자유로이 날아다니는 새를 보면 나도 새처럼 날개 하나쯤 달고 유유히 세상을 날아 보았으면 하는 생각에 사로 잡힌다. 시를 읽으면 시인의 시성이 부럽고, 소설을 쓰고 싶은 생각은 없지만 가슴에 깊이 와닿는 수필을 읽으면 사랑의 언어로 좋은 수필을 쓰고 싶은 마음이 꿀같아 진다. 아름다운 노래를 들으면 성악가가 되고 싶기도 하고, 잘 그린 한 폭의 그림 앞에 서 있으면 화가의 재주가 부럽다. 다시 태어나면 퀴리부인이 되고 싶다가도, 구약성경 속에 나오는 데보라 (선지자이면서 사사)가 되고 싶다는 허망한, 아무 짝에도 쓸 데 없는 망상속에 사로 잡힌다. 이 또한 감성의 언저리에서 나오는 감상이라라.

   가슴뭉클 하도록 감동을 나아내 주고 사랑스레 좋아지는 것들은 왜 그리도 많아지고 그 숫자가 날로 늘어가고 있는지… 사람이 그립고 늘 반갑다. 드높은 파란 하늘이 아니어도 하늘은 언제 쳐다 보아도 다정한 친구처럼 정겹고, 저녁노을이 사라져 버린 뒤 어스름 땅거미가 내리는 고요한 밤 분위기가 더 없이 좋다. 가로등 불빛 아래 고이 잠들어 있는 밤거리와 가로수 검은 그림자가 사뭇 감동적으로 안겨오기도 하고, 구름 속에 가리워져 있는 어스름한 달빛이 애틋한 그리움을 몰아다 주곤한다. 그러고 보면 어두움이 무섭고 불안해서 한사코 싫기만 했던 잠이 언제부터인지 좋아지다 못해 다정한 벗님네 처럼 안겨오고 있다는 느낌도 든다.

   어떤 날은 까닭없이 기쁘고 감격해서 들뜬 마음이 되다가도, 어떤 날은 천근만근 무게를 달고 사는 사람처럼 마음이 무겁고 답답하여 저조한 기분일 때가 있다. 때로는 따분하고 짜증스럽고, 때로는 불안하고 초조하고 그러다가도 때로는 술에 취한듯 홍겹고 감미롭게 느껴지는 세상이기도 하다. 스스로 의미를 부여하여 목줄을 매고 즐겨내던 일이 어느날 갑자기 생각하기도 싫을 만큼 손에서 떨쳐버리고 싶은 일인들 어찌 없을 수 있으랴. 희로애락이 한 그네줄을 타고 오르락 내리락하고, 희구와 좌절, 희망과 절망이 쌍곡선 선상에서 춤을 추는도다. 그래서 인간은 더욱 살 맛이 나는지도 모르겠다.

달을 보는 마음

　자연의 순리는 어김이 없습니다. 아지랑이가 없는 봄 날씨 처럼, 영국의 여름은 작렬하는 태양의 뜨거운 열기가 쏙 빠져나간 노장군을 방불케 하는 느낌일 때가 많습니다. 그래서인지 좋고 좋다는 가을이 아장걸음으로 문턱에 들어서고 있는데, 이네들은 마치 불청객을 맞이하듯이 대부분 심드렁한 표정들입니다. 높고 푸른 가을 하늘 아래 빨갛게 물들어 가는 꽃단풍의 황홀함과 오곡백과가 무르익어가는 풍요로움 보다는, 조락의 겨울을 예고 하는 잦은 비와 거센 바람 앞에 지레 겁을 먹고 짜증을 내고 있는 것인지도 모르겠습니다.

　가을과 함께 우리 겨레의 대명절인 8월 한가위가 다가서고 있습니다. 차례상 준비를 앞두고 동분서주하고 있는 주부들의 바쁜 발걸음과 직장 따라서 도시로 나간 사랑하는 아들 딸과 손자손녀들 맞이로 가슴설레이며 밤잠을 설치고 있는 시골의 노부모님들, 조상들의 묘를 벌초하는 시골 어른들과 고향 내려갈 준비로 들떠 있는 젊은이들의 귀성길을 떠올리며, 찻잔을 두 손에 받쳐들고 창가에 몸을 붙이고 서서, 밤하늘을 처다봅니다. 자정이 조금 못된 시각, 앞 집 지붕 위에 반달보다는 조금 더 둥글어져 있는 환한 달빛이 수줍은 낯 빛을 하고 걸려있고, 별 하나가 저만치에서 반짝이고 있습니다. 초저녁이면 동편 하늘에 제일 먼저 나타나서 밤

새 나의 창문 밖에서 반짝이다가 새벽녘에서야 사라지곤 하는 그 별입니다.

내게 있어서 둥근 달은 둥근 만월이어야 합니다. 그것도 반세기 전에 우리집 앞마당 살구나무 가지 위에 살짝 걸터앉아 환한 얼굴 빛을 하고 내 희망과 꿈의 상징이 되어 주었던 풀 문 (full moon).

내가 어렸던 시절에는 달은 인간이 정복해야 할 정복의 대상이 아니었습니다. 종교의 대상이었고, 신비의 대상이었습니다. 달 속에 계수나무가 박혀 있고 옥토끼가 절구질한다고 믿었던 시절, 앞 동네 뒷산에서 둥그런 보름달이 둥실둥실 떠오를 적이면 나는 가운데 서서 "달아 달아 밝은 달아 이태백이 놀던 달아, 저기 저기 저 달 속에 계수나무 박혔으니…"를 노래하곤 했습니다. 어렸을 적에 나는 노래를 썩 잘하는 아이로 통했습니다. 아마 그때도 지금처럼 음성이 컸기 때문이었을 것입니다. 목청으로 벌어먹고 살 사람처럼 음성이 커서 학예회 때는 합창 보다는 독창을 하곤 했었는데, 덕분에 6.25 사변이 난 후 갓 열살배기가 선생님 손에 이끌려 이 마을에서 저 마을로 돌아다니면서 부락민들에게 이북 애국가와 김일성 혁명가를 가르쳐 보급시켜 내기도 했던 것입니다. 시골이라서 낮에는 농사일 때문에 밤에 동네 이장집 마당에 부락민들을 모아놓고 가르치곤 했었는데, 논둑길을 따라 이 마을 저 마을로 걸어갈 때면 머리 위에서 휘영청 밝은 보름달이 말없이 나를 따라다니던 기억이, 달을 쳐다볼 때면 환영처럼 문득 문득 떠오르곤 합니다.

타임머신 속에 들어앉아 먼 옛날로 돌아가 둥근 달빛 아래 내려다 본

고향마을은 언제나 시대의 변화와 발전을 등진 채 태곳적 모습 그대로입니다. 구순을 넘기신 고모님은 길게 땋은 머리채에 빨강 댕기를 하고 베틀에 앉아 베를 짜기 일쑤이고, 뒷집 경태는 학교가기를 매맞기 보다 싫어하는 초동의 모습인데 유독 나만은 주름살이 더덕더덕 끼어있는 백발의 할머니가 되었다가, 어린 계집애의 모습이기도 하고 푸릇한 중학생인가 싶으면 수줍음을 잘타는 여고생이 되어 있기도 합니다. 호수위에 살포시 내려 앉은 달빛이 좋아 난생 처음 이성과 산책을 나갔다가 개울물을 건너 뛰지 못해서 망설이고 있는 나에게 손을 내밀며 자기손을 잡고 훌쩍 뛰어 넘으라고 말하던 불망의 얼굴도 달속에 아른거리고, 첫 만남에서 만면에 고운 미소를 지어 보이던 금혼식을 맞이하기까지 함께 복된 삶을 살고 있는 연분의 사람도 군복차림의 만년 청년의 모습일 때가 대부분입니다.

달은 스스로 빛을 발할 수 없고 태양빛을 받아 반사한다고 합니다. 천란한 태양은 반짝거리는 광휘때문에 아무도 쳐다볼 수가 없습니다. 그러나 달빛은 은은하며 누구나가 바라볼 수 있을 만큼 모두를 포근히 감싸주고 있는 그대로를 되쏘지 않고 받아 들입니다. 내마음이 외롭고 쓸쓸하면 달도 외로워 보이고 내가 슬퍼 눈물 겨우면 달도 슬퍼하고 내가 기쁘면 달도 기뻐합니다. 중국 시인 이태백이 놀았던 달은 나와도 놀아주고, 서울 남산 위에 떠오른 달은 영국의 우리집 안마당에도 떠오르고 있습니다. 어두운 밤을 고요하게 밝혀주는 달 같은 사람이 많은 세상이 되었으면 하고 밤하늘을 우러러 가만히 읊조려 봅니다.

선망의 집

꿈 많던 처녀시절의 가슴 속에 묻어둔 이야기입니다. 그 당시 우리 집에서 광주 시내 본정통을 나가려면 옛날 조정에서 토신과 곡신에게 제사를 지냈다던 사직공원 입구를 지나 광주천을 끼고 한 참을 걸어야 했습니다. 가는 길목에 근방에서 가장 잘 지어진 고씨 집이 있었는데, 그집 담을 끼고 걸을 때면 "이 다음에 돈 많은 신랑에게 시집가서 내가 꼭 저 집을 사고 말거야!"라고, 떡줄 장모 보고는 물어보지도 않고 가당치 않은 욕심부터 냈던 것입니다. 옛 정승대감 집처럼 육중한 목제 대문이 늘 안으로 굳게 닫혀 있어서 좀처럼 집 안은 고사하고 앞마당 마저도 들여달 볼 기회가 없었지만, 사직공원을 등에 업고 아랫 도시 마을을 굽어보고 있는 그 집 기와지붕만 쳐다보고도 잔뜩 눈독을 들이곤 했었는데, 수십년이 지난 지금까지도 그 집이 가끔 꿈에 보이곤 합니다.

새해들어 창세기를 묵상하던 중, 내 의식의 한 구석에서 문득 고씨 집에 대한 생각이 다시 지펴났습니다. 하나님께서 사람을 만드시고자 하는 계획을 가지셨을 때, 그들이 거처할 장막을 생각하시고, 에덴에 아담과 하와를 위한 아름다운 신혼의 보금자리를 창설해 놓으셨다고 하는 성경내용이 고씨 집을 또 한번 떠올리게 했던 것입니다. 하나님이 지으신 아름다운 에덴이 어찌 사람이 지은 고씨 집에 견줄 수 있겠습니까만은 어렸을 적에 품어 지녔던 미련을 아직도 버리지 못한 탓인지도 모르겠습니다.

에덴은 성경 속에서 '하나님의 동산' 혹은 '여호와의 동산'으로 불립니다. 명경처럼 맑은 강물이 동산을 둘러 흐르고, 낮으로는 밝은 햇살 아래 한 폭의 그림같은 뭉게구름이 하늘을 수놓으며, 밤이면 영롱한 별빛과 은은한 달빛이 흐르는 하늘을 지붕 삼고, 질 좋은 융단처럼 부드러운 풀밭을 바닥으로 탐스러운 과일들이 주렁주렁 매달려 있는 과일나무 아래 식탁을 설치, 들꽃과 나무와 하늘과 바람과 새와 들짐승들이 한데 어울려 즐겁게 노래하고 뛰노는 대평원을 가든 삼아, 여유 작작한 일상을 즐겨냈을 신혼부부 아담과 하와. 날이 서늘할 때 그 곳을 여호와 하나님께서 산책하셨다고 하니, 비경 에덴동산이야말로 아름답고 평화롭고 자유롭고 풍요로운, 존 밀턴의 표현대로 그대로 '지상낙원'이었음이 분명합니다.

결혼을 해서 내가 살고 싶은 이상형 주택으로 고씨 집을 항상 마음에 두었던 나는, 결혼과 더불어 고국을 떠나 낯선 이국 땅에서 떠돌이처럼 이곳 저곳 병원 관사를 전전해 다니면서, 귀국만을 생각하고 있던 때의 일이었습니다. 마음만 먹으면 내 집 마련이 불가능 하지는 않았지만, 귀향만을 손꼽아 한 해 두 해 엉거주춤 하던 시절이기도 했습니다. 어느날 아침 잠자리에서 일어나 거실로 들어가려는데, 간밤에 누군가 카페트에 싸라기를 확 뿌려놓은 것처럼 방바닥에 하얀 싸라기가 좌악 깔려 있었습니다. 어제 밤에 아이들이 밥풀과자 부스러기를 방바닥에 떨어뜨렸나보다고 눈을 부비며 주춤주춤 다가서서 살펴보니, 세상에… 하얀 구더기들이 카페트 밑에서 쫑긋쫑긋 고개를 쳐들고 기어올라오고 있는게 아니겠습니까… 병원 당국에서 새로운 카페트로 깔아주어서 다행이기는 했지만, 며칠 뒤에는 작은아이의 얼굴이 자고 나면 두드러기처럼 빨갛게 부어 오르고 긁어대기 시작했습니다. 알고보니 벽에 뚫려있는 공기구멍에서 벼 룩이 뛰어나와 잠든 아이를 물어댔던 것입니다.

그런 일들이 발생되면서 아이들은 다른 집으로 이사를 가자고 한사코 졸라대었고, 들어갈 다른 관사는 없고, 결국 생각하다 못해 서둘러서 집 을 사기로 결정을 내리고 내 집을 장만했습니다. 그러나 내 집을 가져 본 경험도 없고 또 갑자기 마련한 집이라서 고씨 집처럼 고풍스럽기는 고사 하고, 이런저런 이유로 좀처럼 정이 들이 않았지만, 그 집을 사서 이사를 든 두달만에 집 값이 두 배로 치솟아 올랐었는데, 모든 것을 아시는 하나 님의 선견이 구더기와 미물 등을 이용하여 우리를 도와주셨다고 오늘날 까지 믿어지는 부분이기도 합니다.

그러니까 지금 우리가 살고 있는 이 집은, 첫번째 집을 밑천으로 구매 한 두번 째 집인 셈입니다. 1892년에 지어진 빅토리안 양식의 고가입니 다. 이 집이 지어진 후 우리가 4번째 집 주인이 된 셈인데, 옛말에는 테니 스장까지 있었던 넓게 잡은 독보적인 집이었던 것 같습니다. 영국의 부 자집들의 넓은 정원에서 흔히 볼 수 있는 서양 철쭉나무가 집의 양옆으로 울타리처럼 빵 둘러서 있고, 사과나무들과 배나무 그리고 여러 그루의 동 백꽃 나무와 목련 꽃나무가 봄철이면 온통 꽃동산을 방불케 하는 운치있 는 빨간 벽돌집입니다.

이 집에서 30년 가까이 살아오면서 그 사이 아이들 셋을 키워 장가, 시 집을 보냈고, 지금은 주인 노인네 둘만 덩그러니 남아 살고 있습니다. 부부가 살기에는 너무 크고 집안청소, 정원관리, 집 수리 등 힘이 많이 달리지만, 그 동안 살아나오면서 고향처럼 정이 든 탓인지 그냥저냥 주저 앉아 살고 있습니다.

아직도 아이들의 체취와 숨소리가 그들의 방 구석구석에서 배어 나오는 듯 싶기도 하고, 도란도란 말소리, 깔깔대는 웃음소리, 뛰어다니는 발자국 소리까지도 귀에 쟁쟁, 집안에 가득 차 있는 느낌 속에 힘겹고 고달팠던 우리 부부의 이국생활이 앙금처럼 가라앉아 정담을 주고 받으며 외로움을 나누었던 지난 세월이 잔잔히 숨쉬고 있다가, 아릿한 그리움을 몰아다 주는 하나님 아버지를 모신 집.

이 집을 떠나는 날, 사람의 손으로 지은 집이 아닌 주께서 예비해 두신 하늘 집이 나를 위해 마련되어 있을 것입니다. 정금으로 길을 놓고, 진주로 대문을 달고, 휘황찬란한 각종 보석과 옥으로 벽을 두르고 있는 'City of God' (하나님의 도성)! 고씨 집과 비교가 될 수 없는 영원한 나의 본향 집!

옆집에 게양되어 있는 기(flag)

　우리 옆 집 부부는 결코 평범한 이웃이라고만 보여지지 않는, 어딘가 좀 특이한 데가 있어 보이는, 독특한 커플이다. 벌써 십 수년 전의 일이기는 하지만, 이혼하고 아이들과 부인만 살고있는 이웃 집에 어느날부터 중년 남자가 마당에서 허드렛 일을 하는가 하면, 아침과 오후로 두 아이들을 차 태워 학교에 바래다 주고 데려오는 광경이 자주 눈에 띄곤 했다. 하숙을 하거나 세들어 사는 남자 같아 보이지는 않았으니, 그렇고 그런 일들이 드물지 않은 세상이라서 크게 신경쓰지는 않았었다.

　나는 하루 중에 책상과 마주앉아 지내는 경우가 잦은 편인데, 큰 아들이 사용하던 방에 놓여있는 책상은 유리창 앞에 자리하고 있어서, 앉기만 하면 이웃집이 빤히 내려다 보인다. 그 집식구들의 들어오고 나가는 것부터, 그 집 마당에서 벌어지고 있는 소소한 광경들이 자연스럽게 한 눈에 들어오게 마련이다. 앞에 말한 중년 남자는 가끔 뒷 마당에 나와 빨래줄에 빨래를 넣기도 하고, 햇볕이 좋은 여름날에는 웃통(상의)을 벗고 햇볕을 쬐이곤 하는데, 양쪽 어깨와 가슴 앞 뒤로 문신이 가득 새겨져 있을 뿐아니라, 머리를 절간의 중처럼 밀어부친 모습에서 예사 중년 남자처럼 보이지 않고, 조폭이나 나치당처럼 보여져서 괴상한 남자라는 느낌에 앞서 은근히 걱정이 되다 못해 두렵기까지 했다.

그러던 어느날 아침이었다. 커튼을 여는데, 어제 까지도 보지 못했던 이상한 광경이 눈에 확 들어왔다. 그집 앞 마당 울타리 곁에 국기 게양대가 높다랗게 세워져 있고, 흰바탕에 빨간 십자가가 새겨진 영국국기가 아침공기를 휘저으며 바람에 휠휠 나부끼고 있었던 것이다. 느닷없는 광경이 전개되고 있어서, 오늘이 무슨 기념일인가를 기억에서 되살려내기 보다는 의혹이 한발 먼저 앞서 왔다. 그것도 그럴 것이, 영국에 지금까지 수십년을 거주해 나오는 동안, 가정 집에 국기게양대를 세우고 국기를 거는 경우를 단 한번도 본 기억이 없기 때문이다. 이네들도 세계제 1차대전과 제2차 대전, 포클랜드 전쟁과 가이폭스데이, D-day 같은 역사적 민족기념일이 없는 것은 아니지만, 그 날에 가정 집에서 까지 국기를 게양하는 경우를 여직 못 보았다.

국경일이 범국민적 차원으로 지켜보기 보다는, 마치 왕실과 참전용사들 그리고 정부요원들의 의무행사처럼 추모되어지고 있음을 국민들은 TV에서나 접하고 보아낼 뿐이다. 어느 나라, 어느 민족 못지 않게 자기 나라를 사랑하고 자국에 대한 자부심과 긍지가 강한 백성들로서, 이 점은 고개가 갸웃해지는 부분이기도 하다. 그러고 보니 아주 드문 일이기는 해도, 이따금씩 가정집 처마 밑이나 유리창 혹은 집 외벽에 국기들이 매달려 있는 경우가 종종 있기는 하다. 가령 가족들 중에 특별한 생일을 맞이 했다거나, 외국에 파병 나갔던 아들이나 남편의 귀환, 혹은 오랫동안 해외에 나가 살고 있는 친족이 모처럼 방문 할 경우 'Happy birthday'나 'Welcome home'이라고 쓴 현수막을 밖에 내걸고 만국기와 유니온 잭을 펄럭이며 그들을 반기며 환영하는 경우이다. 그리고 또 있다. 풋볼

시즌에 접어들었을 때다. 이때만큼 거리가 흥분과 기대감으로 들떠 날뛰는 경우도 드물리라. 도로 위로 질주하는 자동차는 말할 것도 없고, 가정집 창문에도 영국기와 유니온 잭이 펄럭거리고, 거리는 마치 여왕의 90회 생신 맞이 때처럼 흥분으로 들썩거리는 판세이다. 그러고 보니 이네들의 국민적 국기게양과 우리들의 국기게양 사이에는 민족역사 만큼 유사점 보다는 차이점이 드러나 보인다고나 할까, 그런 느낌이다.

오늘도 옆집 게양대 위에 대영제국의 유니온 잭이 아닌 왕실을 상징하는 왕실기가 어김없이 새 아침을 알려주듯 평화롭게 펄럭이고 있다. 십 수 년의 비바람 속에서 때가 끼고 헌 옷처럼 해어져서 너덜거릴 때마다 언제 바꾸어 달았는지도 모르게 산뜻한 새 기로 바꾸어 달기를 여러 번, 오늘 아침엔 깃대와 더불어 깃봉까지도 정갈하고 말쑥한 새 모습으로 단장하고, 하늘을 향하여 손짓하듯 휠휠 나부끼고 있다. 퍽 감동적이다.

내 마음에도 깊이 심연 속에 높다랗게 깃대 하나 세워두고, 사시사철 밤낮처럼 비가 오나 바람이 부나, 끊임없이 나부끼고 싶다. 높이 높이 휘날리는 믿음의 깃발, 사랑의 깃발, 소망의 깃발 말이다.

문득,
여고시절 암송했던 시 한 구절이 생각난다.

이것은 소리 없는 아우성,
저 푸른 해원을 향하여 흔드는 영원한 노스탤지어의 손수건.

(중략)

아아, 그 누구던가.
이렇게 슬프고도 애달픈 마음을 맨 처음 공중에 달 줄을 안 그는.
(유치환, 깃발)

한심할 노릇

마음대로 할 수만 있다면, 타임머신을 타고 옛날로 되돌아 가고 싶은 마음이 굴뚝같다. 꿈많던 젊은 시절이 그립고, 뛰놀던 고행산천과 조국에 대한 노스탤지어가 전부만은 아니다. 걷잡을 수 없이 숨차게 치달리고 있는 과학기술과 기계문명의 발달이 가져다 준 사회변천과 모던생활 양식에 서툴다 못해 공포증마저 밀려들고 있기 때문이다.

누군들 문명생활의 편리함이나 윤택함을 싫어하겠고, 이를 마다 할 사람이 있겠는가. 먹을 것이 많고, 살기 편한 세상이 되어져서 죽기 싫다고 TV와의 인터뷰에서 서슴없이 고백하고 드는 시골할머니를 나무랄 사람은 아무도 없을 것이다. 그러나 문제는 각박해져 가는 사회상과 인간관계도 문제이기는 하지만, 컴퓨터와 전자매체에 익숙지 못해서 지레 세상 밖으로 밀려난 기분을 떨쳐버릴 수 없다고 하는 점이다.

얼마 전, 내 몫으로 새로이 자동차를 한 대 구입했다. 필히 적잖은 돈을 들여 내 차를 사야 할 필요성이나 이유가 있었던 것은 아니었다. 남편은 직장에서 은퇴한지 오래고, 나 역시도 놀고먹는 사람이다. 컴퓨터를 다루지 못한 컴맹이라는 사실이 구닥다리 신세를 안겨주고 있는 터에, 하던 운전까지 손을 놓아 버리게 되면 완전 인생낙오자 신세를 면치 못할 것 같은 기분이 들어서였던 것이다. 그러고 보면, 나는 현대 문명생활에서 바보 멍충이가 안 되려고 목줄을 매고 발버둥을 치고 있는 듯도 싶지만, 생각과는 달리 따라잡지를 못하고 자꾸만 고장을 내고 사고를 일으키고 있다는 느낌이고, 그러다 보니 아이러니컬하게도 자동차고 컴퓨터고 더는 가사도구와 집안 장치까지도 내 손과 발을 사용하지 않고 명령만으로 착착 작동되고 처리되는 자동시대가 어서 빨리 도래하기를 바라는 마음이기도 하다.

　기계는 사용법을 알지 못하면 소케트만 정확히 꽂아주면 간단히 처리되는 가정용 밥통이나 세탁기 마저도 작동되지 않는다. 사람처럼 손목을 비틀어 억지로 부릴 수 없는 게 기계다. 그런데 나는 그 생활에 익숙치 못하다. 자주 사용하지 않아서 정확한 작동법을 잊어버리는 경우도 있긴 하지만, 대개는 사용법을 기억 속에 담아두고 원리대로 작동시켜 주거나 지침서에 따라 움직여 주기 보다는, 습관대로 이렇게 해 보아서 안되면, 저렇게 해 보는 막무가내 식이다. 가령 외출을 하려고 할 때, 오른쪽(시계방향)으로 키를 돌려주면 문이 잠기고 왼쪽으로 돌려주면 열린다는 원칙을 따라 하는게 아니고, 습관적으로 무턱대고 이 쪽으로 돌려보다가 안 열리면, 저 쪽으로 돌려대는 주먹구구식의 두루뭉실한 생활습성이 정확성을 요구하는 기계문명시대에 들어서서 구제불능의 탈락자가 되는 중요 요인으로 작용하고 든다고나 할까. 참으로 한심할 노릇이다. 아직은 가고 싶지가 않지만 가야 하겠다는 생각도 든다.

　예닮교회 창립 1주년 돌맞이 기념예배에 다녀온 남편이 내 손길이보다 조금 더 길쭉한 반들반들 한 나무토막을 기념선물로 받아 왔다. 이리보고 저리보고 아무리 뜯어보아도 이걸 어디에다 쓰는 물건인지 그 사용처가 묘연하기만 해서, 그냥 테이블 위에 얹어 두었다가, 다음날 아침식사를 만드려고 부엌으로 들어가면서, "옳거니 냄비 밑에 놓을 테이블 매트구나!" 싶어, 냄비를 그 위에 올려 놓았다. 그러나 막상 냄비깔개로 사용하려고 하니, 앞 뒤 판이 고랑처럼 움푹 패여 있어서 이건 아니구나 싶어, 다시 테이블 위에 얹어둘 수 밖에. 아침을 먹으면서 "이걸 어디다가 사용하는 물건이냐?"고 남편에게 물었다. 모르기는 남편도 나와 매일반이었다. 앞 뒤를 이리저리 뒤집어 보며 한참동안 살피던 남편이, 스마트 폰을 꽂는 스탠드인지 모르겠다고, 폰을 가지고와 꽂아 보았다. 아닌게 아니라, 푹 패인 고랑 속에 스마트 폰이 딱 들어 맞았다. 아침을 먹다 말고 남편과 나는, 뱃살을 잡고 웃었다.

부부의 인연

세월이 급류처럼 빠르게 흐르고 있다. 작년 세밑(2015년), 호주에 사는 큰 아들네 가족은 참석을 못했지만, 작은 아들 가족과 딸 내외가 다 함께 모여 2박 3일을 호텔에 묵으며 결혼 50주년 금혼식 축제일을 보냈다. 감회가 뿌듯했다. 반세기라는 결코 짧다고만 여겨지지 않는 긴 세월을 두 사람이 하나되어 자녀들을 낳아 키워 출가시키는 부모된 임무와 도리를 다 하고, 이렇게 건강한 노년을 보내고 있는 사실이 결코 당연지사처럼만 느껴지지 않고, 무량한 감사가 전신에 골골히 차고 넘쳤다. 특히 작금처럼 젊은 커플들은 말할 것도 없고, 회갑이 지난 노인네들까지도 황혼이혼을 주저하지 않는 세상이다 보니, 서로에 대한 대견함이 한층 더 고조되어 오는 느낌이기도 했었다.

흔히들 부부의 인연을 두고 하늘이 맺어준 짝이니 혹은 천생배필, 천생연분이라고들 말한다. 석가는 "길을 가다가 소매끝만 스쳐도 오백겁의 인연"이라고 했다 하는데, 복잡한 시장이나 전차 속, 버스 속에서 날마다 소매끝 스치고 지나가는 사람이 어디 한 두사람이겠는가. 그런데 그 흔한 소매끝 스침마저도 결코 우연이랄 수 없는 장구한 인연이 이미 있었다고 할진대, 평생을 동고동락 함께 몸을 붙이고 사는 부부의 인연을 말해 무엇하겠는가. 더 이상 설명이 필요치 않을 듯싶다는 생각이다.

예수님께서도 부부의 연분을 가리켜 "하나님이 짝지워 주셨다"고 말씀하셨던 것을 보면, 부부맺음의 뒷 배경에는 눈에 보이지 않는 우연을 뛰어 넘는 필연적인 하늘의 깊고도 오묘한 뜻이 개입되어 있음을 쉽게 이해할수 있다.

부부관계는 참으로 깊고도 오묘하고 어렵고도 힘들다. 두 사람이 한 몸이 되어 반짝 좋을 때 한달 혹은 1년을 사는 것도 아니고, 일평생을 한 지붕 아래서 한 솥밥을 먹으며 밤낮 없이 얼굴을 맞대며 살다보니, 늘 예쁘게 보이고 좋을 수만 없을 것이다. 그래서 심심찮게 싸우기도 하고, 갈등과 반목으로 등을 돌리는 경우도 생기지만, 그러는 가운데 미운정 고운정이 드는것도 사실이다. 부부관계란 자기 주장만을 고집하며 맞붙어 싸워 이기는 관계가 아니라, 타협과 양보와 절충의 상부상조의 관계이다. 사랑과 존경과 신뢰와 양보, 이해와 용서의 노력 없이는 아름답고 행복한 관계로 발전할 수 없다. 자제심은 부부사이에 없어서는 안될 중요한 덕목이다.

연애할 적에는 "눈에 콩깍지가 끼었다"는 말 그대로, 단점도 장점으로 보일 수가 없고, 나와 다른 성품과 기질이 오히려 매력으로 다가서기도 한다. 그러나 결혼해서 허니문 기간을 지나고 나면, 전에 매력으로 느껴지던 것이 오히려 이해하기 힘든 장애물과 거침돌로 작용할 수가 있다. 그렇다고 성품과 취미, 기호가 같아야 한다는 말은 아니지만, 서로 맞추어 가며 나누고 살아야 하는 사이가 부부이고 보면, 공통점이 많을 수록 불만과 불평이 줄어든다. 특히 황혼기에 이르러 취미생활이 같으면 좋다.

금슬이 좋은 부부사이라 할지라도, 오래 살다보면 실망과 권태가 찾아들 수도 있고, 맘에 들었던 옷도 그 옷만 오래 입다보면 심드렁해질 때가 없지 않아 있게도 된다. 권태기 뒤의 위기관리라고나할까, 너무 믿어도 안되고 그렇다고 의심을 해도 안된다. 어떤 사람은 성격이 원만하여 주위에 친구가 많고 대인관계는 잘하는데, 부부사이가 좋지 못한 이가 있는가 하면, 어떤 사람은 외부 사람들과는 화목을 이루기 힘든 괴팍한 성품인데도 부부 사이가 원만한 사람도 있다.

남편과 나는 이웃친지의 소개로 중매결혼을 했다. 당시 저분은 군의관 장교였고, 나는 어느 시골 초등학교 풋내기 선생이었다. 우리는 인접해 있는 이웃동에 살면서 학교를 오갔던 때문에도 그러려니와 그 때는 광주 바닥이 지금처럼 넓지 못해서, 내 친구들 중에는 저 분과 낯이 익은 아이들도 있었고, 나 또한 저 분의 친구 몇몇 정도는 알고 있었다. 손 아래 시아주버님과는 초등학교 동기동창이었고, 사촌 여동생과는 같은 반에서 함께 공부 할 정도로 친숙해서 시댁집 앞을 수 없이 지나쳤지만, 오다 가다 일망정 저 분과 대면한 것이 단 한 번도 없었던 것이 오히려 다행이었지 않나 싶기도 하다.

지금은 연애하는 사람이 없으면 시집 장가 가기가 힘든 판세라지만, 우리시절만 해도 연애는 금기였고, 대부분의 혼기에 처한 총각 처녀들은 연애를 하다가도 정작 결혼할 적에는 부모님의 의향을 따라 중매결혼을 하는 경우가 적지 않았다. 우리들의 경우도 마찬가지였다. 나는 아버지가 무섭고 두려워서 사귄 남자가 있다는 사실을 숨기었고 (어머니는 알고 계셨다), 저 분의 경우는 상대방이 왠지 점점 싫어져서였다고 하니, 내 마음 나도 모를 일이다. 그래서 우리는 친지의 중매로 서로 선을 보게 되었는데, 웃기는 사실은 나와 맞선을 보고 난 일주일 후에 저 분은 형님의 소개로 나의 동기 동창생과도 선을 보기로 약속이 되어 있었다고 한다. 무엇이 맞든지 맞아야 한다. 눈이 맞든지 몸이 맞든지 마음이 맞든지, 그게 바로 인연일 게다. 맞선은 선택하고 선택받는 자리여서, 양자가 다 같이 눈에 맞아 떨어져야지, 어느 한 쪽만 좋아해서는 성사가 이루어질 수 없는 것이 맞선이기도 하다. 그 친구로 말하면 전 학년에서 1,2등을 다투는 재원이었다. 모교의 학교장 장학금으로 대학을 졸업, 그 당시 모교에서 학생들을 가르치고 있었고, 같은 학교에 근무중이시던 시숙님의 소개로 약속된 시간에 만나러 가다가, 왠지 마음에 내키지 않아 도중에 발길을 돌려버렸노라고, 본인이 말해주어서 알았다. 키가 좀 작아서 그렇지, 얼굴도 예쁘고 다소곳한 성품에 참한 신부감이었는데, 인연이 아니었던 모양이다. 후일에 그 친구는 인근학교 교사와 결혼을 했지만, 동창생들의 모임이 있을 때마다 나를 싫어하고 멀리하는 눈치자 역력해서 난감하기 짝이 없던, 참 오래전 이야기이다.

상투적인 말 같지만, 결혼생활이 늘 행복하고 평화로울 수만은 없을 것이다. 그럴 수만 있다면, 얼마나 좋겠는가마는 5,60년이라는 긴 세월 속에는 인생은 천기와 같다고 하는 말처럼, 바람 부는 날도 있고, 천둥이 치고 폭우가 쏟아지고 눈보라가 휘몰아 치는 혹한이 찾아들기도 한다. 그러나 그렇다고 해서 온통 춥고 괴로운 날만 있는것도 아니다. 더러는 기쁘고 보람되고 행복한 날들도 있기 마련이다.

나는 때로 남편하고 사는 것이 아니라, 선생하고 살고 있다는 느낌이 들 때가 드물지 않다. 걸핏하면 어린아이들에게 하듯이 훈계와 설교를 늘어 놓기 일쑤여서, 그때마다 듣는 척하고는 있지만, 실상은 솜으로 귀를 막고 싶은 마음뿐이다. 또 왜 그렇게 자주 화를 내고 소리를 내지르는지, 젊었을 적에는 없었던 새 버릇인지라, 얼마나 답답하면 저럴까 싶어 참아 왔었는데, 가만히 보니 꼭 내 난청 때문만이 아닌듯 싶기도 하다. 걸핏하면 "안돼!"와 "하지말라!"는 말로 나를 견제하고, 자기 주장만을 펴고 드는 바람에 화가 치밀어 오르기도 하고, "배에 사공이 많으면 배가 산으로 간다!"는 말에는 수긍이 가지만, 그렇다고 이 집의 사공은 꼭 자기여야만 한다고 주장하고 드는 데는 불만스럽고, 그때마다 안에서 반발심이 피어오르곤 한다.

결혼생활에도 연륜이 필요한 것일까? 남의 말하기를 기어가는 지렁이 보듯 싫어하는 남편의 입에서 가끔 아무개가 어떻고 어떻다는 속엣 말이 흘러나올 때가 있고, 내게 소리를 버럭지르다가도 스스로 자제하는 빛이 역력해 보인다. 내 입에서 남을 판단하는 말이 나가도 전처럼 두말 못하게 면박을 주기보다는, 맞장구를 칠만큼 느슨한 태도며, 원래에도 책임감과 자상함이 몸에 배어 있는 성품이기도 하지만, 그 도가 날로 더해 가고 있어서, 고맙다는 느낌에 앞서 눈물겹도록 애상하게 느껴질 때가 드물지 않다.

성성한 백발과 구부정한 남편의 걸음걸이는 허허 벌판에 서 있는 겨울나무처럼 외롭고 쓸쓸해 보이기도 하고, 여느 노인들 같으면 한들한들 쉽게 편하게 살 위치와 환경, 나이임에도, 일을 타고난 사람처럼 자기 몸을 아끼지 않는 굽힘 없는 생활태도까지도 안쓰럽고 짠한 느낌이기만 하다. 스스로 선택한 결혼처럼 보일지라도, 결코 자의와 우연으로만 여길 수 없는 불가사의한 부부의 인연과 연분.

　근간들어 가끔 "당신이 나 먼저 가야한다"면서 내 등을 두들겨주며, 마지막 순간까지도 나의 든든한 의지처와 보호막이 되어주고 싶어하는 남편의 그윽한 사랑과 돌봄이 우리들의 결혼생활을 다시 한번 되돌아 보게 만들고, 그때마다 새삼 적잖은 감격과 감사를 불러 일으켜 주곤 한다.

국제 결혼

얼마전에 큰 며느리가 셋째 아이를 분만했다. 딸이었다. 블론디 컬러에 곱슬머리 콧대가 덜렁한게 엄마를 닮은 얼굴이었다. "너를 닮았구나." 했더니 며느리는 그말이 무척이나 듣기 좋았던지 안면에 흐뭇한 미소를 지어보이며 "제시카는 한나(큰손녀)에 비하여 엉덩이에 푸른반점(birth mark)이 희미하다"고, 몽고반점이 사뭇 흥미롭다는 듯이 활짝 웃었다.

우리 두 아들과 딸은 모두가 영국인들과 결혼을 했다. 우리가 젊었을 시절에는 국제결혼을 해서 낳은 아이들을 항간에서 '튀기' 혹은 '혼혈아'(mixed blood)라고 부르곤 했었는데, 지금도 그렇게 부르는지는 모르겠지만 그 호칭이 결코 명예스럽지는 못했다. 주로 우리나라에 주둔하고 있는 UN군 병사들 사이에서 출생한 아이들을 그렇게 불렀던 것이다. 당시는 국제 결혼을 긍정적인 안목으로 보지 않았던 사회풍토였고, 국제 결혼이 희귀했던 시절이기도 했다. 그러나 지금은 상황이 많이 달라졌다. 수많은 젊은이들이 유럽이나 아메리카 호주들 여러나라에서 장기간 동안 공부하기도 하고 취업을 해서 살면서 자연스럽게 타국인들과 사귐을 갖게되고 결혼까지 골인하게 되는 경우가 드물지 않을 만큼 흔하다. 특히 재외교포 자녀들의 경우는 더 그렇다. 그러나 참 이상한 일은 우리 주위에 살고 있는 우리 연령의 교민들 가운데 아들가진 부모들은 약속이라도 했다는 듯이 한국 며느리를 선호하고드는 점이다(나 역시도 마찬가지). 딸은 하나같이 외국총각들과 자유결혼을 하도록 하면서, 아들만은 조국의 처녀들과 중매결혼을 시키고 있다고 하는 점이다.

그 가운데 유독 우리만이 딸은 물론이려니와 두 아들들까지도 국제결혼을 시킨 셈이다 (시켰다는 표현이 가당치 못하기는 하지만). 해서인지 주위에서들 흥미로운 눈치를 보내오기도 하고, 영국며느리가 좋냐고 묻는 이들이 없잖아 있는데, 이는 우리 한국사람들로부터만 받는 질문이 아닌, 영국인들 중에도 가끔 물어오는 질문이기도 하다.

"피는 물도다 진하다!"고, 나 역시도 우리 아들들이 한국인으로 살아주기를 원했고, 바랐던 것만은 숨길 수 없는 사실이다. 그렇다고 해서 한사코 대한의 아들들이 되어야 한다고 민족의식을 심어주거나 한국의 예법과 관습에 의거하여 가르치고 민족정신을 강요했던 것은 아니다. 다만 기독인과 실력인이 되도록 기도했고 최선의 삶과 성실한 인간상 구현을 강조하고 가르쳤다고 해야 옳을 듯 싶다.

한번은 큰아들이 포켓에서 꼬깃꼬깃한 편지 한장을 읽어보라고 내주었다. 캐임브리지에서 대학을 다닐 때였는데, 내용인즉 케임브리지의 한인회 회장이 두 아들들에게 보내온 한인회 가입에 대한 친필서신이었다. 한글을 간신히 읽고 쓰는 정도의 수준 밖에 못 되는 아이들에게, 초로 갈겨서 한문까지 섞어가며 고주알 미주알 써 내려간 편지내용을 아들은 읽어 낼 수조차 없어서 포켓 속에 넣고 다니다가 엄마의 도움을 바랬던 것이다. 그때 비로소 우리가 자식들을 잘못 키워낸 것이 아닌가를 되돌아볼 수 있는 반성의 기회가 되기는 했지만, 그렇다고 새삼스럽게 애국애족을 운운하며 가르칠 수 있는 상황과 처지가 못되었고, 없는 핑계라도 대어서 당당한 국제인으로 살아 주기를 바랄 수 밖에 다른 방법이 없었다.

그리고 보니 한민족의 정체성을 심어주지 못한데 대한 또 한번의 반성의 기회가 없지 않아 있었던 것 같다. 그러니까 작은 아들이 한국어 연수를 다녀온 직후였다. 그 당시 아들은 연수원에서 알선해준 민박집에서 3주동안 하숙을 했었는데, 민박 주인아저씨가 편지를 보냈던 내용인즉, "영국에 사는 최원성군은 연수를 끝내고 돌아가는 공항에서 고국의 흙 한줌을 병 속에 넣어 가지고 갔다"는, 그야말로 깜짝 놀랄 기사였다. 물론 이 기특한 기사는 신문기자가 자기자의로 만들어 쓴 허위내용이기는 했지만, 읽는 나로써는 근 백명이 넘는 재외교포 학생들 중에서 왜 하필 우리 아들 이름을 빌려 썼느냐는 사실이 기사 내용의 허위, 진실을 따지기에 앞서 그렇게 가르쳐 냈어야 했었는데 그렇지 못했던 우리의 실책을 지적해 주는 듯 느껴졌던것이다.

빗나간 가정교육의 탓이었을까, 혼기에 처했을 때 큰 아들은 한사코 한국처녀와 중매결혼(한국 처녀를 싫어 했기 보다는 중매결혼을 싫어했다)을, 무슨 못할 일이라도 되는 듯이 거부하고 들었는데, 남편보다도 내가 한국 며느리 보기를 고집했었다. 우선 말이 통해서 감정까지도 시원스레 통해질 것 같았고, 더 나아가서는 지금까지 본의 아니게 등한시해 나왔던 한국의 정체성과 생활양식 내지 전통, 다시 말하면 한국음식을 해 먹고, 한국말을 사용하고, 조국의 풍속을 좇아 설이나 추석 같은 명절을 지키며, 아들 며느리하고 한 집에 살고 싶은 마음이 없지 않았다. 그러나 무엇보다도 시부모 대접도 조금씩 받아가며 할아버지 할머니 소리를 듣는 가운데, 늘그막에 한국인 기분을 내어 보고 싶은 마음이 지배적이었던 것이다.

더 좀 솔직히 말하자면 지금까지 기죽고 벙어리로 살아온 내 인생이 며느리 앞에서 만이라도 조금은 떳떳하고 당당하게, 하고 싶은 말도 조금씩 풀어 헤쳐가며 살고 싶은 심정이 나로 하여금 한국 며느리를 선호하게 만들었던 것이다. 이런 나를 보고 어떤 이들은 요새는 한국 며느리들도 예전같지 않아서 오히려 영국 며느리가 더 속 편할지도 모른다고들 하지만, 그래도 그렇지가 않았었다.

그런데, 참 이상한 일이다. 한국 며느리를 얻어들이는 것이 애국 애족처럼 여겨지던 생각이, 세월이 지남에 따라 점점 바뀌어 가고 있는 것이다. 국제 결혼을 함으로해서 두 아들과 딸을 영국에 빼앗긴 줄 알았는데, 오히려 잉글리쉬 셋을 우리사람으로 만들었다는 사실을 발견하기에 이른 것이다. 우리 손자들과 손녀들은 그 생김새에 있어서는 아버지 쪽보다 어머니 쪽을 더 많이 닮았다. 큰 눈과 코에 속 눈썹이 길고 피부색깔이 희다. 눈빛은 다갈색이고 머리색깔은 브라운이어서 외모는 영낙없는 서양 아이들이지만, 어머니 나라에서 살고 있을지라도 한국에 관심들이 많고, 특히 한국 축구선수들을 좋아하고, 태권도를 배우고 있다. 호주에 살고 있는 손자는 한국 축구선수들이 호주에 왔을 때(뉴카슬), 손에손에 태극기를 들고 응원을 했다고 하고, 이는 런던에 살고 있는 손자들도 마찬가지이다. 어디서 구입했는지, 선수들의 이름으로 가득 채워진 빨간 유니폼을 입고 응원하는 모습은 귀엽다기 보다는 차라리 뭉클한 감동을 자아내게 한다. 또 손녀 딸들은 학교에서 특별한 행사가 있을 때면 한복을 즐겨 입는데, 저고리가 작아서 앞섶이 벌어졌지만, 그래도 좋아하고 신기하게 여긴다. 매운 김치를 물에 씻어 먹으면서 "할머니 깍두기!"하고 깍두기를 찾고, 만두와 생선전 위에 불고기에 김밥을 싸먹는 모습이라니, 이는 두 며느리들과 사위도 마찬가지이다.

그들이 한국인들과 결혼함으로해서 한국의 문화와 풍습을 접하고 익혀내며 한국음식을 먹고, 한국에 대하여 관심을 갖게 되었으니, 이 어찌 기쁜 일 아니겠는가. 돌이켜 생각해보면, 자식들을 잘못 키운 것처럼 느껴질 때가 많았었는데, 그래도 찾아보면 자랑스러운 것이 한 두가지가 아님을 발견케 되니 조금은 위로가 되고 다행스럽다.

4.
시린 손 비비며

시린 손 비비며

　가을인가 했더니, 벌써 차가운 겨울철로 접어들었습니다. 겨울 해는 짧습니다. 내 인생의 텃밭에는 아직 영글지 못한 풋풋한 알곡들이 "내게 좀 더 긴 햇살을!"이라고 아우성을 치고 있는 데 벌써 겨울이라니…

　그 빛 좋던 따사한 봄철에는 속절없이 흙 속에 고개를 파묻고 지냈었고, 긴 여름날에는 살랑살랑 부채질만 하고 있는 동안, 내 인생의 청춘이 나도 모르는 사이에 토끼처럼 뛰어 재빠르게 도망쳐 버렸습니다. 천고마비의 계절이 들어서서야 높고 푸른 하늘이 시야 가득 들어왔고, 열매와 결실이라는 자연 순리 앞에 무릎이 꺾인 채 다리 다친 부상병처럼 도망가는 세월을 뒤쫓아 절뚝거리리다가, 이렇듯 시린 손 비비는 겨울철에 들어서 있는 자신을 발견하고, 소스라치게 놀라지 않을 수 없는 심정이 되곤 합니다.

　그러나 아직은 어설픈 몸부림일지언정, 한가닥 희망을 포기해 버리고 싶지는 않습니다. 백세인생에 손가락을 걸어 보고 싶기도 하고, 늦게사 눈뜨인 늦깎이 인생의 시발점으로 하여, 높으신 분께서 비상의 날개 하나 달 수 있는 긴 날을 허락하시지 않겠느냐는, 실낱같은 희망을 기둥처럼 붙들고, 가는 데까지 꾸준히 걸어가려고 마음을 다잡습니다. 내 정신 속의 무너진 기둥들을 바로 세우는데 이만큼의 봄, 여름, 가을의 긴 세월이 도망치듯 흘러 지나갔으니, 또 얼마만큼의 시간들이 흘러야 생각이 여물고 철이 들게 될 것인지, 아니 그렇게 되기나 할 것인지는 의문으로 남아둘 뿐이지만 말입니다.

돌이켜보건대, 나는 지금까지 내 삶 속의 하루 하루 일상들을 사랑하여 충성을 다 하지 못했다는 생각을 떨쳐버리기 힘들만큼 회의와 의혹 속에 파묻혀 지냈다는 느낌도 없지 않습니다. 늘 무엇에 쫓기듯 바쁜 마음이기만 했지, 내 인생의 목적은 고사하고 어떻게 살아야 잘 사는 삶인지조차 판단이 서지 않은 채, 오늘은 어제보다 더 나은 인생이 되어야지 싶은 내적 절박함에 담금질 당하듯 답답하고 무거운 심정일 때가 많았던 것입니다. 지금까지는 타의에 의하여 살아왔고, 그렇게 살 수밖에 없는 상황과 처지이기도 했으나, 이제부터는 자신의 속 사람에 부응하여 주체적인 삶을 살아야 한다고, 내 인생의 주인은 나뿐이라고 스스로에게 외쳐보지만, 그렇다고 해서 예전보다 생활이 변했다거나 달라지는 것은 눈에 띄지 않고 오히려 자신의 한계성만 뚜렷이 보이고 있어서, 이마를 찍는 날만 더 늘었다고 하는 인식이 세차게 가슴을 흔들어 댄다고나 할까요. 어린아이들이 볼 수 있는 것도 내 눈에는 보이지 않고, 그렇다고 귀가 열려 들리는 것이 있는 것도 아닙니다. 이처럼 보이지 않고 들리지 않으니 마음에 잡혀드는 것이 있을 리 없고, 꽉 막혀든 감성이 황폐하고 삭막한 생각만을 불러일으켜 머리만 지끈거리고 답답하고 무거운 심정만을 가중시키고 들 때가 있는데, 그게 꼭 여성들의 주기율처럼 잊을만하면 찾아들곤 해서, 이게 무엇일까 의문이 들기도합니다.

오늘 아침만해도 그랬습니다. 주기가 돌아왔다는 듯이 아침부터 까닭 없이 마음이 무겁고 우울한 심정이기만해서 "십자가가 안보입니다. 주님이 안보입니다. 보이지 않는 눈이 어찌 눈이라 할 수 있겠습니까? 내 눈을 열어 보게 하옵소서. 주님의 음성이 세상 소음들에 섞여 들리지가 않습니다. 귀가 밝지 못합니다. 내 귀를 열어 듣게 하옵소서. 마음에 찔림이 없고 감동이 없습니다. 닳아지고 무디어진 내 혼과 영을 날센 쌍칼로 쪼개시어 한 톨의 깨달음이나 각성을 얻게 하소서!" 한참을 절규하듯 목놓아 부르짖었던 것입니다. 그렇게라도 한바탕 쏟아 내고 나면, 마치 비오다 개인 날씨처럼 가슴이 좀 후련해지고, 거세게 불어보던 폭풍도 슬그머니 꼬리를 감추고 조용히 기다려 지는 마음새가 되어지곤 하지요.

하루 시간들은 왜 또 그리 날개가 달린 듯 날아만 가는지요. 서투른 문장 한 줄을 고치고 다듬어 낼 여유조차도 허락지 못하겠다는 듯 줄행 랑을 치고 있습니다. 아침이랄 것도 없는 티 한잔에 빵 한조각을 들고 기도하고, 기도가 끝나면 남편과 함께 커피시간을 갖고, 때로는 신문 반 쪽을 읽고, 그러다 보면 비록 둘이 먹는 점심이지만, 점심 식사 준비해서 서둘러서 점심을 끝낸다 해도 오후 두 시가 다 되어서야 책상을 마주할 수 있게 됩니다. 어렵사리 마주하는 책상이지만, 짧은 겨울 한 나절의 햇살에도 못 다 미친 불과 두 세 시간에 지나지 못합니다. 밤에는 또 밤대로 "이 나이에 무엇을 이루고자…" 라는 생각을 던져버리지 못하고, "깜냥에 남는 것만 하고 살자!"고 하는 속살거림에 자신을 맡겨 나오고 있는 격입니다. 오늘도 그렇게 또 하루가 지워져 가고 있습니다.

주여 무엇을 주시렵니까

Sale에서 화사한 꽃무늬의 Mug 한 세트를 사들고 집에 돌아와 "주님, 딸에게 예쁜 것을 주고 싶어서 이 머그 한 세트를 샀습니다"고 아뢸 때 "나도 너에게 세상에서 제일 예쁜 것으로 주고 싶단다." 상큼한 충격 속에 무량한 감격와 흥분을 몰아다 주신 주님, 매일 매일 밥짓고 빨래하듯이 내 마음 속 내전에 등불 하나 붙이고 앉아 자녀들의 안녕과 내 삶의 의미와 가치를 오직 기도함으로 추구해 나왔고, 가사만을 위하여 태어난 여자처럼 잡다한 일상 속에 파묻혀 살면서도 삶의 방향성이 헛갈려들지 않으려고 무척이나 애써 나왔습니다.

영혼의 안식과 평안을, 마음의 기쁨과 소망을, 그리고 하루하루의 순발력을 기도 속에 심어 가꿉니다. 절해고도(絶海孤島) 가운데 놓여 홀로 사는 듯한 외로움을 끌어 앉고 있을지라도 먼산을 바라보는 시선인 아직은 꺾여들지 않았고, 황무지를 개간하듯 사랑의 꽃 씨앗 하나 심어, 물주고 돌보며 아침마다 뽀독뽀독 거울을 닦듯이 마음을 닦아 투명하고 정결한 삶이기를 기도합니다.

구하고 찾고 두드림 중에 흘러간 세월만큼 깊어진 기도의 나이테, 구하고 찾고, 두드림이 한낱 육체의 소욕을 저버리지 못한 인간적인 헛된 꿈과 욕망일지라도, 한사코 바라고 믿으며 소망 중에 노력하려고 기다리는 인내의 삶이기를 소원합니다.

때로는 하늘로 뻗친 찬란한 무지개처럼 벅찬 감격과 희열을, 때로는 먹구름 같은 실망과 좌절을, 그리고 더러는 짙은 회의심이 독버섯처럼 움터날지라도, 이 모두를 주름잡힌 까칠한 두 손에 가지런히 받쳐들고 떼거리를 쓰는 어린아이처럼 크렁한 눈빛으로 호소하고 간청하며 부르짖으렵니다.

높은산 깊은강 앞에 당도하여 더 이상은 한 발짝도 앞으로 더 나아갈 수 없는 능력의 상한선에서, 체념과 무력이 발목의 족쇄처럼 나를 얽어매고들지라도, 자신의 연약함과 부패함에 역겨움이 목구멍까지 치밀어 오를 때에도, 소망의 철사줄이 뚝 끊어져 버린듯한 절망 같은 슬픔이 꾸역꾸역 괴여날 때 일지라도, 스스로를 추스려잡고 하늘에 눈을 꽂고 하늘을 정시하며 그래도 기도하렵니다.

편견과 오류의 외로움과 쓸쓸한 나그네의 황혼길을 격렬한 통곡과 부르짖음으로 애절한 간구와 속삭임으로 한 발짝 한 발짝 당신께 나아가렵니다. 그리고 물으렵니다. 찬양이 아침 햇살처럼 피어오르고, 감사가 새싹처럼 푸릇푸릇 그 잎사귀를 터트릴 때,

"주여 무엇을 주시렵니까?"

잘 사는 삶

어떻게 살아야 옳게 살고, 잘 사는 삶일까? 주어진 일상 속에 파묻혀 허위단심으로 살다가도, 어느 순간에 이르러 바람처럼 가슴 속을 휘젓고 지나가는, 밑도 끝도 없는 이 질문, 옳은 답인지 그른 답인지는 몰라도, 내 나름대로 옳게 사는 삶에 대해서는 길게 생각하지 않아도 알 것 같은데, 잘 사는 삶에 대해서만은 유독 아리송하기 그지 없다.

백세를 운운하고드는 시대이기는 하지만, 70년 넘게 살았으면 결코 짧은 세월을 산 것만은 아니다. 그 많은 날을 무엇을 하며 살았는지, "오뉴월 한나절 볕에도 겉보리 서말을 말린다"는 우리 속담이 무색하고 무색할 뿐이다. 세 아이들을 키워 결혼시킨 엄마라면 누구나가 해내는 평범한 엄마노릇(그 임무가 무엇보다도 중요하다고 여긴다면 할 말은 없다) 외에는, 그저 먹고 자고 깨는 사이에 보이지 않는 세월에 떠밀려 인생의 끝자락에 서 있는 자신임을 발견하고 새삼 놀라지 않을 수 없는 심정이기만 하다.

그러나 참 이상한 일이다. 어느 순간에 죽음이 들이닥칠지 모르는 예측 불가능한 나이에 들어앉아 있음에도, 많이 살았다는 느낌이나 삶이 지겹다는 생각 보다는, 오래 오래 살고 싶고 또 오래 살 것 같은 생각으로 팽팽해 있으니 말이다.

　인간은 한정된 시간을 사는 존재다. 70년이 됐건 80년이 됐건 더는 100살을 산다고 해도 빌린 시간을 살고 있을 뿐이다. 언젠가는 떠나야 하고, 떠나가지 않으면 안 될 존재인 것이다. 그래서 옛 선인들은 인생을 하늘에 떠 있는 구름과 아침 안개 혹은 한 철의 풀과 풀잎 위에 맺혀있는 이슬에 견주어 말했고, 이같은 인생의 허무와 무상을 더러는 구슬프고 구성진 노랫가락으로 노래하기도 한다.

　몇주일 전에 우리 큰며느리의 친정 어머니께서 돌아가셨다. 호주에 살고 있는 딸 집에 휴가가서 두어번 넘어지신 일은 있었다지만, 겉으로 보기에는 건강에 이상이 있어 보이는 것은 아니었다 한다. 그러나 병원 가서 사진을 찍어 보니 놀랍게도 뇌에 암세포가 쫙 퍼져 있었다는 것이고, 그대로 놓아두면 3개월 밖에 살지 못한다는 기상천외의 시한부 선고가 내려졌다. 이 소식을 듣고 호주에서 딸이 허겁지겁 귀국했다. 우리 며느리는 무남독녀다. 그녀는 호주의 모 대학병원의 과장이요 의학박사다. 하지만 그녀는 사랑하는 친정엄마의 암을 고치는 데는 눈물만 줄줄 흘릴 뿐 아무 쓸모 없는 무력한 존재에 불과 했다. 아들부부가 세 자녀들을 보다 넓은 나라에서 자유롭게 키우고 싶어서 호주이민을 계획하고 들었을 때, 며느리는 영국에 계신 부모님을 무엇보다도 걱정하고 염려했었다. 그런데 그 일이 너무 빨리 목전에 떨어진 것이다. 수술을 하지 않으면 3개월을 넘길 수 없고, 수술을 한다해도 경과를 장담할 수 없다는 담당의사의 말 앞에 며느리는 한동안 망연자실해 있었다. 며느리는 런던의 모 대학병원 신경외과 의사인 시아주버님에게 담당의사의 진단서와 엑스

레이 사진을 송부하면서 자문을 구했다. 시아주버니로 부터 수술하라는 연락이 왔고 며칠 후 안 사돈댁은 수술을 받았다. 그러나 암세포가 널리 퍼져 있어서 다 떼어내지 못했다는 것이고, 안 사돈댁은 수술 후 1년을 다 채우지 못한 채 세상을 하직하신 것이다. 생전에 보기 드문 미인이셨고 빼어난 멋장이셨다. 안사돈들 중에서 가장 허물없이 편하게 지내던 사돈댁이었는데 예순 일곱, 더 살 수 있는 나이에 돌아가셔서 애석하고 마음이 아프다.

안사돈댁의 죽음을 통해서 내 삶의 현주소를 다시 한번 조명해 본다. 법정스님은 "생과 사는 하나의 흐름이요, 잘 사는 일이 곧 잘 죽는 일이다"고 말했다. 하지만 위에서 말했듯이 잘 사는 개념이 내게는 알쏭달쏭해서 난감할 뿐이다. 이렇다 할 장기 하나 타고나지 못했고, 무엇 한가지도 힘써 가꾸어 세상에 내놓지 못했지만, 일찍이 서른고개에서 예수님을 만나 그분을 나의 왕과 구주와 친구로 모셔들인 후 이때까지 그분만을 내 삶의 최고의 가치와 기쁨으로 삼고 살아오고 있다.

그분을 알아가고 닮아가고저 눈물과 기도를 아끼지 않았다고 감히 드러 내 놓고 말할 수 있을지는 모르겠지만, 그렇게 살려고 애써 노력하였고 앞으로 그렇게 살아 갈 것을 하늘에 손가락을 걸어 다시 한번 다짐을 둔다.

이세상엔 수 많은 종교들이 있다. 기독교, 불교, 유대교, 회교, 힌두교, 배화교 등. 많은 종교들 가운데 어느 신을 믿고 어떤 종교의 가르침을 따르느냐고 하는 문제는 생과 사만큼 한 인간의 전 생애에 걸쳐 둘도 없는 중대사라고 나는 믿고 생각한다. 모든 종교는 다 내세가 있음을 가르치고, 사랑과 자비와 선한 마음과 행실을 설파할지라도 다 생명이 있는 종교는 아닐 것이다. 종교에도 도둑놈의 종교도 있음직하다.

나는 세상의 모든 종교를 다 믿어본 후에 스스로 그리스도교가 참 종교라고 판단되어 기독인이 되기로 결심하고 나선 것은 아니다. 그러나 예수님을 믿고 난 후 나는 내가 인도나 아랍, 중국과 일본 같은 나라에서 태어나지 않고, 우리 대한민국에서 태어났다고 하는 사실을 무엇보다도 다행으로 생각하고 감사하는 마음이다. 종교가 사상, 문화, 예술뿐 아니라 사람을 만들어 낸다고 판단되어지기 때문이다.

예수님은 당신께서 이 세상에 내려오셨음에 대한 분명한 목적과 뜻을 밝히 드러내어 말씀하신 바 있으시다(요한복음 10 장 10 절). 첫째는 우리 인간으로 하여금 구원을 얻게 하심이요, 그 다음은 우리의 삶을 부요케 하시고 풍성케 하심이라고 말씀하셨다. 물론 주님께서 뜻하신 부요함과 풍성함이 물질적인 측면을 말씀하신 것은 아닐 것이다. 인간이 이 땅에서 지향해 낼 수 있고 또 지향해 나가야 할 가장 고상한 삶.

나는 스스로에게 물어야 할 것 같다. "너는 그와같은 삶을 영위해 내고 있는가?"라고! 여기에 대한 명확한 답을 스스럼 없이 내릴 수 있다면, 결국 잘 사는 삶으로 통해질 것도 같다는 생각이다.

오래 살고 싶습니다

　인간은 배당받은 시간만큼 살다가 떠나는 시간적 존재입니다. 모든 생명체는 생성과 더불어 사멸이 뒤따릅니다. 그런데 문제는 사람의 수한이 균일하지도 않으려니와 피할 수 없는 죽음이 예고 없이 언제 어떻게 들이닥칠지 모른다고 하는 불안함입니다. 쇠사슬처럼 질긴 생명이 있는가 하면, 하루살이보다 더 허망한 죽음도 있습니다.

　노아의 홍수 이전에는 인간의 수명이 무척 길었던 것 같습니다. 그때 일년이 지금과 일반이었는지 의문이지만, 아담은 930년을 향수했고, 그의 아들 셋은 912세를, 노아는 950세를 살 만큼 장수했습니다. 그러던 것이 노아의 홍수 이후 인간의 수명이 120세로 감소 되면서, 아브라함은 170세, 모세는 120세 그리고 다윗은 어림잡아 7,80 세를… 이처럼 점점 짧아지다가, 주후 10세기 경에는 인간 평균수명이 30세에도 못 미칠 만큼 대폭 줄어 들었다고 합니다. 높은 유아기 사망률 때문이기도 했겠지요. 작금의 시대를 가리켜 '100세 시대'라고들 말합니다. 그만큼 100세를 뛰어넘은 장수자들이 많아졌고, 남녀 평균수명이 80세를 웃돌만큼 날로 높아져가고 있는 가운데, 앞으로는 인간이 115살에서 150살까지도 살 수 있을 거라는 전망이 나오고 있습니다. 문화적 생활과 다양한 건강식 그리고 고도한 의술과 제약품의 혜택이 아닐 수 없을 것입니다.

우리 조상들은 오래전부터 장수를 오복중에 하나로 여겼습니다. 그래서 "개똥에 굴러도 불러줘 이승이 극락이다." 혹은 "죽은 정승 보다 산 개가 낫다." 라는 속담이 생겨 날만큼 장수를 바랬습니다. 지금은 다르지만, 멀지 않은 우리 부모님 시대만 해도 이순(耳順)을 살면 잘 살았다고 성대히 회갑연을 배설해 드리는 풍속이 전해 내려오고 있었는데, 영국은 100 세가 되는 생일날에 여왕의 생일카드를 보낼만큼 100 세를 장수로 여겨 크게 기뻐하며 축하해 주는 전례가 행해지고 있습니다.

종교적인 측면을 떠나서 죽음은 인간의 가장 큰 숙적입니다. 뿐만 아니라 죽음에 대해 관점이 저마다 다를 수밖에 없음도 인정하고 들어야 할 문제이기는 하지만, 오늘날 의술의 발달은 이미 숨이 끊어진 사람에게도 호흡기로 숨을 쉬게 하고, 먹을 수 없는 사람을 주사기로 혈관에 영양소를 공급시켜 줌으로 생명을 연장시킬 뿐만 아니라, 멈춘 심장도 심폐소생술로 뛰게 만들고 있습니다. 참으로 기적 같은 놀라운 발전입니다. 그런가 하면 인간의 권리와 존엄성을 내세워 안락사를 택하고드는 경우도 부쩍 늘어 가고 있어서, 이래도 되는 건가 싶은 의문이 일기도 하고, 죽음을 삶의 연장으로 생각하고 내세를 굳게 믿는 부류가 있는가 하면, 내세를 적극 부인하고 드는 이들도 있습니다.

며칠전 (2015년 8월 3일) 영국에 데일리매일에 실려 있는 질 파라오 할머니의 안락사는 인간이 하나님의 영역까지 침범하고 있다는 강한 인상을 떨쳐버릴 수 없는 기사였습니다. 75 살의 질은 노인들을 돌보았던 전직 간호사였다고 합니다. 평소에 본인의 수한을 70 살로 생각하고 들었던 할머니는 75 살이 되면서, 노쇠해 가고 있는 자신을 더 이상 보고만 있을 수 없어서 안락사를 택하게 되었노라고 고백했습니다. 청력장애로 보청기를 착용하고 귀울림이 있기는 하지만, 질병이 있는 것도 아니고 정신도 또렷또렷 하지만, 삶이 전처럼 즐겁지가 않고 여행이나 파티도 흥미가 없을 뿐 더러 가드닝을 하고 나면 피곤해서 하루 종일 소파 속에 파묻혀 지내게 되고, 자식들도 다 키워 출가시켜 놓았으니, 건강이 나빠지기 전에 안락사를 택하기로 결심하고 영국은 안락사가 허용 되지 않고 있어서 스위스로 떠나게 되었노라는 내용이었습니다.

살아있는 모든 생물체 중에서 오직 우리 인간만이 자기 목숨을 스스로 끊는다고 합니다. 그러나 한번 생각해 볼 필요가 있습니다. 그 누구도 이 세상에 나오고 싶어서 자의로 나온 것은 아닐테고, 또 살고 싶어서 사는 것도 아닐 것입니다. 우리는 어머니 뱃 속에 있을 때는 넓고 밝은 세상이 존재하는 줄 몰랐습니다. 그러나 핏덩이 열달을 다 채우고 나와 보니 이렇게 경쾌하고 아름다운 세상이 나를 위해 기다리고 있었던 것입니다. 마찬가지로 질 할머니처럼 무신론자들이라 할지라도 우리의 육신을 위해서 세상에 마련되어 있었듯이, 우리의 영혼을 위한 또 다른 세계가 존재함을 깡그리 모두 무시해버리는 처사는 현명한 결정이 아니라, 오히려 돌이킬 수 없는 어리석은 독단처럼 여겨지고, 그래서 왠지 마음이 씁쓸합니다.

한마디로 나는 오래 살고 싶습니다. 90세까지도 천국 갈려고 예수 믿는 사람이 죽기 싫다, 제어할 수 없는 재채기처럼 폭소가 입술 사이에서 픽 터져나올려고 합니다. 늙어 가는 자신의 초라한 꼴을 차마 주위사람들에게 보여주고 싶지 않고 스스로도 이를 용납할 수 없어서 서둘러 안락사를 택하고 들었던 동갑내기 질, 그러나 나는 질의 심정과는 달리 더 살고 싶고 더 살아야 한다는 생각이 지배적입니다. 내세가 두려워서가 아닙니다. 사랑하는 주를 뵈옵고 진주문 황금길을 걷고 싶지 않아서도 아닙니다. 이대로 내 인생의 끝나버린다면 마치 못다 핀 꽃처럼, 영글지 못한 알곡처럼, 왠지 억울하고 허망한 느낌을 떨쳐버릴 수 없을 것 같아서입니다.

삶의 전량을 다 쏟아 열심히 뛰었던 사람들은 다르겠지요. 그러나 나의 경우는 그렇지 못했습니다. 제 인생은 낫을 대어 추수할만큼 아직은 무르익지를 못했습니다. 이제 푸릇푸릇 자라오르고 있다고나할까요. 인생의 끝자락에 서 있는 살만큼 산 사람처럼 생각과 마음이 깊어지지 못했고 인품이 설익어 있습니다. 철이 들지 않았고 배움도 경험도 미숙하고 귀와 눈이 반쯤 열리고 뜨였을 뿐입니다. 더 자라야 하고 더 배워야 하고 뜸들여 성숙시켜 내야 합니다. "세월이 유수 같다"던 말처럼, 하루가 너무 짧고 일년이 눈깜짝할 사이처럼 느껴지고 있는 요즈음, 엊그제 떡국을 먹었던 것 같은데 금년도 절반이 지나 어느새 여름도 설핏한 8월 말입니다. 태양이여 멈춰다오, 시간이여 지체해다오, 외치고 싶은 심정이라고나 할까요.

얼굴에 주름살이 들어가면 좀 어떻습니까? 늙음도 사람의 한 모습, 담담히 받아들이고 싶습니다. 몸에 기동력이 떨어지고, 귀가 들리지 않고, 말이 어눌해지고, 관절이 쑤시고, 허리도 아프고, 이빨이 시큰거리고, 눈이 침침하더라도, 깊은 영혼 속에 사랑의 꽃망울을 키워내며 진실하고 겸허한 마음 자세로 부지런히 살고 싶습니다. 인자한 미소의 그윽한 눈빛을 하고 촉수 높은 전등불 아래에서 책을 읽고 글을 쓰고 말씀 속에 성숙의 뜨락을 넓혀가며 오늘은 어제보다 나은 삶을 추구하며 열심히 살아가고 싶습니다. 노인 문제가 사회의 쟁점으로 나돌고 있을지라도, happy ending으로 끝을 맺는 영화처럼, 증인된 삶을 곱게 꽃피워 내고 싶습니다.

주님의 뜻을 이루소서

불과 2,3일 사이에 뒷뜰의 사과 열매가 빨갛게 익어 있다. 하루가 다르게 빨갛게 익어가는 사과. 한 개의 과일나무가 사람보다 먼저 제철을 알아 식별해 내는구나 싶어, 정신 빼고 허둥지둥 살고있는 자신의 삶의 모습이 부끄러워진다. 그러고 보니 며칠 전까지만 해도 청청하고 무성했던 사과나무 이파리들이 그 사이 많이 성기어졌음도 확연히 눈에 띄인다.

지난 주 몇 분 할머니들이 한자리에 모일 기회가 주어졌다. 모처럼 있는 기회이기도 했다. 거기 모인 우리들 중에는 옥스포드에서 새로이 만체스터 지역으로 이사 온 분이 한 분 계셨다. 영국인과 결혼하여 여태까지 옥스포드에 뿌리내리고 사시다가 수년 전 남편을 잃고 딸 곁으로 이사를 온 분이었다. 실은 그 자리가 그 분을 환영하는 만남과 환담의 자리이기도 했다.

세상을 살만큼 살아버린 노인들만의 앉은 자리에서 흔히 떠오르는 이야기거리는 출가한 자녀들의 근황이나 영국인들 흉보기가 주류를 이루고, 그 저류에는 세월의 빠름과 인생의 허망함이 깔려있게 마련이다. 그 날도 그랬다. 더러는 아쉬움과 회한의 낮은 목소리를 뿜어내기도 했고, 간간이 개탄과 원망, 원성과 비난까지를 보태고드는 가운데 커피가 식어가고 있는 것도 잊고 노년들의 넋두리를 쏟아가며 간간이 폭소를 터뜨려내곤 했었던 자리. 교우들과 헤어져 집으로 돌아오는 길에 "인생이란 무엇일까?"에 대한 풀리지 않는 의혹과 질문이 꼬리를 물고 집요하게 늘어졌다. 오늘만이 아닌 심심할 때면 가끔씩 찾아와 안기고드는 상념이 근 간들어 더 빈번이 찾아들고 있다고나할까. 시도 때도 없이 마음문을 두 드린다.

인생의 끝자락에 서 있는 다 늙은 우리 노인들에게도 아직 존재할 이유 가 남아있을 것인가? 있다면 무엇일까? 70 중반이라는 긴 세월도 지나 고 보니 눈 깜짝할 시간처럼만 느껴지고 있는데, 앞으로 10년을 더 살 수 있다고 가정해도, 번개불에 콩 구워 먹을 만큼 짧은 찰나에 불과하게 될 것이 아닌가. 남은 세월과 오늘 하루하루가 소중하고 보배롭게 느껴지 면 느껴질수록 마음만 조급하게 느껴질 뿐이다.

누군들 자기 인생을 주체적으로 살고 싶지 않겠고 시간의 소중함을 모 르겠는가. 남은 세월이 많지 않다고 느껴지면 느껴질수록 인생의 가치와 보람을 찾아 후회와 여한이 없는 삶이기를 힘써 추구하고, 저마다 애써 나갈 것이다. 문제는 인생의 가치를 어디에 두고, 무엇에서 삶의 보람과 기쁨을 누리느냐고 하는 가치판단과 이에 따른 목적 치중에 있다.

젊은 시절 나는 "주님의 뜻을 이루소서" 이 찬송가를 선뜻 열창할 마음 이 못되었다. 마지못해 부르긴 했었지만, 그때마다 감당키 힘든 십자가 가 늘 두렵게 느껴지곤 해서 안으로 꺼져 들어가는 모기소리가 고작이었 다. 한사코 쭉 곧은 순탄한 대로의 인생이기만을 소원하고 바랐던 것이 다.

몸과 혼과 영의 존재

　사람은 하나님에 의하여 지음을 받은 신통하고 묘한 존재이다. 다윗은 "내 장부를 지으시며 나의 모태에서 나를 조직하셨나이다… 나를 지으심이 신묘막측하심이라"고 두렵고 놀랍게 지음을 받은 자신의 존재를 여호와 하나님 앞에 경이와 감사를 금치 못했다.

　성경은 하나님께서 '흙'이라는 물질로 사람의 형태를 빚으신 후 사람의 코에 생기를 불어넣어 주심으로 생령 (living soul)이 되게 하셨다고 명백히 밝혀 놓고 있다. 찰스 다윈의 진화론에 대한 확실명료한 반증이다.

　하나님께서 사람의 코에 생기를 불어넣어 생령이 되게 하시기 전, 흙으로 빚어 놓은 형체만으로는 인간은 마치 진열장 안에 세워져 있는 마네킹과 흡사했을 것이라고 상상이 되고도 남음이 있다. 실체(몸)는 있으나 생명이 없는 흙더미 같은 존재, 여기에 생기를 불어넣는 하나님과의 '코대임'이라는 접촉을 통해서 하나님의 형상을 입는 첫사람 아담은 비로소 생령 (살아있는 혼)이 되었던 것이다. 따라서 그 당시의 아담, 즉 죄를 알지 못했던 첫 사람은 몸과 혼의 존재였음이 명백하다. 그러나 아담과 하와는 "먹으면 죽으리라"는 선악과 열매를 따 먹은 후 그들의 육체는 살아 있으되, 그들의 영혼은 죽음에 이르게 되었고, 하나님과 분리되어 지상낙원 에덴으로부터 추방당하는 절망적인 슬픈 사건이 발생되어졌음을 창세기의 기록을 통해서 우리는 모르지 않는다.

그후 (대략 5천년 전) 하나님은 '예수'라는 그리스도를 세상에 보내주셨다. 그리고 예수(하나님의 본체)로 하여금 아담의 불순종으로부터 시작된 세상 죄를 짊어지시고 십자가에 달려 돌아가시게 하신 후, 다시 살리신 부활사건, 그리고 그 후 승천과 더불어 성령을 내려 주심으로 중생이라는 거듭남의 역사를 통해서 하나님의 영(그리스도의 영)이 인간 우리 안에 내재케 하심으로 해서, 인간은 종전의 몸과 혼의 존재에서 하나님의 영을 덧입는 몸과 영의 존재라고 사는 삼분설이 일반적이다. 그러니까, 몸과 혼의 자연인간(natural man) 예수 그리스도로 말미암아 성령 안에서 몸과 혼과 영의 존재로 (Spiritual man) 덧입게 되었다고 보는 견해이다.

몸과 혼과 영의 삼분설, 그 중에 혼은 중심부를 차지하고 가장 중요한 역할을 담당한다. 성품과 기질, 인격이 혼에서 나오고 제반 행동의 모든 결정을 혼에서 내린다. 또한 신앙행위의 중심부도 혼이다. 우리가 목사님의 설교를 듣거나 전도를 받고 또 성경을 읽을 때 혼에서 믿고 받아들이고 의심하고 배척한다. 흔히들 신앙심이 좋은 성도를 영적인 사람이라고 말하는데, 이는 성령이 그사람의 혼을 지배함으로 성령의 지배를 받아 사는 사람이다. 그런가 하면, 이성과 윤리와 지식과 도덕을 중시하는 혼적인 사람들도 있다. 또 육신의 쾌락과 정욕을 따라 사는 육적인 사람들도 있다.

하지만 인간은 신앙심이 좋은 영적인 사람이나 인격과 교양을 갖춘 지성인이나 육체의 소욕과 본능대로 움직이는 육체적인 사람이나, 그 누구를 불문하고 완벽한 사람은 하나도 없다. 정도의 차이와 삶의 목적과 이상 추구가 다를 뿐 모두가 허물 투성이요, 다 연약한 존재들이어서 앞으로 갔다 뒤로 갔다 넘어지고 자빠지기 마련이다. 함에도 하나님은 우리 인간들을 그 어떤 피조물 보다 귀히 보시고 더욱 사랑하신다. 또한 우리 인간들로부터 절대한 사랑을 원하시고 기대하시는 분이기도 하다. 그래서 "네 마음을 다하고 목숨을 다하고 뜻을 다하고 힘을 다하고 힘을 다하여 주 너의 하나님을 사랑하라"고 명하셨음직 하다. 영어 성경에는 heart, mind, soul, strength 즉 정신과 감정과 영과 몸, 존재의 전부를 드려 전폭적으로 하나님을 사랑하고 이웃을 네 몸과 같이 사랑하라고 명하시고 당부하셨던 것이다. 함에도 세상은 이웃 사랑은 고사하고 하나님의 사랑마저도 받으려고 하지않고, 바치려고도 하지 않는 사람들로 가득 차 있다. 그래서 인간의 심령은 메마르고 이웃 간의 인정이 날로 고갈되어 무정하고 황폐한 사회가 되어가고 있음직도 하다.

하늘과 땅을 창조하시고 사람을 지으신 창조주 여호와 나의 하나님, 이 새벽 어두움 속에 엎드려 구하옵나이다.

죄 중에 상한 내 영혼에 기름부어 성케하시고 몸과 혼과 영이 새 힘을 얻어 당신만을 온전히 사랑하며 받들어내도록 도우소서.

귀찮고 싫은 이웃도 충성한 당신의 십자가 사랑으로 품어내게 하옵시고, 내 입술이 날마다 순간마다 주를 찬양하고, 내 영혼이 주로 기뻐하며 내 육체가 주의 은혜와 자비를 누리게 하옵기를 소망하옵니다. 아멘.

'사랑은 죽음같이 강하고'를 읽다

　며칠동안 '사랑은 죽음같이 강하고' 김성일 장로의 신앙간증집을 손에 들고 정신을 빼고 읽었다. 눈으로 읽지 않고 가슴으로 읽었다. 마음에서 마음으로, 영에서 영으로 하는 간증집이었다. 초판이 1989년에 발간되었고 5년에 걸쳐 (1994년 9월까지) 31쇄가 간행되어 나왔다고 하니 놀랍기도 하고, 내가 가지고 있는 간증집 초판이 아니더라도 25년이나 되는 오래된 도서인 것만은 확실하다. 25년 동안 가난한 내 서장 속에 들어있었으니, 이미 한 두번은 읽었음직한데, 이상하리만큼 책의 내용이 전혀 머리 속에 남아 있지 않아서 마치 처음 대하는 마음으로 숙독해 낼 수 있었는지 모르겠지만, 평소에 책을 대하는 나의 태도와 자세가 얼마나 무심하고 건성건성이었는지를 반성하지 않을 수 없는 심정이기도 했다. 사람은 어떤 부모 밑에 출생하여 어떻게 자랐느냐고 하는 성장환경과 학교에 들어가서 사귐을 가졌던 주위 친구들과 스승과 그리고 주위 선배들과 읽었던 책들을 통해서 인생이 짜여져가고 있음을, 김성일씨의 저서를 통해서 다시 한번 절감하지 않을 수 없었다.

　김장로의 외가 쪽은 조부 때부터 기독교를 믿는 그리스도인들이었다 (아버지는 불신앙자). 그는 남편과 사별한 후 교회 전도사가 된 이모와 고모 밑에서 자라면서 기독교 신앙을 전수받았으나, 중학교 3학년 16살부터 교회를 떠나 술과 담배를 피우는 조숙아로 문제아 구석을 엿보이기 시작했다. 고등학교 시절에 자기 집에 세들어 자취를 하던 한 학생은 시를 쓰고, 한 학생은 소설을 쓰는 서울대 철학과 학생들의 영향을 받아 니체의 철학에 빠져들었고, 문예반에 들어가 교지에 글을 올리기 시작, 대학 1,2 학년 때(서울대 공대) 김동리씨의 추천으로 문단에 올라 작품활동을 하기 시작했다. 그의 주위에는 크리스천 친구들이 한 둘 있기는 했지만, 그는 여전히 니체의 철학사상에 매료되어 세상 글을 쓰면서 대우상사에 입사, 승승장구하던 시절, 부인이 위암에 걸렸고 부인의 병치료를 위해 하나님께 귀의, 교회에서 청년들을 지도하면서 하나님을 알아가던 과정을 피력해 나간 책이 곧 '사랑은 죽음같이 강하고' 간증집이다.

어려운 전문 서적이나 말장난이 심한 문학서적이 아니어서, 읽고 이해하기가 비교적 쉬웠다. 직장에서 몸 담고 있으면서 247페이지의 장서를 5개월에 걸쳐 썼다고 했는데, 주님께서 불러주신 듯 글이 머리 속에서 줄줄 흘러나왔다는 고백이 들어있기는 하지만, 그렇다손 치더라도 놀라운 속도였음을 인정하지 않을 수 없었고, 아무리 신실한 기독교 신앙의 저자가 쓴 글이라 할지라도 모세나 바울처럼 성령의 감동으로만 쓰여졌다고는 볼 수 없을 것이다. 그러함에도 주님을 믿기 전에 탐정소설을 썼던 작가여서인지, 난해한 성경말씀이 발견되었을 때 하나님께 직접 물으면서 끈질기게 추적해나가고 있음이 돋보였고, 계시의 정신과 영감이 뛰어난 분처럼 여겨졌다.

예를 들자면, 요한복음 9장에 나오는 날 때부터 소경된 자에게 예수님은 침으로 진흙을 이겨 장님의 눈에 바르신 후 실로암 못에 가서 씻으라고 명하셨는데, 성경공부를 좀 했다고 하는 교인이면 히스기야 왕이 성문 밖 기혼에서부터 예루살렘 성 안으로 물을 끌어들인 사적과, 실로암 못 밑으로 수도관을 놓아 왕의 동산 셀라못으로 물을 흐르게 했다고 하는 정도는 안다. 그런데, 김성일 장로는 여기에서 한 걸음 더 나아가 "하나님의 말씀을 향하여 터널을 뚫어라. 그 말씀을 네 안으로 끌여들여서 그 말씀으로 네 눈을 씻어라"고 외치듯 말하고 있다. 이 얼마나 놀라운 계시적 해석인가. 상큼한 충격이 아닐 수 없다.

책은 작가의 이력서요 삶의 발자취다. 글 쓰는 이의 생각과 정서와 삶의 편린들이 글 속에 녹아 있고, 우리는 책을 통해서 저자와 만나 저자의 사상과 생각 그리고 그 분의 믿음의 삶을 내 삶 속으로 끌어들여 배우고 실천해 나가고자 한다. 구약성경속에서 모세와 여호수아를 만나고, 여러 선지자를 통해서 하나님의 말씀을 들으며, 신약의 복음서 안에서 예수님을 만난다. 서간문들을 통하여 베드로와 바울과 요한을 만나 예수님에 대한 증거를 듣고, 그들의 가르침과 삶을 우리들의 삶 속에 끌어들여 우리도 그들처럼 예수를 증거하는 증언자로 이 세상을 이기고, 하나님 중심의 생활을 하려고 하루에도 몇번씩 스스로 다짐하며 자신을 추스린다. 나는 '사랑은 죽음 같이 강하고' 책 속에서 김성일씨와 만났다. 나와는 동갑내기였다. 나 역시도 그 분이 믿고 섬기는 예수를 온 마음 다하여 사랑하고, 날마다 하나님의 말씀을 사모하며 죽는날까지 예수의 증인 된 삶을 살기를 그 무엇보다도 소망한다. 뿐만 아니라 나 역시도 한해 동안 성경을 두번 통독할만큼 말씀에 혼을 뺄 때가 있었고, 어린 두 아들들을 대동하고 성경학교에 입학하여 비록 짧은 1년에 불과했지만, 말씀에 몰두했던 시절에는 이스라엘의 역사와 성경인물들에 관하여 일일이 공책에 적어가며 써서 외웠던 시절이 없지 않았다.

그러함에도, 그 분과 나 사이에는 확실히 다른 점이 발견된다. 그 분은 나처럼 성경을 눈으로 읽지 않고 마음으로 읽었고, 밑줄이나 쳐가며 외우는 식이 아니었다. 성경을 읽다가 의문이 생기거나 하나님께 직접 묻고 시원한 대답을 얻을 때까지 끈질지게 말씀을 추적해 나갔던 점이 무엇보다도 돋보인다고나할까. 탐정소설을 썼던 작가의 독특한 특성과 면모가 하나님의 말씀을 대하고 공부하는 방식과 태도에도 그대로 드러나 보이고 있다.

김성일 장로의 간증집을 읽어 나가는 동안, 그릇대로 사용하시고 쓰시는 하나님의 경륜이 돋보였고, 쓰시기 이전의 택하심과 준비 그리고 부르심과 단련의 과정을 눈여겨 보았다. "네손에 무엇이 있느냐"고 (하나님이 모세를 부르실때 하셨던 질문) 김장로께 물으셨던 하나님은 오늘날 우리들에게도 동일한 질문을 하고 계신다고 여겨졌고, '오병이어'의 당신만의 축복을 통해서 우리들로 하여금 세상 속에서 하나님의 나라를 펼쳐가며 증인의 삶을 살아가게 하신다고 하는 사실을 다시 한번 확인하게 되었다.

믿음의 안목을 갖춘 사람

고속도로를 줄기차게 달려 나갈 때면 가끔 될 수도 없는 생각들이 추적추적 안겨들 때가 있다. 인생행로에도 여행에서처럼 상세한 지도가 시중에 나와 있고, 또한 자동차에 시동을 걸리기가 바쁘게 네비게이토에서 흘러 나오는 안내말 같이, 그때 그때 마다 어딘가에서 들려주는 하늘의 지시가 있다면, 우리 인생이 한결 성공적이면서도 여유롭고 안정적인 경쾌한 삶(인생)이 되어 질 것 같은 생각.

그러다가 어느날 문득 '성경'이라는 하나님의 말씀이 머리에 잡혀들면서 출애굽한 이스라엘 백성들이 머리에 떠올랐다.

하늘과 땅을 지으신 만군의 여호와, 인간의 생사화복을 주장하신 그분께서는 세계 만민 중에서 유일하게 한 민족을 택하여 당신의 소유로 삼으시고, 그들과의 사이에 하나님은 이스라엘의 하나님이 되시고 이스라엘은 하나님의 백성이 되는 언약을 체결하셨다. 이 얼마나 영광스럽고 복된 민족이요 특권을 가진 백성들인가. 앞날이 환해 보인다. 이와 더불어 그들에게는 삶의 지침서와 다름이 없는 율법이라는 하나님의 계명이 주어졌고, 하나님은 그들 가운데 거하시며 시시 때때로 지시하시고 말씀하시며 불기둥과 구름기둥으로 그들을 인도해 나가셨다. 하면, 그들 앞에 평안과 안정, 형통의 탄탄대로가 훤히 열려 있어야만 했던 것이 아닐까. 그러나 이것은 어디까지나 사람의 생각이요 바램일 뿐이다. 그들에게 향하신 하나님의 계획과 뜻은 안식과 평안이요 자유와 번영이었지만, 이를 취하여 누리는 방법과 길은 자기 노력이 아니라 하나님의 말씀을 청종하고 말씀대로 순종하는 순종의 삶에 있었다. 이 점에서 그들은 실패하고 말았던 것이다. 육체의 소욕이 하나님께 늘 불만 불평을 터뜨리게 했던것인데, 우리 인간에게는 하나님을 대적하는 근성이 뿌리내리고 있다 아니할 수 없다. 하나님은 출애굽한 이스라엘 백성들을 가리켜 "목이 곧은 백성이다"고 규정하셨다. "목이 곧다"함은 교만함을 뜻한다. 성경은 교만을 "멸망의 선봉이다"고 천명하고 "하나님은 겸손한 자를 높이신다"고 밝히고 있다. 교만한 사람은 목에 힘을 주고 남의 말을 듣지 않고 자기 주장이 세다. 이런 사람들은 트집을 잘 잡고 불만 불평이 많다. 그래서 교만한 사람은 하나님의 말을 듣지 않는다. 자기 생각이 제일이고 매사에 자기 주장을 앞세우고 들기 때문에 이런 사람을 통해서는 하나님은 아무 일도 하실 수 없으시다.

이스라엘 백성들을 애굽의 종살이에서 구출하여 출애굽 시키신 하나님의 뜻과 계획은 그들로 하여금 자유민을 만드는데만 있으셨던 것은 아니다. 젖과 꿀이 흐르는 가나안 땅으로 인도하여 들여서 안식을 누리며 당신만을 예배하고 섬기는 백성들로서, 여호와 하나님만이 유일하신 참 신이심을 누리며 당신만을 예배하고 섬기는 백성들로서 여호와 하나님만이 유일하신 참 신이심을 세계만방에 드러내어 펼치시고자 하시는, 보다 놀라운 원대한 목적이 있으셨던 것이다. 강대한 나라 국민 번영을 통해서 말이다.

이로 보건대, 하나님은 우리 인간들에게 복을 내려주시는 하나님이시요, 또 그러시기를 원하시고 계획하실지라도, 그렇다고 아무에게나 무더기로 부어주시는 분은 아니신 것 같다. 복을 받을만한 그릇이 되는가를 먼저 시험하시는 분이시기도 하다. 아브라함에게 이삭을 제물로 바치시라고 명하셨던 것을 보면, 그 뜻이 더욱 명백해진다. 뿐만 아니라, 우리가 당신의 은혜를 누리기에는 아직 자격미달이라고 여기실 때에는 포기하지 않으시고 받을만한 그릇으로 만들어 가시는 분이시기도 하다. 여기에 사용되어지는 도구가 고난과 역경 속의 인내와 믿음이다. 하나님은 독자적으로 당신의 목적을 이루어 가시는 분이 아니시다. 항상 인간들과 함께 이루어 나가신다.

　우리가 어떤 인물, 어떤 기질의 사람인지를 누구보다도 잘 아시는 하나님은 당신께서 아신 바 대로, 보신 바 대로, 우리를 시험하시고 빚어 나가신다.

　하나님은 이스라엘 백성들을 사랑하셨고 그들을 택하심을 기뻐하셨다. 또한 그들을 통해서 만방에 당신의 뜻을 펼쳐 나가시고자 하신 큰 목적과 계획을 가지셨던 것이다. 그러나 그 백성들이 자격미달임도 모르지 않으셨던 하나님은 2-3 주일이면 가나안 땅에 충분히 도달할 수 있었던 지중해 해변 길로 인도하지 않고, 위험천만한 홍해바다를 건너 고난과 역경의 황폐한 광야 길로 이끌어 가셨던 것이다. 광야의 역경을 통해서 우리를 시험하시고 단련하시고 만들어 가신 하나님을 보게 된다.

　여기에는 하나님께서 미리 보고 아셨던 이유가 없지 않아 있으셨으니, 무엇보다도 목이 곧은 그들을 겸손한 백성과 하나님을 청종하는 순종의 백성들로 만드시고자 하신 깊은 뜻이 있으셨던 것이다. 인간은 고난과 역경이 아니면 자기 자신을 모른다. 하나님께서 그렇다고 해도 최종 40년이라는 긴 세월의 단련을 계획하셨던 것은 아니셨다. 그들은 출애굽 2년에 최종목적지 가나안 국경 가데스 바네아에 도달해 있었던 것이다. 급기야 그 지루하고 힘들었던 광야의 역경과 시련에서 풀려난 성취의 시점에 이른 것이다. 그러나 여기서 그들은 또다시 실패하고 약속의 땅이 코 앞에 있음에도 오던 길로 다시 접어드는 아픔을 맛보아야 했다. 고난과 역경을 근근히 버티며 열심히 헤쳐나오다가 그 한 고비만 잘 넘겼으면 되었을 것을 마지막 순간에 이르러 자포자기 하는 인간의 실태를 보는 듯한 안타까운 느낌이다.

그러나 출애굽한 백성들 모두가 실패한 것은 아니었다. 갈렙과 여호수아와 같은 승리자도 없지 않아 있었던 것이다. 60만명이 넘는 출애굽 백성들 가운데 오직 두 사람. 그들은 똑같은 상황과 처지에 놓여 있었지만, 문제를 보지 않고 하나님의 약속을 굳게 믿었던 믿음의 사람들이었다. 인생의 성패를 판가름하는 믿음, 육십만분의 2라는 회소가치, 거기에 태산을 움직이시는 하나님이 계신다.

실망과 상심의 늪 속에 빠져있던 내게 "나의 의인은 믿음으로 살리라" 말씀하셨던 주님. 현실을 감사함으로 받아들여 인내와 기다림속의 겸손과 겸양의 사람되게 하소서. 감당할 시험 밖에는 허락치 않으심을 감사드립니다. 우리(나)에게 향하신 여호와의 계획하심이 놀랍고 놀라움을 알게 하옵시고, 더하여 이에 상응하는 노력과 인내와 믿음의 사람되게 도우소서. 아멘!

피천득씨의 '우연'을 읽다

　지난 주부터 금아 피천득씨의 '우연'에 쏙 빠져들고 있다. 삼사일에 걸쳐서 허겁지겁 일독을 끝내고 이독 삼독에 들어가 입 속에 든 음식물을 꼭꼭 씹어 넘기듯이 서서히 읽어내려가는 중이다. 읽을거리가 많지 못해서도 그러하지만, 책 한권이 세상에 그 얼굴을 드러내기까지 저자들의 노고와 공력을 모르지 않기 때문에, 어떤 책이든 함부로 여기지 않고 내용이 좀 진부하게 여겨지는 흥미없는 책일지라도, 야비하고 저속하지만 않으면 마지막 페이지까지 다 읽어주는 편이다.

　교회 집사님이 하얀 빛깔의 책 한권을 내밀면서 피천득씨의 '우연'이라고 말할 때까지 나는 그분의 이름 정도나 알고 있을 따름이었다. 첫 페이지에서부터 간결하고 소박한 문장과 자유로운 언어 사용이 마음을 자리잡고 놓아주지 않았다. 글쓰기를 좋아하는 처지이지만, 누구에게도 작문을 배워보지 못한 나에게 "수필은 이렇게 쓰는 것이구나" 싶을만큼 감탄이 새어나올만큼 수필에 대한 그 분만의 특유한 해설이 놀라웠고 충격적일만큼 감동을 몰아다 주고 있다. 수필을 '청자'와 '난'에 비유했던 그는, 수필을 또한 '학'과 '몸 맵시 날렵한 여인'에 비교하기도 했었는데, "수필은 산책이다"는 말이 제일 맘에 든다.

　"내 일생에 두 여성이 있다. 하나는 어머니고 하나는 서영이다" 고백하고 들기까지, 딸에게 많은 페이지를 할애하고 있는 그 분의 딸사랑은 좀 유별난 데가 있어 보인다. 유치원에서 초등학교를 졸업할 때까지 아침마다 학교에 데리고 가고 집으로 데리고 왔다는데, 어찌 그 일이 가능하고 쉬웠을 것인지…함에도, 아들에 대한 언급은 이 책이 어느 페이지에도 나와 있지 않아서, 조금 아연한 느낌이다.

중국과 일본에서 공부했고, 미국과 영국에서 영문학을 섭렵한 엘리트였던 그는 대학에서 영문학을 가르치는 교수였고, 영시를 번역하는 번역가였다. 그 분의 글은 간략하면서도 내용이 풍부하고 평온한 학자의 인품과 풍부한 정서가 한껏 돋보인다.

근간들어 나는 하루 대부분의 시간을 글쓰는 일로 소일하고 있다. 피천득씨는 "아름다움에 대한 기쁨" 때문에 글을 쓴다는데, 나는 일종의 "자기 사랑에서" 글을 쓸 때가 가장 좋다. 그렇다고 시문 한 줄이라도 지을 수 있는 재주가 있거나 반짝한 일상 이야기가 있는 것은 아니지만, 쓰는 것이 좋아서 습작을 하듯 쓰고 또 쓴다.

반세기 동안 영국땅에 거주해 살면서 배우고 얻은 것도 적다 말할 수 없지만, 또한 잃은 것과 포기하지 않으면 안되는 것들도 수 없이 많다. 그 중에는 우리말로 쓰여진 고전들과 양서를 마음대로 찾아 읽어 낼 수 없다는 아쉬움을 손꼽지 않을 수 없다. 오래전 일이기는 하지만, 염치불구하고 시아주버니에게 책을 좀 보내 달라고 부탁했던 적이 있다. 국내 여류들의 시집과 수필집을 10여권이 넘도록 보내주었고, 그 후에도 간간히 신간들을 보내와서 늘 고맙게 생각하며, 읽었던 책을 읽고 또 읽고 거듭거듭 읽다보니 때로는 새 맛이 그리워지기도 하던 차여서 더욱 감명을 불러일으켜 주고 있는지는 모르지만, 생수를 마시는 느낌이다.

세상에는 여자도 있고 남자도 있어서 고루 좋다. 여자들은 여성적인 글을 쓴다. 표현이 다채롭고 문장이 아름답다. 세심하고 감성적이고 주관적인 일면이 있다. 여기에 비해 남성들은 일반적으로 줄기가 굵고 담백하고 깔끔하고 내용이 풍부하다. 남성들의 글을 몇 권 접해보지 못했지만 피천득씨의 '우연'을 읽으면서 더욱 그렇게 느껴졌다. 허식의 거품이 없어서 좋았고, 지난 과거의 추억들을 들려주고 있는 듯한 평온함과 따사함이 글의 저류에 흐르고 있어서 "성품이 운명을 낳는다"고 하는 말을 머리에 떠올리게 된다.

이렇게 산다

TV의 한 장면입니다. 대기업 회장이 휴지를 사용하면서, 휴지 한 장을 두 쪽으로 나누어 쓰는 것을 보고, "아버지는 왜 휴지를 두 쪽으로 나누어 쓰느냐?" 묻는 아들에게 "나는 너처럼 부자 아버지를 두지 못해서 그렇다"고 대답하는 아버지의 말에, 뱃살을 쥐면서 부모 세대와 자녀들의 세대 간의 생활태도와 생활습관 그리고 가치관과 경제관념의 차이점을 새롭게 인식하지 않을 수 없었습니다.

6.25 이전의 우리들의 세대들과 베이비붐 이후의, 소위 말해 기성세대와 젊은 세대 간의 생활양상과 경제관념, 더 나아가서는 우리의 경우처럼 모국에서 교육받고 자란 부모와 서양문명국가에서 성장한 자녀들의 생활양식과 가치관 사이에는 문화와 경제 그리고 사회환경과 교육의 차이만큼 적잖은 세대 간의 차이점을 피부로 실감하게 됩니다.

앞서의 재벌 총수처럼, 그이나 나 역시 휴지를 사용할 때 한 장을 통째로 사용하는 경우는 레스토랑이나 손님접대의 경우를 제외하고는 항상 반쪽으로 나누어 쓰는 것이 습관화 되어 있습니다. 샤워하는 것도 마찬가지입니다. 아이들의 경우처럼 매일 샤워를 하지 않습니다. 일주일에 두 번이면 족합니다. 빨래도 옷을 한번 입고 빨래통에 집어넣기 보다는, 땀을 흘렸다거나 목 주위 같은 요소요소에 때가 묻었을 경우와 같은, 빨아야 할 필요가 있을 경우에만 세탁을 합니다. 쓰고 있는 밥솥이나 냄비들의 밑바닥 코팅이 벗겨져 있어도 나는 좀처럼 버리지를 못하고 얼마간은 그대로 사용하고, 식품관리 역시 유통기한이 하루나 이틀쯤 초과됐다 해도 아까워서 다시 재탕하거나 볶거나 구워서 먹습니다. 특히 쌀, 보리, 콩 같은 곡물은 유통기한에 구애됨 없이 두고두고 먹고, 더러 젊은이들 집에 가면 행주사용이 비위생적이다 하여 키친티슈로 마른 행주질을 하는 것을 보게 되는데, 나는 여전히 해나온 버릇대로 코튼 행주를 마련해 놓고 쓰고, 또 쓰고 삶아서 계속 씁니다. 말하자면, 자식을 따라 위생적이고 문화적인 생활방식을 좇기 보다는 이미 습득된 생활 습관대로 살고 있다고나 할까요.

그뿐이 아닙니다. "세살 버릇 여든까지 간다"는 속담처럼, 우리집 저이는 어렸을 적 샘가에 나가 세수대야에서 후적후적 세수하는 버릇을 지금도 고수해 내고 있습니다. 그리고 사용하고 드는 수건도 큼지막한 바스타월이 아니라, 조그만 핸드타월만을 고집하는 것을 보면 "세살 버릇 여든살 간다"는 말이 하나도 틀리지 않고 있다고나 할까요. 아이들 앞에서는 조심을 기울이지만 여전히 내 식과 내 방법대로 삽니다.

돌이켜 생각해 보면, 지금 세대들 특히 서양사람들은 상상할 수 조차도 없는, 즉 우리가 자라나던 시절에는 음식 위에 파리가 앉아 있으면 손으로 쫓아버리고 먹었고, 곰팡이가 끼어 있는 떡이나 음식도 마다하지 않고 맛있게 먹었던 것입니다. 지금도 뇌리 속에 환히 떠오르는 게 있습니다. 여름이면 된장독 속에서 하얀 구더기가 고개를 처들고 기어 올라왔고, 어머니는 손가락으로 구더기를 건져낸 후 그 된장으로 된장국을 끓이고 쌈장을 만들어 밥상 위에 올려놓곤 하셨습니다. 어디 그뿐인가요. 쌀독을 열면 쌀에서 바개미가 휠휠 날고, 한 여름에는 냉장고가 없던 시절이라 삶아 놓은 보리쌀이 쉬어서 끈적끈적한 것도 아랑곳 하지 않고 밥을 할 때 섞어서 밥을 짓곤 했었는데, 그때에 보고 익힌 생활양식과 태도가 아직도 다 바뀌지 않은 채, 삶의 구석구석에 잔재처럼 남아 문화생활이나 위생관념이 현대인들의 생활수준을 따라잡지 못할 뿐 아니라, 더는 젊은 세대 모방하고 서양습관을 수용해 들이려는 위생적이고 과학적인 태도 마저도 결여되어 있다고 고백하지 않을 수 없는 입장입니다.

이것은 조금 다른 이야기입니다만, 어느날 딸네 가족과 함께 차를 타고 집으로 돌아오던 때의 일입니다. 한참동안 달려오던 중 5살박이 외손자가 오줌이 마렵다고 보채대기에, 옛날 우리 식으로 한적한 곳에 차를 세우고 오줌을 싸게 하였습니다. 용변은 토일렛에서 변기에다만 하는 것으로 알고 있던 아이는, 처음에는 한사코 마다하더니 다급했는지 얼굴빛이 홍당무가 되어서 풀밭에다 대고 그 일을 치렀습니다. 아이에게는 보도 듣도 못했던 난생 처음 경험해 본 부끄러운 일이었을것입니다. 그러나 그 일이 있고 난 후, 즈이 엄마가 보니 밖에서 친구들과 함께 놀던 아이가 갑자기 집안으로 뛰어 들어오더니, 뒷 가든으로 돌아가 후미진 곳에다 대고 오줌을 싸고는 다시 밖으로 뛰어 나가더라고 하는 말을 딸에게 들었을 때, 아이들은 가르침을 받은대로 행동하고, 어른들은 몸에 밴 습관에 따라 사는게 아닌가 싶은 생각이 들었다고나 할까요.

오늘은 아침 나절 내내 안티 박테리아 소독수로 말끔히 냉장고 대 청소를 했습니다. 여름방학을 맞아 잠시 할아버지, 할머니 집에 올라와 있을 손자들 맞이 준비입니다. 에그와 밀크가 날짜 지나지 않았나 살펴보고, 먹다 남은 햄과 치즈를 비롯한 몇가지 음식물도 꼼꼼히 날짜를 살펴 냈습니다. 타월도 목욕타월로 준비해 두고, 하루나 이틀 밖에 사용하지 않았던 침대 베딩들도 새 것으로 대치하는 등 마치 귀중한 손님들이라도 이해 들이는 양 카페트까지도 깨끗이 후버질을 했습니다. 로마에서 살면 로마사람은 못될 망정, 그 흉내라도 내면서 살아야지 하는 마음으로.

'6시 내 고향'

   KBS TV 프로그램 중에 '6시 내 고향'이라는 프로가 있다. 조국의 강산
아래 깃을 치고 사는 국내인들에게는 인기도가 어쩔지 모르겠지만, 우리
부부는 드라마는 보지 않아도 9시 KBS 뉴스와 함께 즐겨 시청하는 프로
그램 중에 하나다. 서울에서 여행 온 조카 며느리가 '6시 내 고향'에 정신
을 빼고 있는 우리를 보고 "작은엄마, 서울에서는 별로 보지않는 영상물
이에요" 말했지만, 여전히 지금도 우리 부부는 즐겨내고 있다. 죽을 때까
지 보고만 싶은 어린시절의 고향의 풍물들이 가물가물 잊혀져가고 있어
서 더욱 관심을 가지고 보게되는 것이리라.

   어느날, 시골 아낙네의 입에서 '정제'라는 말이 흘러 나왔을때 "아 그렇
지, 우리 어렸을 적에는 부엌을 '정제'라 했고, 작금과 같은 수세식 화장실
이 있기 전에는 '변소' 그리고 이전에는 '뒷간' 혹은 '칙간'이라고 있었지…
마치 잃어버렸던 소중한 물건이라도 찾아낸듯이 깜짝 반가운 마음으로
삶의 뿌리를 되돌아 보게 되고, '덕석' 대신에 두터운 플라스틱 보를 땅바
닥에 깔아 놓고 홍두깨로 콩대를 두들기고, 작대기로 토닥토닥 참깨를
터는 가을 수확장면에서 콩나무와 깨나무. 수수와 메밀에 이르기까지 반
세기라는 세월 속에 잊어가고 있는 우리나라의 작물들을 건져내는, 감격
이랄 수 없는 감격, 시골 농가들의 장독대 곁에와 마당가에 피어있는 토
종 봉선화꽃과 눈꽃, 백일홍과 채송화 꽃속에서 피어오르는 그리움 속의

깜짝 반가움, 비닐하우스와 과수원 혹은 밭에서 부지런히 일손을 놀리고 있는 아주머니들과 할머니들의 모습에서 하얀 무명베 수건을 머리에 쓰고 뙤약볕아래서 밭을 매시던 우리 할머니와 어머니의 모습이 아른거리기도 한다.

물찬 제비처럼 날렵하게 깊은 바닷속으로 뛰어들어 멍게와 문어를 잡고, 소라와 전복을 따는 해녀들과 남편을 도와 푸른 바닷물을 가르며 싱싱한 활어들을 낚아 올리는 섬마을의 아낙들 그리고 재래시장에서 갖가지 먹거리와 싱싱한 야채를 앞에 놓고 팔고 있는 아주머니들…모두가 하나같이 삶의 탄력성과 신선함을 불러 일으켜 주는 정겹고 친숙한 모습들이기만 하다.

우리 어린시절에는 정세나 시세에 어두운 친구나 동료들에게 "야 너 무주 구천동에서 살다가 왔느냐"고 핀잔을 주고 놀려댔었는데, 무주 구천동이 한번쯤 가볼만한 명산과 관광지로 변할만큼, 깊은 산골 오지 마을이나 외딴 섬마을들이 근대화의 물결을 타고 도시처럼 문화생활을 하며 살고 있는게, 부실했던 가난의 그림자가 벗겨 나가고 여유롭게 살고 있어서 편한 마음으로 기쁘게 시청해 내고 있다.

자식들은 다 도시로 떠나 보내고 두노인네만 덜렁 두메산골에 남아서 쓸쓸하게 살고 있는 노부부들이 없잖은 가운데, 도시에서의 직장생활을 접거나 일찍 은퇴한 분들의 귀농생활도 보기 좋은 모습이고, 마을마다 마을회관이 있어서 이런저런 행사와 축제일을 통해서 단합을 꾀하고 서로 의지하고 돕는 가운데, 조금이나마 노년의 외로움을 풀 수 있음도 아름답고 긍정적인 모습으로 느껴지고 있다.

그리운 산하와 들녘, 이름도 귀에 익은 도시와 소음, 그리고 고향같은 시골마을들과 곳곳에 파묻혀 있는 역사적 유적들에 이르기까지 어느것 하나 아쉬움과 그리움을 자아내지 않는 것이 없다. 또 지방 마다에서 만나지게 되는 귀에 익은 사투리는 얼마나 정겨운가…그것 뿐이 아니다. 문화가 발달되고 새로운 물건들이 쏟아져 나오고, 사회와 삶의 양상이 변천되어 감에 따라서 항간에 새로운 말과 유행어가 창출되어 나돌기 마련인데, 오랜 세월 외국에 몸담고 살다보면 내 나라 내 국민들의 말을 알아 들을 수 없을 만큼 언어가 정체되어 있기 마련이다. 10여년전 한국을 방문했을 때의 일이다. 무슨 목적이 있어서가 아니라, 시골마을들을 둘러보고 싶어서, 버스를 타고 남원으로 해서 구례 쪽으로 내려가다가 점심을 먹으려고 식당을 찾아들었다. 식당 벽면에 "물은 셀프입니다"라고 써붙여 있었다. 우리는 저게 무슨말인가 하고 궁금해 하고 있는 판인데, 어느 시골 노인 할머니가 구부정한 허리로 물을 받아오는 것을 보고서야 그게 무슨 뜻인지를 알아차렸다. 그런가 하면, 박근혜대통령이 유럽을 순방할 적에 독일에서 "통일은 대박입니다"고 말했을 때, 저 말이 무슨말인가? 어리둥절하여 국어사전을 뒤적거려야만 했다(2015년). 사전엔 "큰 배 혹은 큰 물건"이라고 풀이되어 있고, 도박에서 돈을 많이 땄을 때 "대박났다!"고 한다는데, 한국사람들은 꺼떡하면 "대박이다!"라고 외쳐대고 있다는 사실도 TV를 보면서 알아지게 된 셈이다. 왕따, 몸짱, 얼짱, 혼밥, 몰카 같은 유행어 까지도.

그리고 또 있다. 내 남편이 '6시 내 고향'을 비롯해서 '아침마당'과 같은 교양프로그램을 나와 함께 시청해 내면서 달라지고 변해가고 있다고 하는 사실이다. 나(여성)에 대한 구태의연한 태도가, 서양에서의 생활과 삶이 동양인 우리나라에서 보다 훨씬 더 진보적이고 민주적일 것 같은데, 실은 그렇지 못한 구석들이 많다. 여러 면에서 우리들이 몸 담고 지냈던 60년대의 의식구조에 근거한 부부관계에 머물고 있다고 해도 과언은 아닐 정도로 그러던 것이, 한국 TV를 시청해 내면서 다소 누그러지고 있다고 나할까. 차츰 이해와 양보의 호의적인 태도를 엿보이고 있어서 내 목소리가 점차 커져가고 있음도 하나의 큰 발전이라면 발전인 셈인데, 이래저래 외국에 나와있는 우리들에게는 더없이 유익한 프로그램처럼 느껴지고 있다.

   얼마전에는 '6시 내 고향'에서, 어느 시골마을의 토요학교를 보여주고 있었다. 회갑을 넘기고도 한참을 더 살아버린 내 나이 또래의 할머니들이 토요일 오후를 눈코 뜰새없는 농사일 마저도 접어둔 채, 마을회관에 모여 고개를 맞대고 앉아 한글을 깨우치고 있는 장면이 퍽 감동적이기도 하고 인상적이었다. 어린시절에 공부할 기회를 놓치고 두고 두고 한이 되어 이제라도 글을 배워서 이름자라도 쓰고 싶어서 나왔노라고, 계면쩍어 하면서도 사뭇 흐뭇한 표정을 지어 보이던 할머니. 어서 빨리 글을 배워서 도시에서 사는 아들 딸들에게 편지를 써 보내고 싶다고 연필심지에 침을 묻혀가며 손목에 힘을 주어 또박 또박 자기 이름자를 써 내려가고 있는 할머니들의 모습에서, 돌아가신 우리 친정 어머니를 뵙는 듯 애틋한 그리움이 가슴 가득 고여 들었다.

   마음 같아서는 고향땅으로 돌아가 글을 모르는 할머니들을 모아놓고 한글을 깨우쳐주고, 초등학생들과 중학생들에게 영어를 가르쳤으면 싶은 마음은 굴뚝 같은데, 그게 말처럼 쉽지가 않다. 할려고만 작정하고 나선다면 못할 것도 없을 것 같은데, 선뜻 용기가 나지 않는 것이다. TV를 보다 말고 이은상씨의 '내고향 남쪽 바다'를 가만한 목소리로 불러본다.

어디에서 온 당당함일까

세상사에는 바보요 이웃과의 사이에는 둔치여서 "눈치 코치 없는 여편네"로 도장박혀 있는 나이지만, 내게는 남모르는 이상스런 당당한 자부심이랄까, 긍지 같은 것이 감추어져 있다. 스스로 생각해도 모르겠는 이 떳떳함과 자신만만함, 쓸데없는 자만심이나 교만이 아니기를 빈다.

나는 이런저런 사회적인 회합이나 사사로운 친목모임에는 관심도 흥미도 부족하지만, 때마다 등을 떠밀리듯 불가피하게 참석하고 관여도 해야 할 경우가 대두되어지고, 더러는 만나보고 또 만나주어야 할 이웃들도 간혹 생긴다. 이럴경우 개별적인 교제에는 큰 무리가 따르지 않지만, 서너 사람 이상이 모이는 자리에는 촌놈이 서울사람들 틈에 끼어있는 느낌이어서, 꼭 꾸워다 놓은 보리자루 같은 어색함을 스스로 삭혀내기가 쉽지 않다. 특히 요새 사람들은 무슨 모임이다 무슨 만남이다 하면 끝판에 가서 한잔씩 건배하는 풍조가 부인들에게 까지도 만연되어 있는데, 주스나 커피 그리고 차 밖에 못마시는 내 체질이 영낙없는 시골뜨기다. 때와 장소와 분위기에 따라서는 장단도 맞추고 춤도 추면서 어울릴줄 알아야 하는데, 그게 되지 않아서 항상 뒷 구석진 자리만을 파고든다. 그래도 웃음에는 명수다.

이런 나도 교회 안에 들어서면 생판 다른 모습으로 변한다. 가슴부터 확 퍼지고 죽었던 기가 고개를 처들고 되살아 나는 기분이다. 아는 교우들이 있어도 그만 없어도 그만이고, 누가 나를 알아 보거나 말거나 스스럼이 없다. 이런 당돌할 만치 활달한 마음새는 눈에 익은 친근한 교우들로 주류를 이루고 있는 한인교회에서 뿐만 아니라 언어와 인종이 다른 영국교회에서도 마찬가지고, 한국에 들어가면 처음 발을 들여놓는 한국의 대형교회들과 더는 스페인 교회에서도 똑 같은 느낌을 안겨 받고는 한다. 누가 알아주거나 말거나 소속의식이랄까 권속의식으로 가득차서 일면식도 없는 교인들이지만, 마치 오래 알고 지낸 구면들처럼 무단히 반갑고 기뻐져서 내 쪽에서 먼저 말을 걸어볼 만큼 입이 헤퍼지고 때로는 터무니 없도록 당돌한 마음새가 되어지곤 한다.

언제인가. 성요한 성공회교회에서 주일예배를 드리고 난 후였다. 집근처에 자리하고 있어서 크리스마스나 이스터같은 축일에 아들네 가족과 딸네가 오면, 시간상 집에서 가까운 곳에 자리한 성요한교회에 가서 예배를 드리는 경우가 가끔 있게 된다.

내게는 또한 어느 교회나 교회에 들어서면 마치 사람을 찾기라도 하듯이 주위를 휘둘러 보며 어떤 사람들이 왔고, 누가 섬기고 있는가를 눈여겨 보는 이상한 버릇이 있다. 일년에 한두차례 정도의 아주 가끔이기는 하지만, 성 요한교회에 출석할 적이면 평신도 중에 한 청년이 유난히 내 눈길을 끌어 당기곤 했었는데, 그 청년의 성실한 섬김의 모습이 늘 내 마음을 감동시키곤 했다. 내 교회는 아니지만 꼭 한번 칭찬해 주고 싶은 마음이 치밀어 올라, 어느 주일날 주일예배가 끝난후에 내 쪽에서 용감하게 손을 내밀며 청년에게 악수를 청했다. "교회에 올적마다 성실하게 섬기고 계시는 모습이 보기에 참 인상적입니다!"라고 칭찬을 해주었더니, 청년은 얼굴에 살짝 홍조를 띠우며 "티를 하고 가세요!" 식당쪽으로 눈을 주며 수줍게 말을 받았다.

교회─안에 들어서면 이 세상의 어떤 장소나 모임에서는 느낄 수 없고, 품어지지 않는 관심과 기대 속의 참여의식, 알다가도 모를 일이다.

5.
가장 큰 선물

두려운 병 알츠하이머

작년까지만 해도 유행가 가사처럼 "이 나이가 어때서"를 소리높여 외치고들 만큼 만만하게 느껴졌던 건강에 대한 자신감이 요즈음들어 전같지 못하고, 바람을 타듯 자꾸 흔들린다. 함께 골프를 치던 파트너들 중에 하나 둘씩 빠져나가는 빈자리가 생겨난 것도 그렇고, 살아있는 이웃 친구들 중에는 알츠하이머와 파킨슨 증세를 드러내 보이는 이가 있는가 하면, 아예 케어홈으로 거처를 옮겨가기도 하는 것을 보고 들으면서, 결코 초연할 수만 없는 불안감이 먹구름처럼 뇌리를 스쳐 지나가곤 한다.

얼마전에 BBC 뉴스에서 흘러나왔던 "청각장애인들은 정상인들에 비해서 2-5 배 높은 알츠하이머 발병률을 나타낸다"고 하는 연구발표를 들었던 적이 있다. 그 때는 그냥 그러나 보다고 하는 정도로 한 귀로 듣고 한 귀로 흘려보냈던 것인데, 금년들어 주위에서 이런 일 저런 일들이 나타나고 보여지니, 마치 내 앞에 떨어진 불똥처럼 마음이 쓰이다 못해 안으로 불안과 염려가 지펴나고 있는 것이다. 내 나이보다도 두 세살이 아래인 이웃 부인이 그런 일을 당하고 보니 결코 담담할 수만 없는 마음인지도 모르겠다.

나는 35년이라는 세월동안 난청이라는 청각장애를 안고 살고 있다. 설상가상으로 머리 속에서 치니터스라고 하는 벌집 쑤셔 놓는 듯한 윙윙거리는 환청이 밤낮없이 나를 괴롭힌다. 대부분의 나같은 환자들은 청각장애로 인한 우울증과 소외감보다는 머릿 속에 들려오는 이 고통을 못견디어 하는 판세이기도 하다. 거기다가 나는 혈압이 꽤 높다. 그러나 다행히도 내게는 우울증이나 불안감 같은 것은 없다. 성한 부인들 입에서도 자주 튀어나오는 두통이나 편두통 같은 것을 앓아 본 적이 없을 만큼 명쾌한 정신이요 홀홀한 마음이다. 이 세상에는 얼마나 비참하고 불행한 사건들이 많은가 싶으면, 이 정도의 불편스러움쯤이야 아무것도 아니라고 긍정적으로 생각하여 늘 기뻐하며 감사하는 마음이기도 하다. 아니, 더는 크리스천들은 결코 치매라는 그물망에 걸려들어 가족들에게나 주위 사람들에게 짐덩어리가 될 수 없다고 하는, 사실 무근한 확신까지를 품고 있었던 터이기도 했다.

크리스천들의 삶 속에는 하나님을 체험하는 감동과 감격이 있고, 말씀 속의 깨우침과 반성, 회개와 각성, 기도라는 호소와 간구가 있다. 마음 속에 남 모르는 잔잔하나 기쁨과 소망이 서려있고 삶의 신선함과 자유함, 하나님을 사랑하고 이웃들을 돌아보는 마음이 사그라지지 않는 불씨처럼 늘 지펴나고 있는 것이다. 그래서 알츠하이머라고 하는 치매에 걸리지 않는다는 게 지금까지의 내 얄량한 이론이다.

내 자신만해도 그렇다. 나는 적극적으로 교회활동에 참여하고, 이웃봉사에 힘을 쓰고 있지는 못하다. 성도교제도 활발하지 못하고, 고작 꿈에 떡 얻어 먹는 식이다. 솔직히 말해서 현재의 나는 교회 중심의 교인으로 보기에는 미흡한 점들이 있어 보일만큼 주일예배나 참석하고 헌금이나 하는, 한 쪽으로 밀려나 있는 신앙인에 그치고 있다고 해도 과언은 아니다. 함에도, 나는 예나 지금이나 매일 새벽마다 한 두시간을 주님과 마주 앉아 시간을 보내고 있다. 내 삶 중에서 가장 중하고 귀하게 여기는 부분이 바로 이 새벽시간이다. 목사님의 설교나 다른사람들로부터 성경의 가르침을 알아들을 수 없는 나는, 혼자 성경을 읽고 묵상하고 스스로 공부하지 않으면 안될 형편과 처지에 놓여 늘 성경을 곁에 끼고 살면서 말씀을 탐닉해 오고 있다고나 할까. 한글판 사전과 주석을 갖고 있지 못한 나는 영어 주석과 사전으로 공부하지 않으면 안되는데, 덕분에 알마간은 영어공부를 할 수 있는 기회가 되어지기도 했고, 모르는 영어단어가 수없이 많아서 기억력에 많은 도움이 되어지기도 하고 했을 것이다.

또한 나는 찬송가를 많이 부른다. 목청이 좋아서가 아니다. 젊었을 적에는 목청 좋다는 소리를 듣기도 했었지만, 청각장애인이 된 후 부터는 알고있는 찬송가는 그런대로 조심조심 따라 부르면 되지만, 새로 나온 복음성가를 박자와 음정을 맞추지 못해서 모기 목청이 되어지다 못해서 함구이기 일쑤지만, 집에서만은 유행가를 흥얼거리는 부인네들처럼 찬송가가 입에 붙어 있다. 특히 새벽 QT 시간에 찬송가를 여러 장 부르는데, 그때마다 산울림처럼 전신에 파고드는 감동과 더불어 한편으로는 가사를 기억 속에 담아내는데도 큰 몫을 하고 있는 셈이다.

또 나는 보통 할머니들이 좀처럼 하지 않는 나만의 중노동을 즐겨내고 있다. 매일 책상에 앉는 편은 아니지만, 한 달에 두 세편의 글을 계속해서 써나오고 있는 셈이다. 그것도 워드프로세서를 사용하는 것이 아니라, 초고는 언제나 손글씨로 쓴다. 그 작업을 십수년도 훨씬 넘게 해오고 있으니, 두뇌활동에 적잖은 도움이 될 듯도 하다. 함에도, 나는 알츠하이머라는 한번 걸렸다 하면 완치가 없는 치매의 불안과 두려움에서 훌훌 할 수 없는 걱정근심에 사로잡혀, 고양이 앞에 쥐처럼 온 몸을 움츠리고 있는 것이다. 고혈압 때문이기도 하지만, 더는 청각장애를 일축해 버릴 수 없는 이유가 더 크다.

어제는 하루종일 치매에 대해서 공부했다. 덕분에 알지 못하고 지냈던 이런저런 중요한 상식과 지식 몇 가지를 건져낼 수 있었다. 간단히 간추려 보면 아래와 같다.

"인간의 신체 중에서 뇌는 가장 중요한 부분으로, 약 천억개의 신경세포로 되어있는 덩어리이고, 뼈가 신경세포덩어리를 보호하고 있다. 뇌세포는 하루에 약 2백만개씩 죽어간다. 함에도, 새로 생성되어지는 (Develop) 세포가 있어서 죽은 세포를 대치한다. 뇌는 사용하면 할수록 발달하는데, 우리 인간은 뇌의 일부분 밖에 사용하지 않고 있다. 치매란 뇌세포가 쪼그라들어서 나타나는 증상이다."

"치매에는 노인성 치매와 형관성 치매가 있다. 노인성 치매란 노화와 유전성으로부터 오는 경우가 많고 기억력장애, 사고력장애, 언어능력장애 등을 나타내고 의심, 망상, 성격변화를 일으킨다. 예방으로는 활달한 두뇌활동 즉 창조적인 일이나 (글을 쓴다거나 책을 읽고 악기를 배우는 등) 친구를 만나거나 걷기와 같은 운동을 하고 오메가 C가 풍부한 등푸른 생선이나 과일을 먹고 행복감을 높여줌으로 예방할 수 있다. 혈관성치매는 고혈압, 당뇨병, 비만, 뇌졸중 환자들에게 나타나는 현상으로 혈관이 막히거나 좁아져서 뇌 안으로 흐르는 피가 줄거나 막혀서 일어난다. 고혈압, 당뇨, 비만을 다스리면 충분히 예방이 가능하다."

예방이 가능하다니 퍽 다행이다. 어제 하루종일 치매에 대해서 공부하면서 남편 혼자 시내 쇼핑을 다녀오라고 보내놓고, 남편에게 참 많이 미안한 마음이었다. 그이는 혼자 외출하는 것을 좋아하지 않고, 늘 내가 당신 곁에 동행해 주기를 원하는 성미이기도 하다. 나는 그것이 애정표현이라기 보다는 오히려 나를 구속하는듯 느껴지기까지 해서 늘 부담스럽게 여겨지기도 한다. 하지만 이처럼 화창한 가을 날씨에는 자신을 위해서도 얼굴에 화장도 좀 곱게하고 동부인해서 마음에 드는 옷이나 물건도 하나씩 사는 즐거움을 맛보며 향긋한 커피내음에 파묻혀 오가는 쇼핑객들에게 눈을 던지고 앉아서 정담을 주고받는 느긋한 여유와 낭만을 즐겨냈어야 했었는데, 그마저도 남편과 자신에게 인색했던 후회스러움이 마음을 찜찜하게 만들었던 것이다. 이 나이에 무엇에 쓰려고 남편에게 쇼핑을 부탁하면서 책상에 붙어 앉아 있는지, 패스포트 갱신에 첨부할 사진을 들여다 보았을 때 더욱 그런 생각이 치밀어 올랐던 것이다. 나이를 잊고 지낸 바는 아니지만, 그렇다고 내 얼굴이 이렇게 늙은이가 되어 있으리라고 미처 생각지를 못했었는데, 사진 속의 나는 늙어도 한참 늙은 노인 할머니의 모습이 역력했다. 순간 처량하고 쓸쓸한 마음이 전신에 파고들면서 무엇을 위해 살고 있는가를 스스로에게 묻지 않을 수 없는 심정이기도 하다.

언젠가 친구들과 함께 이런저런 이야기를 나누며 담소를 즐기는 자리였다. 한 친구가 백 ○○씨에 대한 이여기를 꺼냈다. 모두들 기다렸다는 듯이 한 마디씩 보태고 들었다. 그러나 나는 아무리 머리를 헤집고 뒤집어 보아도 그가 누구인지 전혀 기억에 잡혀들지 않았다. "거 있잖아. 독일에서 간호사로 일하다가 결혼해서 미국으로 건너간 덕심이, 키가 크고 날씬하고…" 친구들은 훤히 기억하고 있는 덕심이를 나는 그가 누구인지 좀처럼 생각이 나지 않고 깜박깜박 기억이 이어졌다 끊어졌다 안개 속처럼 아리송한 느낌이기만 했다. 순간 치매라는 생각에 "이를 어절꼬!" 겁이 덜컥 났다. 눈이 벌떡 떠졌다. 꿈이었다. 얼마나 치매를 걱정하고 들었으면, 휴…안도의 숨이 절로 터져 났지만, 요즘들어 부쩍 사람들의 이름과 지명들이 기억 속에 잡혀들지 않아 아닌게 아니라, 걱정은 걱정이다.

알츠하이머 예방

아침 기분이 그날 하루를 좌우한다고 한다. 나이 탓인지, 나의 아침기상은 상쾌하고 활기차다고 하기 보다는 온 몸이 무겁기 그지 없고, 기분까지 찌뿌둥해서 하루를 열기도 전에 마음이 잡칠 때가 대부분이다. 직장에 나가는 사람들이나 아이들을 키우는 주부들처럼 서둘러야 하고 묶일 것이 없는 나는, 대개 5시반에서 6시 사이에 일어나서 책상 위에 놓여있는 성경와 찬송가를 찾아들고 침대 곁에 놓여있는 안락의자에 앉는 일로부터 하루를 차분히 열어간다. 이는 작년이나 어저께부터 시작된 새로운 일이 아니고 이제는 버릇처럼 몸에 박힌 지켜나온 나의 일과 중 빼놓을 수 없는 중요한 일부분이다. 성경책을 펴서 읽기에 앞서 눈을 감고 앉아 머리 속에 입력되어 있는 복음성가를 입술 위에 올려놓고 몇번씩이고 반복해서 애창하고 그러다가 찬송가를 찾아들고 부르기도 한다. 이렇게 4,50분을 계속 부르다 보면 어느덧 찬송가 가사에 몰입되어 은혜의 물결 속에 젖어들게 되고, 맨숭맨숭하고 짜증스럽기까지 했던 마음에서 감사와 감격이 아침 햇살처럼 피어오르곤 하는데, 다행스러운 점은 우리 집이 이웃들과 붙어있지 않아서 새벽이 아니라 한 밤중이라도 유리창만 꼭꼭 닫으면 아무리 큰소리로 찬송가를 노래해도 안심할 수 있다고 하는 점이다.

그러나 한가지 문제는 아직도 풀리지 않은 채로 남아있다. 아침 잠에

혼곤히 빠져있는 남편이다. 틈틈히 QT를 하는 타입인 그이는 아침시간 뿐만이 아니라 저녁시간도 마찬가지이다. 나는 밤이면 이상하게도 손에 책을 들어야만 잠이 몰려온다. 그러나 남편 때문에 머리맡에 놓여있는 전등을 밝히고 누워 책을 읽을 수 없을 뿐 아니라, 잠이 아주 멀리 떠나버린 불면의 한 밤중에도 다른 일에 손을 댈 수가 없다. 이래저래 풀어낸 착안이 각방 사용이다. 남편은 "앞으로 살 날도 많지 않은데 각방을 차리느냐"고 볼멘소리를 하지만, 그리고 나 역시 좀 더 시간을 두고 보아야 할 것이로되, 밤시간들을 자유롭고 편하게 이용할 수 있어서, 시간사용에 유리한 점들이 없지 않아 지금도 각방을 쓰고 있는 중이다.

시간사용이란 말이 나왔으니 말이지, 돈을 아끼고 중하게 여겨 절약생활을 하는 부인들은 많아도, 시간 귀한 줄 모르고 헤프게 사용하고드는 사람들이 우리 주위에는 의외로 적지 않다. 대부분의 우리들은 시간의 중요성이나 시간관념이 희박한 편이다. 하루하루가 보태져서 일생이 쌓여져가고 있음에도, 마치 일회용 도구처럼 허술하게 여기고 함부로 사용한다. 나는 고국을 떠나온 이후 한국 아이들에게 한글을 가르치고 교회를 섬겨온 일 외에는 일정한 시간에 출퇴근을 해야하는 직장을 가져본 일이 없다. 그러나 평범한 가정생활에 몸담아 살아나오면서도 시간을 헛되이 보내거나 불필요한 곳에 낭비하지 않으려고, 나름대로 작심하고 들었던 것은 내게 있는 물질이 내 것이 아니다라고 하는 물질관 만큼, 내 시간이 내 시간이 아닌 주님의 것이라고 하는 신앙심 때문이었다. 그래서 직장인들이 사무실 혹은 노동장에서 땀을 흘리며 일하고 있는 일과시간에는 한가롭게 컴퓨터나 TV 앞에 앉아 헤헤거리거나 찔끔거리는 일이 있어서는 안된다고 하는, 나만의 생활철학을 세워두고 쇼핑이나 부엌에서 음식 만드는 시간까지도 아껴가며 보다 건설적이고 효율적인 시간사용에 심혈을 기울이고자 노력했다. 그렇다고 해서 만족스러울 만큼 치밀한 시간관리가 이루어진 것은 아니지만 조금이라도 나태와 무력의 군살과 습벽은 떨쳐버리고, 작은 일에 가치와 의미를 부여하며 일상에 얽메이지 않고 자기대로 살려고 하는 노력에 힘을 실어주고 있음은 부인할 수 없는 듯 하다. 꿈과 이상을 좇아 악전고투할 나이는 이미 지났지만 그럴지라도 가슴의 소리에 부응해서 하고 싶은 일에 조금은 욕심을 부려보고 싶은 심정이다.

나는 보통은 나이계산을 하지 않고, 나이를 잊은 채 산다. 그러다가 길거리에서 보행기에 의지하며 살얼음판을 걸어나가듯 조심스럽게 길을 가고 있는 노인들과 맞딱뜨리게 되면, 순간적으로 걷잡을 수 없는 비애가 치밀어 오르곤 한다. 그들을 통해서 내 장래를 보는듯 해서이다. 그런가 하면 나는 막무가내로 내 나이를 거부하고 들만큼 좀처럼 거울을 보지 않으며 외면한다. 그래서 보통 때는 내가 얼마나 늙어있는지 모른다. 그러다가 친구들과 마주하게 되면 성긴 머리카락과 그네들의 얼굴 위에 다닥다닥 돋아난 주름살이 한사코 내 얼굴모습을 확인시켜 주는듯해서 왠지 처량하고, 그때마다 아픈 연민에 젖어들곤 한다.

그러나 이처럼 한사코 늙음을 회피하고 싶어도 "너는 고령이야, 늙었어"하고 내 나이를 확인시켜 주는 증세가 한 두가지가 아니다. 그중에 첫번째가 건망증이다. 찬송가를 찾다가 몇장을 찾고 있는지 깜깜할 때가 자주 생기고, 이는 성경구절을 찾을 때도 마찬가지다. 특히 영어 단어는 헷갈려드는 경우가 더 심각하다. 자주 다니는 가게이름이 떠오르지 않아서 머릿 속을 휘젓고 기억을 더듬어 헤매일 때가 있고, 이층으로 물건을 찾으러 올라가서 무엇 때문에 올라왔는지 머릿 속이 하얘질 때도, 심지어는 남의 집 아이 이름은 그렇다손 치더라도 내 손자 이름까지도 순간적으로 떠오르지 않아 망연자실 할 때가 있게도 된다. 특히 청각장애인들은 보통 사람들에 비하여 2-5 배의 높은 치매율을 보이고 있다는 연구조사를 신문에서 읽고 난 후 부터는 공포심 같은 절박감에 젖어들고 있다.

다른 노인성질환은 몰라도 치매병만은 어떤 수를 써서라도 미리 예방하지 않으면 안될 것 같은 절박함. 그래서 그에 대한 예방이랄까, 나만의 비방으로, 실제적으로 얼마나 지대한 효과를 가져다 줄지는 모르지만, 매일 아침 드리는 기도를 소리없는 묵상 대신에 소리를 내어 부르짖는 방법으로 바꾸었다. 또 찬송가를 부를 때 예전에는 찬송가 책을 손에 들고 앉아 가사를 보고 불렀는데, 머릿 속에 입력하여 부르는 방법을 채택했다. 그런가하면, 신구약 성경목록으로부터 시작해서 십계명, 사도신경, 산상수훈 등 시들과 중요 요절들을 힘써 암기하고, 이스라엘 역사와 지역들을 비롯해서 신앙인물의 핵심행적을 부지런히 머릿 속에 집어넣는 작업을 몇 년동안 지속해 나오고 있기도 하다. 한 4-5년 이렇게 해온듯 싶다. 덕분에 지금은 찬송가 책을 보지 않고도 머릿 속에 입력된 가사만으로도 아침 QT가 가능해졌고, 기도 내용도 풍부해져서 예배에 많은 도움과 은혜가 되어지고 있다. 찬송가 장수 찾기와 성경절수 찾기가 한결 수월스러워졌고, 사전에서 영어 단어를 찾다가 알파벳을 까먹는 경우가 많이 줄어 들었다. 쇠퇴해가던 일반 기억력도 조금씩 회생되어 가는 낌새가 역력하고, 그동안 애쓴 효과가 있는 듯하여 보람이 되고 무척 고무적인 느낌이다. 기억력회복과 더불어 신앙생활도 이처럼 적잖은 도움이 되어가고 있으니, 말 그대로 일거양득인 셈이기도 하고, 끈기와 인내가 요구되고 특히 젊은 나이가 아니어서 힘들지만, 앞으로도 계속 암기법에 주력하고 싶은 마음만은 변함이 없다.

삼대 (the three generation)에 이르기까지

여섯살박이 손녀딸이 식탁 위에 종이와 크레용을 잔뜩 널브러 놓고 앉아 동화책에서 본 백설공주를 그리는가 싶더니, 무슨 생각이 머리에 떠올랐는지 빤히 할아버지를 처다보면서 "할아버지, 할아버지는 무엇을 제일 좋아하세요"라고 묻더랍니다. 느닷없는 질문이라서 미처 생각할 겨를도 없이 '골프'라고 입에서 나오는대로 대답을 하자, 손녀는 빨간색 크레용을 찾아들고 하얀 종이 위에 마치 문양을 새겨 넣듯이 "Hallabuge likes golf"라고 정성들여 또박 또박 써 내려가더니, 이번에는 "할머니는 무엇을 가장 좋아하세요"라고 또 묻더랍니다. "기도"라고 대답하자 "할아버지는 골프를 좋아하신다"라고 쓴 밑줄에 "Hallmuny likes prayer"라고, 마치 그림을 그리듯이 예쁜 필사체로 써 내려가더라고, 저분은 무척 대견해 하셨습니다.

저희 부부는 손자들과 손녀들을 돌보기 위해서 런던을 자주 내려갑니다. 애들을 봐주려고 가는 길이기는 하지만, 다니다보니 아들 며느리 손자들 먹거리를 잔뜩 싸들고 런던 내려가는 길이 마치 고향 가는 길처럼 즐겁습니다. 손자 여섯에 손녀 둘, 모두가 열살 미만이라서 공원에 데리고 나가 노는 일이 잦은 편인데, 런던의 장점 중의 하나는 주택가 부근에 크고 작은 공원들이 많아서 대도시에서 자라가고 있는 아이들이라 할지라도 어렵지않게 수시로 자연을 대할 수 있다는 점입니다. 작은 공원은 대개 테니스장과 축구장, 그리고 푸른 잔디밭 가까이에 어린이 놀이터가 있기 마련이고, 대공원이라고 까지는 못해도 웬만한 크기의 공원은 울창한 수풀과 연못 그리고 갖가지 꽃들이 피어있는 화원과 동물원, 카페와 레스토랑까지 갖추어져 있어서 아이들은 놀이터에서 미끄럼틀과 그네를 타고 모래성을 쌓다가 싫증이 나면 동물과 새들을 구경 하기도 하고, 풀밭에서 공을 차고 나무타기를 하는 등 목이 마르면 아이스크림을 사먹고, 가끔은 레스토랑에서 점심을 먹으면서 마치 유원지에 놀러나온 기분을 만끽하며 손자들과 즐거운 시간들을 보내고는 합니다.

아이들은 친구들과 놀면서 배운다고 합니다. 놀이터는 단순히 뛰고 노는 놀이 장소만이 아닌 학습현장과 도전장이 되어지기도 하고, 미끄럼틀을 올라타기 위해서 자기 차례가 오기까지 줄을 서서 기다리는 가운데 질서라는 것을 익히며 참는 인내심을 기르고, 모래성을 쌓으면서 장난감 도구들을 서로 공유하는 가운데 아량과 양보심을 그리고 자기 것과 남의 것에 대한 인식이 싹트게 됩니다. 철없이 뛰고 미끌고 하는 가운데서도 타인에 대한 조심성과 배려, 공공시설을 파괴해서는 안된다고 하는 공중도덕 등 넓게는 나와 다른 사람들에 대한 인식에 이르기까지 평생토록 준수하고 지켜야 할 가장 기초적이고 기본적인 인성학습이 바로 놀이터에서 배양되고 길러진다고 하는 사실을 손자손녀들을 돌보면서 알게 되었습니다.

나는 아들 둘에 딸 하나를 낳아 키웠지만, 그저 입히고 먹이고 다독거려내는 것 말고는 자녀교육에 관하여는 아는 것이 전혀 없는 상태에서 모성애가 전부였다고 말해도 과언이 아닐 만큼 무지했습니다. 그런 가운데서도 한가지 뚜렷했던 점은 하나님의 자녀로 키워야 한다는 피할 수 없는 책임감이었고, 이 임무가 실로 무겁고 중하게 느껴지면 느껴질수록 내 스스로는 감당할 수도, 이루어 낼 수도 없다는 자신의 부족함들이 더 뼈 저리게 인식되어와 속수무책 주의 은총과 도움을 빌며 간구하기를 그치 지 않았던 것입니다. 그날에 내가 주님께 말씀드리기를 "사무엘이 자기 백성을 위해서 기도하지 않는 죄를 범치 않겠다고 약속한 것처럼 나도 내 자식들을 위해서 기도하지 않는 죄를 범치 않으렵니다"고 늘 읊조렸는데, 이같은 기도가 이제는 내 손자들과 손녀들에게로 흘러가고 있습니다.

구약성경에서 하나님은 스스로를 가리켜 "아브라람의 하나님 이삭의 하나님 야곱의 하나님"으로 지칭하시고 계심을 자주 발견하게 됩니다. 나는 하나님의 여러 이름들 중에 기도때 마다 아브라함의 하나님 이삭의 하나님 야곱의 하나님으로 부르기를 좋아합니다. 우리의 하나님(부부), 우리 자식들의 하나님, 우리 손자 손녀의 하나님으로 가슴에 와닿기 때 문입니다. 아니 나는 그렇게 생각하기를 원하고 있음이 분명합니다.

우리 손자들과 손녀들은 하얀 피부에 왕방울 같은 큰 눈을 달고 속된 말로 '뒤기'들입니다. 한국말은 할머니 입에서나 들어볼 수 있는 이상한 방언일 뿐이지만, '할아버지' '할머니'라는 발음만은 똑떨어지게 잘 구사 합니다. 우리 부부가 조부모로써 그들의 성장 속에 심어줄 수 있는 영역 은 지극히 한계적일 뿐이고 또한 조심스러운 부분이기도 합니다.

손자들이 유아쩍에 나는 아들네 집이나 딸네 집을 방문할 기회가 주어 질 때마다 밤이면 손자들의 침대 곁에 의자를 붙여 놓고 앉아 브람스의 자장가를 불러주곤 했습니다. 우리 애들이 그만한 나이쩍에는 시중에 동 화책이 나와 있기나 했었는지도 모를만큼, 그 쪽에는 생각이 트이지 못 했지만 매일 밤 자장가만은 즐겨 불러주곤 했습니다. 때문인지 아들 과 딸은 나만 가면 자기 애들에게도 자장가를 불러달라고 하고, 손자녀석들은 한국말은 김치나 깍두기, 불고기와 만두 밖에 모르면서도 "자장, 자장 우리아기 자장…"을 장난삼아 부르기도 합니다.

어느덧 손자 손녀들도 열살에서 두서너살은 더 먹을 만큼 많이 자랐습니다. 흐르는 세월 속에 나 늙어가는 안타까움 보다 손자들의 성장을 지켜낼 수 있음이 더 기쁘고 행복한 마음이기만 해서, 나의 노안으로 하여금 기쁜 일과 복된 일을 보고 살게 하신 하나님께 늘 감사하는 마음이기만 합니다. 이 아이들 중에서 한두 아이들이라도 결혼하는 모습을 볼 수 있을 만큼 장수할지는 의문이지만, 대학생들이 되는 장성한 모습들을 지켜낼 수 있기를 간절히 바라는 마음입니다.

세모에

하얀 눈이 소복소복 내려 쌓이다가 제풀에 녹아버린 차갑고 스산한 겨울 날씨에도 의연한 기품을 잃지 않고 꿋꿋한 자세로 서 있는 나무들에게 연민의 눈길을 보내면서 한 두가지를 제외하고는 자식의 청이면 무엇이든지 들어주셨던 어린시절의 우리 아버지처럼, 나의 기도를 다 들어 이루어 주실 것이라는 기대감으로 첫 발을 내딛었던 한 해를 되돌아 봅니다. 날이면 날마다 꼭두새벽부터 눈썹에 매달린 잠을 털고 일어나 기도의 언어가 아니면 누가 들을세라 부끄러워서 차마 운도 뗄 수 없는 속 사정들을 두손에 받쳐들고 눈물부터 쫓아내기 일쑤였던 한 해가 아니었나 싶은 마음이 다시금 울보 처럼 눈시울을 적시웁니다.

그러고 보면 금년에는 유난히도 많이 울고 지냈다는 느낌이 짙습니다. 새로이 은혜에 눈이 트인 사람처럼, 전에 보이지 않았던 것들이 조금씩 드러나 보여지는 것 같아서 울었고, 깊이를 헤아릴 수 없는 하나님의 무한한 사랑 앞에 쥐뿔만한 내 사랑을 고백드리면서 감격의 눈물을 자주 쏟아내곤 했습니다. 다 산 일생일지라도 남이 못보고 못듣고 깨닫지 못한 것들을 손톱만큼이라도 깨닫고 느끼며 감사하게 되기를 회원하며 답답감에서 가슴을 뜯고 부르짖어 나왔던 한 해였던것 같기도 하고, 시원찮은 내 방의 창문을 통해서 세상을 내다보고 이웃들을 바라보는 시야가 자꾸 흐려 보여서 눈시울을 적시우기도 했습니다.

반세기가 다 되는 오랜 옛날 일이기는 하지만, 두세살 짜리 어린 아들들을 앞세우고 옷가방을 들고 피난민처럼 시작한 우리들의 여정 속에, 하나님은 흉년을 피해 애굽으로 내려간 야곱 집안을 번성케 하신 것처럼, 귀엽고 튼실한 여덟 손자녀들을 내려 주실 만큼 창대케 하셨으니, 이 또한 눈물 없이는 생각할 수 없는 감격입니다. 박수처 주는 이 없고 칭찬하는 이 없어도, 허욕을 부리지 않고 갈렙처럼 젊은 기백과 굳은 믿음으로 주어진 일에 최선을 다 하자, 한 눈 팔지 말고 앞만 보고 열심히 살자고 스스로를 다독거리며 허물어지기 쉬운 자신을 추스려잡기를 여러 번. 후회 없는 인간이 되어야 한다고 가슴팍에 각인을 새겨두고 애써 온듯 한 해이지만, 삶의 갈피마다에서 나태의 흔적들이 드러나 보임을 부인치 못할 것 같고, 늘 두고 쓰는 말이지만 외롭고 소외된 이웃들을 두루 살펴내지 못한 자성의 목소리도 귓전에 왱왱 들려오고 있습니다.

각성을 촉구하듯 대망의 새해를 내다보면서 말씀으로 돌아가 말라기서를 펼쳐듭니다. 말라기는 구세주의 탄생과 더불어 새로운 시대가 도래되기 전의 BC430년 경의 기록. 말라기 선지자의 입을 통해서 일문일답식으로 펼쳐지고 있는 가히 충격적인 내용을 담고 있습니다. "주께서 어떻게 우리를 사랑하셨습니까" "공의의 하나님이 어디 계시느냐" "우리가 어떻게 주의 것을 도적질 하였나이까"와 같은 냉소적이고 반항적인 패역의 독버섯들을 일반 백성들 뿐만이 아니라, 가장 종교적이었던 레위족들과 더 나아가서는 제사장들에게 이르기까지 한가지로 싹을 틔우고 하나님을 대적했던 암담하고 어두웠던 시기처럼 보여집니다. 그러한 요인들이 어디에서 기인되어 나온 것인지는 알 수 없지만, 에스겔 선지자의 예언처럼 하나님의 임재와 영광이 확실 분명하게 드러나 보이지 않는데 대한 실의와 회의, 권태와 지루함이 타락과 종교적 태만심을 불러 일으켜내지 않았나 싶고, 더러운 떡, 흠있는 짐승, 토색한 물건들을 하나님께 바침과 같이 잘못된 예배가 또한 반항, 항의, 불순종으로 이어지면서 하나님의 노여움과 심판을 초래케 되지 않았나 사려되기도 합니다. 그러나 이처럼 절망적이고 어두웠던 시대에도 빛은 있었습니다. 극소수의 사람들이기는 했지만 하나님을 경외하는 참된자들이 남아 있었던 것입니다.

말라기서는 엘리야 선지(세례요한)를 보내면서 그가 아비의 마음을 자식에게 거슬리는 자의 마음을 의인의 슬기에 돌아서게 하는 가교가 되고 새로운 시대, 즉 메시아의 시대가 도래될 것을 예언함으로 소망과, 희망, 기대감으로 끝을 맺고 있습니다.

세월은 빠른 물살로 쉬임없이 흐르고 흘러 금년도 다 저물었습니다. 한 해가 또 이렇게 속절없이 지고 마는구나 싶은 애상한 상념이 마치 소중한 물건이라도 잃어버린 듯한 허전함을 몰아다 주고 있습니다. 함에도, 창문을 통해 바라다보는 바깥 풍경이 겨울의 차가움과 쓸쓸함 보다는 평온함과 아늑함으로 여울져오고, 구름이 걷혀진 석양녘 하늘가에 은은한 연분홍 저녁노을이 새날을 약속이라도 하듯 곱게 피어 오르고 있습니다.

새해에 들어서서

자고 깨는 사이에 한 해가 소리없이 지고 새해가 밝아오고 있습니다. "내 종 모세가 죽었으니 이제 너는 이 모든 백성으로 더불어···이스라엘 자손에게 주는 땅으로 가라" (수 1:2) 가나안 변방 모압땅에서 모세가 죽은후 하나님은 이스라엘 백성들 앞에서 새 시대, 새 역사를 열어가시고자 '여호수아'라는 새로운 리더를 불러 세우신 후 백성들을 이끌고 젖과 꿀이 흐르는 가나안 땅으로 들어가라고 명령 내리셨던 것입니다.

그 백성들로 말하면, 출애굽 당시의 1세대들(구세대)은 여호수아와 갈렙외에는 광야를 지나면서 다 죽고, 출생하는 새 세대들이었습니다. 인간은 모세처럼 탁월한 위인이나 평범한 범인이나 누구를 막론하고 출생과 더불어 자기에게 분배된 정해진 시간 속에 자기의 본분과 책임을 다 하다가 세상을 하직하기 마련이지만, 하나님은 새 리더와 새 세대를 통해서 당신의 뜻과 계획을 이루어 나가고 계심을 엿볼수 있는 말씀 구절입니다. 한 개인의 생애는 끝났지만 세상은 여전합니다.

새해 새출발에 앞서 먼저 지난 한해동안 내 안과 밖에서 끊임없이 역사해 나오신 성령님의 숨은 발자취를 더듬어 살펴보고 싶습니다. 나의 하루하루의 일상들이 늘 판에 박은 듯한 간소하고 단조로운 생활이어서, 크게 명목을 붙일만한 눈에 드러난 외양적인 결실이나 성과는 발견되지 않지만, 은혜롭고 자비로운 좋으신 하나님에 대한 확신에서 오는 안온한 신뢰감이 한결 두터워진듯 싶고, 40년이라는 긴 세월 속에 알게 모르게 퇴색되고 김빠져 버린듯 했던 주님에 대한 사랑과 구원의 기쁨에 새롭게 회복되기라도 한듯, 자주자주 목매여 오는 감격에 젖어들어 통곡처럼 목 놓아 엉엉 울었던 적이 드물지 않고, 좋은일 기쁜일만 있었던 것은 아닌데 마음 한 구석에서 늘 감사가 서려날 만큼 하나님의 무량한 은혜 속에 잠겨 지냈다고 하는 생각이 없지 않습니다.

남편에 대한 고마움과 자식들에 대한 감사, 가족의 소중함이 느껴질 때마다 내게 임한 하나님의 복락이 실로 크고 큼도 새롭게 깨우쳐져서 어느해 보다 넉넉한 마음으로 보람찬 일들 없이도 기쁘게 보낸 한 해였던 것 같기도 하고.

사람은 노력하지 않고도 획득하고 싶고, 씨 뿌리는 수고 없이도 추수하고 싶어합니다. 정도의 차이는 있지만 탐심과 욕심이 없는 사람이 없고, 이웃과 비교하고 저울질하는 못된 버릇이 있어서 자식도 비교하고 남편도 비교하고 남 가진 것은 나도 다 소유해야 할 것 같은 착각 속에 매몰되어 속을 썩이기도 합니다.

어느 목사 사모가 언제인가 내게 이런 넋두리를 했습니다. "나는 요새 주눅이 들려 못살겠어요. 성도들 집에 가면 물질에 주눅이 들고, 집사님을 만나면 신앙에 주눅이 들고. 맨날 주눅만 들고 살아요." 사람은 자기대로 살 때 주눅들지 않고 가장 행복합니다. 그러나 자기대로 산다는 것만큼 어려운 일도 없을 것입니다. 냉정한 자기만의 생활철학과 물질, 인기, 여론, 문화, 문명의 편리성에 집착 내지 중독되지 않는 흔들림 없는 신앙주관이 우선돼야 절도있게 자기대로 살아갈 수 있지 않을까 싶습니다. 새해에는 나대로 그렇게 살았으면 하고 바래봅니다.

내 개인으로는 새해를 맞이하고 들었다 해도 새출발의 깃발은 높이 팔

랑거릴 만큼 크게 기대 될 것도 없고, 다만 지난해의 연장선에서 내 자신과 내 앞에 놓여있는 1년을 주님께 바쳐 드림으로 주님만의 기쁘신 뜻을 두시고 주님의 열망이 내 열망이 되게 하시기를 소망할 뿐입니다. 바라옵기는 단순하고 간소한 일상일지라도 늘 넉넉한 마음으로 겉치레보다는 속치레에 힘썼으면 하고, 이 나이에 꿈과 이상을 좇아 엎어지고 넘어지면서까지 남 따라 잡으려고 헐떡거리지는 않을지라도, 청년의 열정으로 뜨겁게 기쁘게 살았으면 합니다.

사랑하는 일이 비록 내 가족들에게나 미쳐질 수 있는 좁은 범주내에서일지라도, 더 많이 사랑하고 작은 것 평범한 것들에 정을 쏟고 즐겨내기를 소망합니다. 풀 한 포기 꽃 한송이를 바라보면서도 하나님의 창조의 손길을 고마워 하며, 야채 한 포기를 가꾸어 내면서도 성장의 기쁨 속에 내 마음밭도 자주 살펴내며 시시때때로 맑고 청명한 하늘에 눈을 주고 서서 뭉클한 감동과 감격 속에 보냈으면 싶습니다.

나이 계수하는 지혜를 잊지 말아야 할 것으로되, 그럴찌라도 나이처럼 살고 싶지는 않습니다. 주님 앞에 가는 날까지 열심히 좋은 글을 쓰고 싶고, 힘써 인생을 배우며 공부하는 자세로 자신의 부족을 다방면에서 채워갈 수 있는 새해가 되었으면 하고, 조심스럽게 기도의 첫발부터 내딛고자 합니다.

예수님의 초상화

우리집 식당방에는 눈이 녹아 까만 흙이 군데 군데 드러나 보이는 한 폭의 그림이 걸려있습니다. 정확히 말하면, 그림이 아니라 사진입니다. 학위를 취득하고 귀국하려던 부부가 자기집 거실에 걸려있던 아끼던 액자를 선물하면서 "예수님의 얼굴 사진이다"고, 사진 속에서 예수님의 얼굴을 찾아보라고 말했습니다. 이때 곁에 있던 딸아이는 "I can see his face"하고 식은죽 먹은듯이 쉽게 찾아 내었습니다. 한참 후에는 남편까지도 "나도 보인다"고 손뼉을 치는데, 모두가 찾아 내는 그림 속의 사진 예수님의 얼굴이 내게는 눈을 씻고 찾아보아도 좀처럼 보이지가 않았습니다.

그후에도 틈만 있으면 사진 앞에서 고개를 갸우뚱하고 부지런히 살펴댔지만 왠일인지 내 눈에는 보이라는 예수님의 얼굴은 안보이고, 눈이 녹고 있는 질퍽한 대지 위에 까만 흙만 문양처럼 드러나 보일뿐이었습니다. 이렇게 일주일이 지나가던 어느날 아침이었습니다. 아침을 막 끝내고 의자에서 벌떡 일어서다가 무심결에 벽에 걸려있는 사진에 눈이 가 닿았습니다. 그런데 그렇게도 열심히 살펴낼 적에는 보이지 않던 예수님의 얼굴이 그림 속에서 확연히 그 윤곽을 드러내지 않겠습니까! 얼마나 기뻤던지 밑도 끝도 없이 "나도 찾아 내었다!" 손뼉을 쳤더니, 딸아이가 "이제사 알아보았냐"고 어리둥절한 표정을 지어보였습니다.

하나님은 영이시니 형체자 없으신 것은 두말 할 나위가 없습니다. 형체가 없으신 하나님을 형상화시킨다는 것은 있을 수 없는 일입니다. 이는 곧 죄중에도 큰 죄입니다. 그러나 예수님은 역사적 실존인물입니다. 그래서 주님을 사모하는 성도들 중에는 꿈 속에서라도 주님을 한번 뵙기를 소망하는 갈망이 그들의 가슴 속에 걸려 있기도 하고, 성경을 읽거나 기도할 적이면 성경의 줄거리를 떠올리며 상상해 보기도 합니다. 그런가하면 겟세마네 동산에서 기도하시는 예수님의 그림이나 부활하신 예수님, 혹은 마지막 만찬과 같은 성화들을 벽에 걸어두고 주님을 기억하며 교훈으로 삼기도 합니다. 영국의 교회들은 스테인드 글라스 창에 성경말씀을 그림으로 새겨 넣음으로 옛날 중세적 글자를 모르는 교인들에게 스테인드 글라스 창문에 새겨진 그림을 통해서 성경이해를 돋우워 냈다고 합니다.

역사를 타고 내려오면서 특히 르네상스 이후 수많은 화가들에 의하여 예수님에 관한 성화들이 쏟아져 나와 교인들의 마음과 시선을 사로잡았습니다. 물론 화가나 사진 작가들에 의한 미술관 소장품들과 시중에 나돌고 있는 예수의 그림이나 사진들이 실제 예수님의 모습이라고 믿는 사람은 그리 많지 않을 것입니다. 우리는 그것들이 작가들의 상상력에 의하여 그려졌음을 모르지 않으면서도 한두장씩 집에 붙여두고 작품들을 음미하고 있음도 사실입니다.

그중에서도 와너 살란(Warner Sallan)의 예수님의 초상화가 단연 인기입니다. 어떤 분은 와너 살란의 작품인 예수의 사진을 지갑속에 끼어 넣어 다니기도 합니다. 정말 잘 생긴 꽃미남 예수, 하얀 피부에 파란눈, 오똑한 콧날에 갸름한 얼굴윤곽, 치렁치렁한 보기좋은 곱슬머리에 까만 턱수염, 모르면 몰라도 훤칠한 키에 늘씬한 자태였을 성 싶은, 한 눈에 혼을 빼주기 꼭 좋은 귀공자의 모습입니다. 와너 살란의 예수님 초상화만 가슴에 새겨두고 있다가는 이 다음에 천국 가서 주님을 몰라보기 딱 좋은 사진입니다.

예수님은 유태인이셨습니다. 세상에 얼굴을 드러내어 나오시기까지 30년동안 갈릴리 시골에서 자란 목수가 생업이셨고, 유대 땅은 유럽의 풍토들과는 다르게 비가 적고 햇볕이 강한 기후이고 보면 하얀 피부를 하고 계셨을리 만무합니다. 그래서였을까요. 이사야 선지자는 예수님에 관하여 이렇게 말하였습니다. "그는 주 앞에서 자라나기를 연한 순같고 마른 땅에서 나온 줄기 같아서 고운 모양도 없고 풍채도 없은 즉 우리의 보기에 흠모할 만한 아름다운 것이 없도다"(사 53:2).

내 마음 속에 그려본 예수의 모습은 까무잡잡한 피부에 약간은 길쭉 둥그런 얼굴의 곱슬머리일 것 같고, 잔잔한 평화와 기쁨이 배어난 얼굴 표정 위에 고독과 외로움의 그림자가 살포시 서려 있을 것도 같습니다. 형형한 눈빛에 부드럽고 낮은 목소리, 투박하고 따사한 온기가 느껴지는 손을 가진 예수, 큰 키는 아닐듯 싶고 적당히 마른 체구에 그저 범상을 뛰어넘지 못한 평범한 미모의 젊은이. 그러나 어린 예수의 모습은 명랑하고 유쾌한 기질에 가끔은 주위 사람들을 깜짝 놀라게 하는 지혜와 재치의 범상치 않은 놀라움과 감탄을 자아내게 하는 소년, 다른 한편으로는 우리는 고난의 인간 예수의 모습을 영원토록 볼 수 없을지 모른다는 생각도 듭니다. 지금까지의 모든 작가들이 상상 속의 예수의 형상만을 화폭에 담아냈듯이 우리 또한 부활하신 영광의 주님만을 뵈옵게 될 것이기에…

나는 예수님이 정말 보고싶다. 호기심에서가 아니다. 자고 깨면 수없이 불러보는 주의 이름. 그분을 생각하면 때론 가슴이 뭉클해지고 온 몸이 훈훈한 느낌이다.

나는 성경 말씀중에 이 말씀을 좋아한다.

"우리가 이제는 거울로 보는 것같이 희미하나 그때는 얼굴과 얼굴을 대하여 볼것이요 이제는 내가 부분적으로 아나 그때는 주께서 나를 아신 것 같이 내가 온전히 알리라." (고전 13:12)

지구도 많이 늙었다

바다는 육지에서 바라다 볼 때 더욱 아름답다. 정오의 3월 햇살 아래 바다는 하늘과 입맞춤을 하듯 은빛으로 반짝거린다. "내 아버지가 지으셨다"고 하는 벅찬 감동이 오늘따라 별다르다. 밤이면 나는 지금처럼 베란다에 서서 하늘에 촘촘히 박혀 들어갔다 나왔다 하는 별들을 헤이곤 한다. 그때마다 내 손에는 커피잔이 들려 있거나 티머그가 들려있기 마련이다.

눈이 부시도록 찬란한 햇살과 잔잔한 지중해의 푸른 물빛과 저녁하늘을 붉게 물들이는 저녁노을과 밤하늘의 달과 별을 바라보며 즐겨내는 황홀한 기쁨과 감탄은 영국에서는 드물게 맛보아지는 호화스러움이다. 내가 하나님께 은혜와 복을 무량하게 받아오고 있다는 사실이 울컥 치밀어 올라 가슴을 메우고 들 때도 짐짓 이런 순간이다.

빛과 어두움이 다르고 아침과 저녁이 다르다. 하늘과 땅이 다르고 땅과 바다가 다르다. 실로 놀랍다.

하늘에 해와 달과 별이 다르고 꽃은 열매와 다르다. 그래서 더욱 아름답다. 짐승과 사람이 다르고 남자와 여자가 다르다.

너는 나와 다르고 나는 너와 다르다. 그래서 더욱 존엄하다.

오늘 점심때 바에서 샐러드를 먹었는데, 여러가지 채소가 골고루 섞여 나왔었다. 토마토와 오이, 상추와 미나리(서양), 올리브와 레몬 등 뿌리를 꺾는 야채 줄기와 열매를 먹는 야채, 잎을 먹는 야채가 각각이었다. 야채들의 색채와 잎파리의 크기가 달랐고 맛과 식감도 달랐다. 물론 영양도 다르다. 그래서 더 맛있게 먹었다.

이 세상에 존재하는 모든 만물은 비슷한 것은 있어도 똑 같은 것은 하나도 없다. 무엇이 달라도 다르다. 심지어는 일란성 쌍둥이들까지도 어딘가 얼굴에 특징이 있기 마련이고 성품과 기호가 다르다. 우리는 이 다름을 무심하게 보고 평범하게 대하기 쉽지만, 이 모든 피조물들의 다름이 하나님의 의도 하에서 빚어지고 생겨났다는 사실은 새로운 의미와 더불어 경탄이요 경이가 아닐 수 없다. 서로 다르다고 하는 사실은 독특함과 유일성을 드러내고, 존재의 가치와 의미를 내포하고 있다고 보아야 할 것이다.

하나님은 무에서 유를 창조하실 때에 당신의 능력과 지혜로 창조하셨다. 만물 가운데 인간이 만든 것은 하나도 없다. 다 하나님이 창조하셨다. 그리고 보시기에 좋은 우주와 삼라만상을 우리 인간들에게 선물로 값없이 안겨주셨던 것이다. 이는 마치 부모가 사랑하는 자식들에게 평생 동안 애써 모은 귀중한 재산을 통째로 물려주심 같은 이치와 성질이기도 하다.

그러함에도 세상에는 영원한 것이 하나도 없다. 오직 하나님 한 분만이 영원하시다. 모든 생명체는 생성과 더불어 사멸하기 마련이고, 생명이 없는 무생물도 소멸되기는 마찬가지다. 오랜 풍상 속에 깨지고 부서지고 결국은 녹아 없어진다.

하면, 우리 인간들의 처소인 지구도 많이 늙어 있음직 하다. 천문학자들까지도 우주의 생성과 기원에 대하여 이러쿵 저러쿵 제 각기이고 보면,

그 만큼 유구한 세월을 존속해 나왔다는 말일게다.

　어느날 6살박이 손자가 한참동안 할아버지 곁에 앉아 얼굴을 물끄러미 쳐다보고 있더니 불쑥 내뱉기를 "할아버지는 머리가 하얗게 세었어. 늙으면 죽어"라고 실토하는 것을 들었다. 아이들은 정직하고 솔직하다. 이 말을 듣고 있던 며느리가 놀란 기색을 감추지 못한 채 당황한 목소리로 "에드!"를 부르며 꾸짖었지만, 철부지 손자의 말은 한 톨도 틀리지 않는 사실이요, 진리일 터이다. 낡고 쇠하고 늙으면 천하장사도 죽기 마련일 터이니.

　모르면 몰라도, 인간들의 처소인 지구도 머리가 하얗게 희어져 있음직하다. 그래서 시도때도 없이 병든 사람의 몸처럼 천재지변이 여기 저기서 툭툭 불거져 나오고 있는 것은 아닌지 싶은 생각이다.

　오늘밤은 해변가의 가로등 불빛이 유난히 반짝거린다. 무척이나 아름답다.

외로운 사람들

조씨라는 분이 계십니다. 연령이 나와는 동년배이고 스페인의 우리 아파트에서 5분 거리에 살고 계신 분입니다. 이들 부부는 여름철 6개월은 스웨덴에서 살고, 겨울철 6개월은 스페인으로 내려와 지내십니다. 한국에서 대학을 졸업하고 미국으로 건너가 경제학을 전공, 스웨덴에서 회사를 다니시다가 정년퇴직을 하셨습니다. 우리 부부 역시 여름과 한 겨울은 영국에서 지내고, 늦 가을철과 이른 봄철이면 철새들 처럼 스페인으로 날아가 있는 터이라, 그때마다 반갑고 좋은데, 말씀을 시작하실 때 마다 자주 한국 교역자들과 교인들에 대한 험담과 비리를 늘어 놓기 일쑤여서, 그때마다 맞장구를 칠 수도 없고 그렇다고 변명을 할 수 있는 처지만도 아니어서 거북스럽고 난감하기 짝이 없습니다.

"집안 속을 아는 놈이 도적질한다"는 말이 있습니다. 어머니 성화에 못 이겨 몇 년동안 교회를 다닌 경력이 있고, 이민교회의 속내를 쭉 꾀어 알고 있을 뿐 아니라, 교회를 가자고 하면 나는 택함을 받지 않았다는 말로 일축해 버릴만큼 성경 말씀도 어느 정도는 아시는 분입니다. 이분이 우리집을 오시는 시간은 대부분 점심때이거나 저녁 시간입니다.

서양여자와 살고 있으니 우리나라 김치가 먹고 싶고 맵고 짠 음식이 그리워서이겠지 싶으면서도 일주일이 멀다하고 매양 이런식이고 보니 현관 벨소리가 들리면 "조씨구나"하는 생각이 가슴을 내려 칩니다. 손님과 비는 자주 오면 지겹다는데, 두 사람 밥을 셋으로 나누어 담기도 하고, 찬이 초라하다 싶으면 허겁지겁 냉장고부터 살펴 한 두가지 찬을 덧붙여 상을 차려야 하는 경우도 있게 됩니다. 서양에서 반세기를 사셨고 부인이 스웨덴 여자이고 보면 서양 풍속대로 접대한다 해도 흉이 될 것은 없지만, 우리 역시 영국에서 반세기나 살고 있다해도 의식구조는 아직도 한국적인 구석이 없지 않아서, 우리만 식사하고 커피나 대접하고 과일을 깎아 내는 것만으로는 손님대접이 아닌 것 같아 크게 대접이라고 할 것은 없지만 식사를 대접하곤 하는데, 때론 당혹스러울 때가 종종 있게 됩니다.

조씨와는 다른 또 한분 박씨라는 분이 계십니다. 한국에 파견나온 전기기술자인 영국인과 결혼한 후 영국의 맨체스터에서 사시는 여자 분입니다. 슬하에 자식을 두지 않았을뿐더러 남편과도 나이 차이가 많아, 그렇잖아도 외로운 노년이 더 외로워 보이는 분인데, 복음 때문이 아니라 사람이 그리워 종종 한인교회를 나가곤 하나 봅니다. 말이 좀 많은 편이기도 하지만 표현이 무모할만큼 직설적이다 보니, 박씨의 성품을 아는 교인들은 알아서 이분과의 접촉을 꺼려하며 피하고, 새로운 교인들은 몰라서 말 상대를 안해주니 교회를 가면 설 자리를 잃고 서성거리다가 집에 돌아오기 일쑤 인 모양입니다. 지난 주일날도 교회에서 추석명절 공동식사가 있다기에 모처럼 나갔었는데, 모두들 본척 만척 하더라고 불편한 심기를 하소연 하듯이 전화에다 대고 투덜거렸습니다.

그런데 참 이상한 일입니다. 모든 사람들이 다 싫어서 등을 돌리는 박씨 부인이 전화에다 대고 한시간씩 종알거리는 것만 뺀다면 나는 조금도 싫지가 않습니다. 측은 하다면 어폐가 있고 오히려 사랑하고 싶고 또 사랑이 흘러가기도 합니다. 단순 솔직한 표현이 무모하고 위험스럽게 들릴 때가 있긴 하지만 내숭 떠는 부인네들 보다는 대하기기 한결 쉽고 편하고 간혹 가다가 통쾌하고 속시원한 말도 거침없이 입에서 톡톡 뒤고 있어서 후련한 느낌일 때도 더러 있기도 하고, 박여인 역시도 남편과 함께 우리집에 거리상 자주는 아지니만 가끔 놀러오곤 하는데 그때마다 으레히 식사를 해야 하는 버릇이 있습니다. 얼마나 어린애처럼 자유롭고 스스럼없는 성품인지 밥상을 차려내면 "언니는 밥을 참 맛있게 해" 하고 먹고 또 먹고 나중에는 밥을 통채로 자기 앞에 끌어다 놓고 다른 사람은 손도 못대게 하는 천진한 모습에서 밉상보다는 우습기도 하고, 없는 정이 소록소록 피어오르곤 합니다.

　인간은 외로운 존재입니다. 늙을수록 이웃의 정이 그립니다 소슬바람에도 외로움을 탑니다. 자란 환경과 정서가 통하고 식성이 같은 자국인 사이에도 그렇거늘, 하물며 국제 결혼을 하여 평생을 외국에서 살고 있는 교포들의 외롭고 고적한 마음이야 얼마나 더하겠는가 싶으면, 안쓰럽고 측은한 마음이 아니 들 수 없기도 하지요. 그러다가도 때로는 귀찮기도 하고 당황하기도 하면서 마음을 주고 정을 쌓아가며, 서로 서로 부둥켜안고 살고 있습니다.

가장 큰 선물

우리는 슬하에 6명의 손자와 2명의 손녀를 두고 있다. 큰 아들한테 딸 둘과 아들 하나, 작은 아들은 아들만 셋이다. 그리고 딸은 아들 둘을 두었다. 이년 간격으로 결혼들을 했는데, 막내였던 딸애가 1차로 롤스로이스를 탔고, 큰 아들이 제일 늦게 혼인을 했다. 큰 아들은 결혼을 하자 마자 딸을 낳았다. 그래서 손자 손녀들의 나이가 동갑들이거나 1, 2년 차이밖에 나지 않아서 가족들이 한번씩 모이면 형 동생 구별이 없고 오랜만에 만난 친구들처럼 서로 어울려 뛰고 종알대고 노는 모습들이 흡사 병아리떼처럼 귀엽고 사랑스럽기 그지없어 보인다.

지금 크리스마스가 다가오고 있다. 삼년전까지만 해도 부활절이나 크리스마스 축일이 되면 세 아이들이 가족들을 대동하고 집으로 와서 2박 3일씩 묵어가곤 했었는데, 나이 탓인지 해가 갈수록 힘들게 느껴져서 근간에는 호텔에서 가족시간을 가지곤 한다. 아이들에게도 어른들에게도 흐뭇하고 여유로운 시간들이 되어지고 있어, 무척 바람직하고 홀가분한 느낌이다. 손자들이 이른 새벽부터 할아버지 할머니 침대로 파고 들어 할아버지에게 옛날 이야기를 듣기도 하고, 낄낄대며 장난을 치기도 하는데, 한 두해 후에는 모두들 나이가 차서 그런 손자들도 없을 것 같다. 자식도 어렸을 때가 자식이라는데. 손자 손녀들이야말로 우리 자식들이 우리에게 안겨준 가장 큰 효도가 아닌가 싶어 고맙고 언제 보아도 사랑스럽고 귀엽고 감개무량하다.

우리 한국도 엇비슷한 상태인 듯싶기도 하지만, 영국의 젊은이들 중에는 결혼을 하지 않고 싱글로 지내거나, 결혼을 했다해도 아이 낳기를 주저하는 젊은이들이 많다. 이웃에 사는 조한이라는 친구는 쉰 전후의 아들이 둘이나 있지만, 모두가 싱글이고 또 다른 친구 헬린은 딸이 둘인데, 결혼들은 했지만 아이 낳기를 원치 않아서 달랑 손녀 딸 하나를 두었다. 내가 여덟이라고 말하면 "와-" 입을 딱 벌리며 돈이 많이 들겠다고 말한다. 크리스마스나 생일에 선물값이 많이 들어가겠다는 뜻일게다.

손자들 중에 막둥이 손자에 대해서 펜이 가는대로 좀 쓰고 싶다. 벤이라고 부르는데, 풀네임은 벤야민이다. 야곱의 열두 아들 중에 막둥이요 우리에게 익숙한 요셉의 유일한 동생 이름이 벤야민이었고, "오른손의 아들"이라는 의미를 지녔다. 도영이라는 한국이름이 있지만 벤으로 통한다. 벤은 제 아빠의 얼굴모습을 닮아서인지는 모르지만 사진에 찍힌 어릴적 할아버지의 인상을 빼다 박았다. 우리가 런던 아들집에 들어서면 제일 먼저 뛰어나와 안기는 정이 넘치는 아이요 귀엽고 명랑한 성품을 지녔다. 신생아였을적에는 엄마쪽을 닮아 피부가 하얗고 푸른 눈빛이 서려나고 머리칼이 부드러운 브론드 색깔을 띄고 있었는데, 자라면서 점점 다갈색으로 변하더니 일곱살인 지금은 눈빛과 머리칼이 하나같이 거무스름하고 영국쪽도 한국쪽도 아니다.

사촌형제들 중에 벤과 가장 친하고 제일 가까운 사이는 고모의 아들 한살 위인 유다이다. 유다는 평소에 말수고 없고 행동이 의젓한 어른스러움이 엿보이는 아이다. 가족들이 모이면 벤과 유다는 바늘과 실처럼 붙어다니며 논다. 나이가 비슷해서일 터이다. 한번은 무슨 일로 해서인지 유다가 훌쩍 훌쩍 울고 있었다. 이때였다. 벤이 잽싸게 달려가더니 온몸으로 유다를 얼싸안고 등을 쓸며 "You are my best friend"라고 위로

하며 유다를 달랬다. 그 모습이 어찌나 기특하고 흐뭇했던지 "형제가 연합하여 동거함이 어찌 그리 선하고 아름다운지" 시편 한 구절이 순간적으로 머리 속에 그림처럼 잡혀들기까지 했다. 그래서 나는 남편에게 우리 죽은 후에 자식들에게 돈을 남겨주는 대신에 살아 있을 때 자식을 위해서 써 주자고, 친구들은 자식들에게 돈을 써주지 말라고 뜻있는 귀뜸을 아끼지 않지만 어느때고 만남의 비용부담을 자청해 나오고 있다. 어차피 줄거면 같이 쓰고나 주자는 쪽이기도 하다.

우리 인간들이 즐겨 사용하고 향유해 내는 우주 만물들 가운데 하나님의 선물이 아닌 것은 하나도 없다. 다 하나님께서 내려 주셨다. 그 중에 가장 큰 선물은 우리의 대속주가 되신 하나님의 독생자 예수 스리스도께서 세상에 탄생하심일 것이다. 이 날이야 말로 날중에 가장 복된 날이다. 영국인들은 크리스마스를 일년 중 더 없이 기쁘고 즐거운 민족 대축제일로 정해놓고 가족들과 이웃, 친지들 간에 서로 카드와 선물을 주고받고 먹고 마시며 흥청망청 파티를 하며 즐겨낸다. 크리스마스의 진의를 알고 모르고, 예수를 믿고 안믿고를 떠나서 본인들이 세상에 나온 자기들의 생일날 보다도 더 다채롭고 호화롭게 집과 거리를 꾸미고 잔치하며 즐겨 내는 날이 크리스마스 날이다. 우리 한국에 "한가위만 같아라"는 말이 있듯이, 이들은 일년 내내 "크리스마스 날만 같아라" 흥얼댄다.

방바닥 카펫 위에 한달 걸려 준비한 손자 손녀들에게 줄 크리스마스 선물들을 잔뜩 널부러 놓고 "기쁘다 구주 오셨네"를 흥얼거리며 한나, 에드, 아이삭, 삼, 작, 제시, 유다, 벤… 차례대로 네임스티커를 붙여 나간다. 흐뭇함이 따사한 열기처럼 전신을 감싸고 든다. 손자 손녀들에게 마음놓고 즐거이 해 줄 수 있는 물질의 여유와 주님의 탄일을 경축해 낼 수 있는 건강을 주신 하나님께 새삼 감사드리지 않을 수 없는 마음이다.

씨앗 속에 깃들어 있는 사랑

바람이 고이 잠들어 있는 어린아이를 일깨우듯이 뒷뜰 사과나무 아래 방긋방긋 웃으며 함초롬히 서 있는 코스모스 꽃가지들을 짓궂게 흔들어 대고 있다. 가녀린 꽃잎들이 나비처럼 훨훨 나르는가 싶으면, 파란 잔디 위에 흰눈처럼 몸져 눕기도 한다. 바람은 무슨 일로 저렇게 심술을 부리고 있는 것일까, 뒷뜰에 나가 애처로운 코스모스 꽃가지 허리 춤에 대나무 가지를 대주었다.

그러니까 4-5년 전이었다. C 사모가 한국을 다녀왔다며 나팔꽃과 코스모스 씨앗 봉지를 내밀었다. 그때가 봄철이 다 기울고 있는 5월 중순이어서 꽃씨를 뿌리기에는 철이 좀 늦은 감이 없지 않았으나, 나팔꽃 씨앗은 뒷 울타리 밑에 놓여있는 큼지막한 나무통에, 그리고 코스모스 씨앗은 사과나무 주위와 배나무 주위에 술술 뿌려 주었다. 따사한 기온 탓인지 두 주일도 다 안되어 푸릇푸릇 싹을 띄우더니, 너무 늦게 심어주어서 꽃을 볼 수 있을까 싶었던 우려심이 무색할 정도로 가을철로 들어서기 전부터 곱게 피어나 나를 황홀케 했고, 청초한 꽃이 시들어진 자리에 씨앗이 까맣게 영글었다. 나팔꽃 씨앗은 영글지 않아서 다음 해에는 심지 못했지만, 코스모스는 3년이 지난 지금까지도 이른봄이면 싹을 틔워가며 '가을의 새아씨'라는 이름이 무색할 정도로 6월부터 꽃을 피우기 시작, 늦가을까지 뒷뜰을 흰색, 연분홍색, 빨간색으로 수놓고 있다.

코스모스란 그리스어의 '질서의 세상'을 말한다. 요한복음 3장 16절 "하나님이 세상을 이처럼 사랑하사…"의 '세상'이 곧 코스모스이다. 다시 말하면 '창조된 우주' 그래서 하나님께서 제일 먼저 만드셨던 꽃이 코스모스라는 설이 전해 내려오고 있다. 여리고, 곱고, 가냘프고, 애잔한 코스모스꽃, 빨강색, 분홍색, 흰색, 색색이 한데 어울려서 고개 맞대고 실바람에도 흔들리는 가을의 새아씨. 나는 부엌 개수대에 손을 넣고 쌀을 씻고 그릇을 씻고 나물을 씻을 때마다, 개수대 앞에 놓인 커다란 유리창문을 통하여 하루에도 수없이 코스모스꽃과 눈을 맞추며 때로는 내게 코스모스 씨앗을 건네 주었던 어여쁜 C 사모를 떠올리기도 한다.

어제는 또 기옥씨가 한국에서 들어오면서 고국의 몇 가지 야채씨앗을 가져다 주었다. 기옥씨로 말하자면 이곳 맨체스터에서 박사학위를 하던 남편을 뒷바라지하며 아들 딸 낳아 키우면서 정을 주고 받았던 젊은 엄마이다. 남편이 서울의 모대학에 자리를 잡아 귀국할 때도 이런저런 꽃씨와 야채씨앗들을 남기고 갔었는데, 초등학교에 다니고 있는 아이들에게 그 동안 잊어버린 영어를 다시 찾아주고 싶어서 잠시 맨체스터에 와 있다. 다시 만나서 깜짝 반가왔고 기뻤던 것은 두말 할 나위 없고, 수년 세월 속에서도 나(우리부부)를 마음에 두고 있다가 소중한 고국의 야채씨앗들을 안겨주었을 때 고맙다는 말만으로는 충분치 않을만큼 뭉클한 감동을 몰아다 주었다.

영국의 가든센터에도 우리(한국인)가 즐겨먹는 상추, 부추, 시금치, 파, 배추, 무우 (쑥갓, 깻잎씨앗은 아직까지 보지 못함) 등 웬만한 야채씨앗을 다 구할 수 있다. 꽃씨앗들도 마찬가지이다. 베고니아, 제라리움, 릴리, 로즈, 수선화, 튤립 등과 같은 서양꽃들은 두말할 나위 없지만, 우리나라 꽃으로 생각되어질만큼 친숙한 접시꽃, 코스모스보다 달맞이꽃, 분

꽃 등 심지어는 할미꽃, 봉선화, 채송화, 무궁화꽃까지도 순수 우리나라 품종과는 약간 다르기는 해도 어디서나 쉽게 구하여 심을 수 있다. 하지만 내가 화원이나 슈퍼마켓에서 직접 사다가 심어서 보는 꽃과 길러서 먹는 야채는 고국을 다녀오면서 친우들이 마음먹고 사다 준 씨앗들을 키워 내는 것과는 그 느낌부터가 무언가 좀 다른 데가 있다. 내 나라 풍토에서 자란 야채씨앗과 꽃씨에서는 내 나라의 흙냄새가 나고 소박한 시골농민들의 수고가 감지되어 온다. 거기에 대하여 내가 사다가 심은 꽃과 야채는 꽃을 보는 아름다움과 야채를 먹는 기쁨은 있어도 그 안에 고마움이나 추억이 빠져나가고 없다. 나는 피어있는 꽃을 바라보면서, 내게 꽃씨앗을 안겨준 이웃들 사이에 주고받은 크고 작은 추억들을 떠올리며 아련히 그리워 할 것이며, 상추쌈을 하고 부추전을 지져서 상 위에 올려놓고 먹으면서, 남편에게 그들과의 이런저런 정담들을 풀어 놓게 될 것이다.

스페인의 좀 미나리와 프랑스의 봄 고사리

여행중에 단 하룻밤이지만 숙박하기 좋은 호텔을 찾아 들기란 말처럼 그리 쉽지 않다. 여행을 좋아하는 남편 덕분에 장거리 주행을 자주 나서게 되고, 여행지는 정해져 있고 그때마다 여로에 먹는 것은 그냥 저냥이지만 잠자리가 늘 문제로 대두되어진다.

출발날짜가 잡혀지면 남편은 인터넷 사이트를 헤집기 시작한다. 특별히 마음먹고 며칠동안 머물 곳이 아니면, 우리는 보통 3스타나 드물지 않게는 2스타도 마다하지 않는 편이다. 찾아가는데 시간이 좀 걸리더라도 고속도로 주변이나 번잡한 시내 호텔보다는 비교적 한적한 시골 마을의 B&B(bed and breakfast)를 선호한다.

그런 중에 금년 봄 여로에 하룻밤 유숙했던 스페인의 어느 B&B는 웬만한 일류호텔 부럽지 않았다. 고속도로에서 한참 들어간 농촌 마을 어귀에 자리한 물레방앗간을 개조해서 지은 객실이 20개쯤 되는 중급 호텔이었다. 휴가철이 아니어서도 그렇겠지만, 우리 부부를 제외한 손님은 불과 서너명, 두 부부가 경영하고 있는 듯 그날은 종업원도 없었고 60살 전후쯤 되어 보이는 유순한 인상의 남편이 우리를 이층방으로 인도해 주었다. 하루밤을 묵어가더라도 침실은 땅에서 높을수록 좋다.

태양을 차단하는 덧문을 걷어 올리고 유리창문을 여니, 바람보다 흙내음이 먼저 알은 체를 해왔다. 세상은 가는 곳마다 사람 수만큼 자동차들로 가득차 있어서 매캐한 기름냄새와 사람냄새 뿐이더니, 귀는 나빠도 코

하나는 개코 보다 더 좋은 내 코 끝이 오랜만에 달콤한 흙냄새에 푹 빠져 든다. 땅은 사람들에게 인심쓰고 하늘로만 쭉쭉 뻗어 올라가는 플라타나스 나무들 그늘 아래 맑디 맑은 개울물이 졸졸 흘러내리고, 개울 저편 밭둑에는 야생화들이 노랗게 피어 대지를 곱게 물들이고 있다.

2월 하순, 해가 많이 길어진 셈이다. 우리는 여장을 풀고 난 뒤 밖으로 나왔다. 호텔 뒤쪽으로 돌아서니 산에서 흘러내리는 계곡물을 막아 물레방아를 돌렸던 옛 흔적들이 아직도 그대로 남아 있었고, 펑퍼짐한 연못가에 파란 봄미나리가 무성하게 자라올라오고 있는 것이 눈에 들어왔다. 외국에서 동포를 만나는 기쁨이었다. 깜짝 반가워서 "오! 저 미나리!" 내 입에서 신음같은 감탄사가 절로 터져 났고, 그 감탄사가 채 끝나기도 전에 남편의 손에는 어느새 물기 가득한 한 뭉큼의 새파란 돌미나리가 쥐어져 있었다. 미나리에서는 풋풋하고 신선한 봄냄새가 물씬 풍겨났다. 나는 바지자락을 걷어붙이고 개울가에 엎드려 정신없이 미나리를 뜯었다. 이런 경우를 옹골지다고 표현하여야 하나…

프랑스를 여행하는 중에 좋고 편리하게 느껴지는 부분은 고속도로 주변에 피크닉 장소가 곳곳에 마련되어 있어서, 애써 서비스 스테이션을 찾아 들지 않아도 피크닉 장소에서 도시락을 먹고 마시며 볼일도 보고 휴식을 취할 수 있는 공간이 많다는 점이다. 그러나 좀 억울하게 느껴지는 부분도 없지 않아 있다. 고속도로에 들어섰다면 그때부터 비싼 통행료를 지불하지 않으면 안된다고 하는 점이다. 어느 국가나 고속도로의 요소요소에 톨(toll)을 설치해 놓고 통행료를 뜯어가지만, 프랑스의 경우는 해도 너무한다 싶을 정도로 빈틈이 없다. 우리가 자주 이용하는 도로 칼라이스에서 남쪽 파오까지의 톨값이 유로 터널을 지나가는 기차 삯에 버금간다. 그래서 우리 부부는 고속도로 이용대신에 2차 간선 도로로 접어

들곤 한다.

그럴경우에는 목적지까지 하루를 더 잡아야 하지만, 고속도로 이용료로 호텔비를 지불하고도 남기 때문에 여행비 자체로는 아무런 차이가 없다. 오히려 시골의 목가적 풍경들과 지역적 특색을 곳곳에서 체험하게 되는 장점들도 있다.

남쪽으로 내려가는 도중 스페인의 어느 한 호텔의 개울 물가에 엎드려 봄미나리를 뜯었던 흥분이 채 가시기도 전, 영국으로 돌아오는 귀향길에 들어서서 프랑스에서는 고사리를 꺾었다. 영국 못지 않게 프랑스의 산기슭 양지 쪽에는 이른 봄철이면 해묵은 덤불 속에 고사리가 우후죽순처럼 고개를 쳐들고 올라오는 게 차를 타고 달리는 중에도 곧잘 눈에 띄이곤 한다. 포동포동하고 충진게 영국 고사리와 한물이다. 우리는 달리던 차를 길가에 세워놓고 도로에서 고금 비켜난 소나무 발 밑 덤불을 헤집고 수줍은듯 고개를 숙이고 서 있는 여린 고사리를 대박이라도 만난듯이 허겁지겁 두 바구니나 꺾어 차에 실었다. 꺾을 때마다 여린 고사리대에서는 하얀 진물이 흘러났지만, 그건 안중에도 없고 점심 때가 기울어가고 있었지만 배도 고프지 않았다. 햇고사리 나물 비빔밥을 한 대접 먹고난 뒤끝처럼, 오히려 배가 불렀다. 마음에서 흡족함을 느끼면 위장까지도 든든해지는가 보다.

스페인에서의 아침

아침 8시, 영국시간으로는 7시다. 영국의 기온은 아직도 7-8도를 벗어나지 못한 겨울 날씨와 진배없는 3월 초순, 이곳 스페인 남단은 벌써부처 봄기운이 완연하다. 베란다에서 아침을 먹는다.

자동차 찻길을 따라 줄지어 서 있는 종려나무들의 사잇길에서 제비 두어 마리가 따사한 아침 공기를 가르며 저공으로 날고, 이름 모를 하얀 새들이 듬성듬성 무리지어 골프장의 푸른 잔디 위에서 아침먹이를 쪼아대고 있다.

아침 해는 나보다도 일찍일어나서 소나무 숲 속 마을의 지붕 위에서 반짝이고, 멀리 바라다 보이는 지중해의 작은 섬이 거대한 바위처럼 한눈에 들어와 안긴다.

베란다 유리문을 열면 향긋한 소나무 향내음이 전신에 휘감겨 들고, 정원을 손질하는 정원사들과 거리를 청소하는 미화원들의 바쁜 하루가 발밑에서 전개되어지고 있는 시각. 우리 부부는 아침 첫 커피 대신 티를 마시며 천천히 여유롭게 하루를 열어간다.

나는 향내음 풍기는 스페인의 아침 공기와 찬란한 저녁 노을을 좋아한다. 그래서 한 해가 시작되는 이른 봄철과 가을철에는 영국의 추운 일기를 피해 여기에 와 산다 (겨울은 스페인도 춥다). 15년 넘게 피레네 산맥을 넘나들고 있는 셈이다. 그러나 아무리 일기가 좋아도 스페인으로 이

주해서 살고싶은 생각은 추호에도 없다. 내 조국 한국이 아니면, 일기 나쁜 영국이 좋다. 큰아들이 오스트레일리아에서 살고 있으니 호주도 맘 먹기에 달려 있기는 하지만, 이곳저곳으로 옮겨 살기에는 우리는 이미 너무 늙었다.

프랑스를 횡단할 때마다 우리가 좀 더 젊었다면 남쪽 프랑스에서 살고 싶다는 느낌을 자주 받고 있다. 진작에 알았었다면 스페인 대신에 프랑스에 아파트를 마련해 놓을 것을 싶은 후회스러움이 종종 찾아들만큼, 왠지 프랑스가 좋아지고 있다. 우선 영국과 거리가 가까워서 오고 가기에 편리함이 없지 않지만, 일기가 영국보다는 쾌적하고 스페인보다는 시원할 뿐 아니라 산하가 영국과 많이 닮아 있는 중에도 국토가 넓어서 인지 광활한 들녘이 마음까지도 넓혀주고 툭 트이게 하는 느낌이다.

그러나, 여기고 저기고 도시에서 살고 싶은 마음은 추호도 없다. 나는 어린시절만 빼고 도시에서 살고 있는 터이지만, 아무리 생각해도 도시사람은 아닌듯 싶다. 길도 시골길이 좋고 사람도 시골사람들이 친밀감을 불러 일으켜준다. 그러나 그렇다고 해서 시골생활로 돌아갈 수 있는 형편과 처지는 못된다. 이는 고향에 대한 생각도 마찬가지이다. 나의 고향은 실제의 고향이 아니라 개념 속의 고향이다. 그래서 더욱 환상적인 그리움만을 불러 일으켜 주고 있는지도 모른다.

"Do you want tea?" 남편이 토스트를 먹다 말고 스페인제 티 잔에 티를 따르고 있다.

리버풀에서 온 두 할머니

　가만히 눈여겨 보면 주일예배에 참석하는 대부분의 교인들은 마치 앉을 자리가 지정되어 있기라도 하는듯이 항상 일정한 좌석에 착석하는 경향들이 있다. 이는 우리 부부도 마찬가지다. 강단과의 가시거리와 벽에 부착되어 있는 스피커의 방향을 고려하여 착석할 의자를 정하고, 특별한 경우가 아니면 대개는 같은 자리에 가 앉는다.

　주일날이면 우리 앞 줄에 (스페인 교회) 할머니 두분이 쌍둥이처럼 나란히 앉아 예배를 드리곤 하는데, 나의 눈길을 사로잡을만큼 퍽 인상적이다. 지난 주일에는 먼저 온 교인들에게 자리를 빼앗기고 우리 옆에 앉아 예배를 드렸고, 덕분에 예배가 끝난 후 자연스럽게 통성명을 나눌 기회가 주어졌다. 영국의 리버풀에서 왔고, 친 자매지간이라 했다. 언니 된 할머니는 내 남편보다 두 세살 위였고, 동생은 나와 동갑이었다. 그분들도 우리들처럼 영국의 길고 지루한 겨울날씨를 피해서 일년이면 서너달씩 스페인에 와 머물다 간다고 자기를 소개한 후 설명을 달았다.

　두 분 할머니들에 대한 나의 관심의 눈길은 매주일마다 새색씨들처럼 달고, 붙이고, 차고, 화려한 꽃단장에 분화장까지 하고, 두 분이 항상 나란히 붙어앉아 예배를 드리고 있는 모습이다. 아니, 더 좀 설명을 달자면, 파운데이션을 두껍게 바른 얼굴에는 굵은 철사줄 같은 주름살이 물이랑을 이루고 있고, 짧은 소매 밑으로 나온 햇볕에 탄 양 팔뚝은 겨울나무 껍질마냥 쪼글쪼글. 성긴 머리카락은 흰 양털, 실 연령보다 극히 열살 쯤은 더 되어 보이는 할머니들이 입고 있는 남국의 태양빛처럼 강렬한 색채의 의상이 내 눈길을 사로잡고 좋아주지를 않는다고 할까, 무척 인상적이다. 동생은 주로 은실로 짠 화려한 드레스 차림에 항상 구슬 핸드백이고, 언니는 현란한 원색 빛깔의 발끝까지 질질 끌리는 드레스에, 목에는 육중한 금목걸이, 귀에는 달랑달랑 금속 귀거리가 몸을 움직일 때마다 절간의 풍경마냥 흔들거리곤 한다.

나의 두 귀는 잔뜩 녹이 슬어 있어서 최신형 디지털 보청기를 끼고도 목사님의 설교는 고사하고 간단한 광고 한 마디도 청취가 불가능 하다. 그래서 목사님의 설교가 교훈과 깨우침의 귀중한 기회가 되어지기 보다는 오히려 따분하고 무료한 시간이 되어지기 십상이고, 매양 졸음을 몰아다 주거나 엉뚱한 생각에 빠져들게 만든다. 또한 앞 줄이나 옆에 앉아 있는 여신도들의 모양이나 입성에 눈을 들어 살펴보는 허탄한 짓거리를 일삼게 한다. 오늘 아침에도 예외는 아니었다. 가뜩이나 목사님의 설교가 길어지면서 자꾸만 눈이 감겨 들었고, 나는 눈꺼풀에 얹혀 있는 잠을 털어낼 모양으로 앞 줄에 앉아 열심히 목사님의 설교에 귀를 기울이고 있는 할머니의 양쪽 귓볼에 대롱대롱 매달려 흔들거리는 귀걸이에 눈길을 주면서 엉뚱한 생각을 야금거렸던 것이다.

평일에는 반나체가 되어 대부분의 낮시간을 풀장의 파라솔에서 누웠다 앉았다 했을 할머들. 엿새동안은 풀어질대로 풀어져서 어영부영 시간 메꾸기로 일관했지만, 주일날만은 다르다. 아침부터 화장대 앞에 앉아 몇 올 되지 않는 은백색 머리카락에 볼륨을 넣고, 윤기라고는 찾아볼 수 없는 까칠까칠한 주름진 얼굴에 화장수를 바르고, 모이스쳐 크림으로 마사지를 한 후, 그 위에 파운데이션을 칠하고 분첩으로 다독거려 눈썹을 그리고, 입술에는 루즈를 바르면서 안으로 잔잔한 물결 같은 흥분을 맛보았을 주일날 아침 얼굴화장.

옷장에 걸려있는 옷가지들을 침대 위에 널부려 놓고 구부정한 허리를 꼿꼿이 펴곤 마치 파티장에라도 나가는 양 이웃 저옷을 번갈아 가며 얼굴에 맞대고 몸에 끼어 보았을 할머니의 바쁜 주일아침 시간이 머릿 속에 잡혀들면서, 이상하리만치 신선한 감동을 안겨 받았다.

어쩌면 이 두 분 할머니들의 주일지킴이 십의 하나 신령과 진정의 하나님께서 기뻐 찾으시는 예배에 미치지 못한 한낮 교회나들이쯤에 머물고 있을지도 모른다. 설혹 그럴지라도, 하나님은 그들의 지성(devotion)과 정성을 어여삐 받아 주시옵고, 그들의 노년이 드레스처럼 밝고 건강하기를 축수하는 마음이 절로 간절했다.

20년만의 해후

　20년만의 해후였다. 그동안, 가령 새해를 맞이했다거나 생일이 되었다거나 하는 특별한 날이면 아주 가끔씩 전화로 축하를 보내면서 서로의 안부를 확인하곤 했었지만, 근간들어 그 일도 뜸해져 가고 있었다. 하지만 마음 속에서만은 항상 안방의 주인처럼 도사리고 있다가 기회가 있을 적마다 문득 문득 떠올랐고, '독일'이라는 이름이 티비에서 흘러나오면 자동적으로 마음이 그분들에게 모아지곤 했었다.

　늙어간다고 하는 것은 마음 속에 애상한 그리움만 차곡차곡 쌓여가는지도 모르겠다. 눈을 감고 이불 속에 드러누워 있으면, 생각나서 좋은 사람들이 날로 불어나고, 하나같이 보고 싶고 만나고 싶은 사람들로 장사진을 이룬다. 마음에서 좋고, 생각나서 그리운 사람들과 얼굴을 마주하고 앉아 외롭고 막막하고 힘들고 고달팠던 머언 먼 지난 이국생활의 발자취를 되돌아보며 그 동안 회포를 풀어헤치고 싶고, 숨죽이고 살아온 지난 세월들을 허공을 향해 날려보내며, 진한 커피 내음 속에 늙어가고 있는 서로의 모습을 확인해 보고 싶은 것이다.

　그래서 우리 부부는 지난 봄에 K 목사님 부부를, 아무래도 침울하고 우울한 영국 보다는 청명하고 따사한 스페인의 일기가 더 적격일 것 같아, 스페인에 거주하고 있을 즈음에 이곳에 다녀가십사 하고 초청을 했었다. 그러나 가는 날이 장날이라고, 그 기간에 딸의 출산일이 들어 있어서 금년 봄에서야 어려운 나들이가 이루어진 것이다. 그분들이나 우리나 노년에 이르러 크게 하는 일이 없고보면 묶일 일도 없을 것 같은데, 자식들이 여럿 되다보니 발이 묶일 때가 종종 있게 되지만, 이 또한 황혼에 누릴 수 있는 큰 축복이 아니겠는가 싶어진다.

알레칸트 공항 개찰구를 빠져나오고 있는 두 분들은 50대 중반 그 때의 모습에서 크게 달라지고 변한 것이 없어 보였다. 등이 조금도 굽지 않았고, 걸어 나오시는 걸음걸이도 당당했다. 음성도 낭랑했고, 두 손을 꼬옥 잡는 손목에 힘이 들어 있었고, 한 마디로 건강이 양호해 보였다. 얼마만의 해후인가. 말이 쉬워 20년이지, 따지고보면 엄청난 시간들이 하늘의 구름처럼 일어났다 스러졌다 흘러 지나간 것이다. 비록 까맣던 머리카락이 흰 머리가 되고, 얼굴에는 연필자국 같은 주름살이 돋아나 있었지만, 건강한 몸으로 이렇게 재회의 기회를 가질 수 있었다고 함은 백세세대가 도래되었다 해도 아무나 누릴 수 있는 평범한 축복만은 아닐 것이라고 하는 생각이 치받쳐올라, 마음 속에서 무언의 감사가 아침햇살처럼 피어오르기도 했다.

젊은 시절, K 목사님 부부는 불철주야 자기 생업에 종사하며 혼신의 발열로 복음사역에 투신, 하나님을 섬겨낸 복음사(병원선교)의 거장들이시다. 보통사람의 두 몫을 살아왔다 해도 과언이 아닐만큼 밤낮으로 힘 다해 열심히 뛰었던 분들이고, 우리는 영국에서 우리에게 맡겨진 주님의 소임을 받들어내던 가운데 섬김을 통해서 자연스럽게 맺어진 인연이다. 햇수로 따지면 40년이 넘은 오랜 세월이다.

K 사모와 나는 같은 해에 출생, 나이가 동갑이고 고향이 동향은 아닐지라도 같은 도시에서 동시대에 학교를 다녔던 이런 저런 이유로 쉽게 가까워질 수 있었다. 그러나 섬김의 성향은 닮았다기에는 다른 점이 더 많

왔다. 내 눈에 비친 그분은 모세처럼 다니는 확신의 사람이었고, 나는 별볼일 없는 존재처럼 한쪽으로 밀려나와 남이 해준 밥이나 축내고드는 유약하고 수동적인 사람처럼 생각 되기도 했었던 것이다. 좋게 보아 복음서에 나와 있는 베다니촌의 두 자매들에게 비견될 수 있었다고 할까. 이는 주위사람(믿음의 식구)들의 평가이기도 했다. 말하자면 그분이 마르다였다고 치면, 나는 마리아 편에 근접해 있었다고 할까. 나는 그분이 내심 부럽게 느껴졌고, 나도 그분처럼 일선에서 뛰는 사람이고 싶어질 때가 없지 않아 종종 있었던 것이다. 그러나 이제 생각해 보면, 그분은 그분대로 하나님이 택하여 사용하셨고, 나는 또 나대로 하나님께서 뜻하신 바가 있어 능하신 손길 아래 다루어 오신 것이 아닌가 싶기도 하다. 그분이 대외적으로 활동을 펼치는 자리에서 섬겨내셨다면, 나는 가정주부라는 평범한 일상 속에서 자신을 손보며 조용히 영성을 키워냈던 것일테고, 그 점에서 우리는 시샘이나 비교의 대상이 아니라, 서로 다른 섬김의 길로 걸어 나왔을 뿐, 생명록에 나란히 이름이 기록되어 있는 동행자였음이 분명하다.

노인은 추억 속에 산다고 하는 말처럼 우리는 대부분의 시간들을 되돌아 가고 싶은 과거 속으로 질주했고, 그 때마다 뇌리 속에서 점점 퇴색되어 가고 있는 소중한 옛 이름들이 하나 둘씩 되살아나 입술 위에 얹혀지곤해서 감개가 무량했다. 봄날의 화창함과 눈부심 아래 지중해의 맑은 햇살을 등 뒤로 하고 방파제를 산책할 적에 발 밑에서 철썩거리던 파도가 만들어낸 하얀 포말, 누가 볼새라 주위를 두리번거리며 도둑질하듯 몰래 화초를 꺾어다가 밥상에 올려놓고 이야기꽃을 피우며 맛있게 먹었던 일이며, 구두를 벗어들고 선머슴 애들처럼 바지자락을 돌돌 걷어올린 채 백사장을 걷기도, 쪽빛 바닷물 위에 떠 있는 돛단배를 바라보며 무정한 오빠를 원망하듯 꺼억꺼억 서러운 목소리로 울음을 토해내던 갈매기떼와 질퍽한 소금밭을 어기적 어기적 걸어다니던 하얀 백로들… 우리 모두는 시인의 마음이 되어 파란 종려나무 그늘 밑 낡은 벤치에 앉아 망망대해를 바라보며 콘티넨탈 커피 내음 속에 서로를 확인하며 의미있는 정겨운 시간들을 보냈던 것이다.

대화중에 K 사모는 곧잘 "나이, 나이"(no, no)와 함께 손사래를 치곤 했었다. 그럴때 마다 그분의 목소리에서는 삶의 지혜가 쏟아져 나왔고, 투철한 투사정신까지 물씬 배어나오곤 했다. 나는 여전히 그분 앞에서는 생활에 미숙한, 나이만 잔뜩 들어있는 늙은이 어린아이처럼 느껴졌고, 허공이나 치는 공론자처럼 보여지기도 했으나, 어쨌든 그분의 이야기를 듣는 것은 신선한 충격과 건강한 웃음을 터뜨려 내는 그 어떤 양약에 비길 바 없는 특효약으로 오래오래 기억 될 것 같다.

우리들의 식단은 고기도 없는 빳빳하고 푸석한 남국의 야채뿐이었으나, 그 어떤 고기 반찬 보다도 입에서 달았다. 만나서 기쁜 사람들끼리의 식사는 미각을 자극이라도 하는 듯이 밥맛이 꿀맛이어서, 우리는 먹고 또 먹었다. 바다에서 막 잡아올린듯한 싱싱한 생 문어와 왕새우, 연어를 초고추장에 찍어 먹고, 제 철에 들어선 딸기와 오렌지를 열심히 깠다. 꿈 같던 시간들이었다. 순간 순간마다 마음 한 구석에서 "형제가 연합하여 동거함이 어찌 그리 선하고 아름다운고"가 저절로 터져났고, 또 하나의 추억을 아름답게 장식하고드는 식사시간이기도 했다.

지중해 바다 건너에서 숏아오르는 찬란한 아침 햇살이나, 골프장 너머 푸른 소나무 숲 속에서 봄바람에 실려오는 오렌지 향내음하며, 밤이면 베란다에서 밤이 오는 소리 속에 멀리 해변의 명명한 가로등 불빛을 바라보며 무언의 정을 나누었던 만남의 연분이여! 드라이브를 하던 중 길을 잘못 들어서 심심산골을 헤매던 중 풀섶 위에 떨어져 있는 아몬드 너트를 주워 돌 위에 올려놓고 깨어 먹던 뒷자리가 이리도 허전할 줄이야…

부디, 건강하시고 오래오래 하나님의 은총 속에 초년의 열정으로 겨울철 추위 이겨 내시며, 화끈한 노년 되옵시기를 가지런히 두 손 모은다.

이와 같은 때엔 난 편지를 씁니다

　연일 비가 내리더니 오늘은 아침부터 따사한 햇살 아래 사위가 한결 밝고 신선한 분위기입니다. 지난 겨울 맨체스터에 내린 폭설만큼 이곳 스페인에는 내내 폭우가 내렸다 합니다. 덕분에 건초처럼 매양 누렇기만 하던 골프장의 갈색 잔디가 푸른 빛을 띠우고, 길가의 잡초들도 뻘건 황토빛 대신에 싱그러운 분위기를 연출해 내고 있습니다. 3월 하순의 햇살은 눈부시도록 강렬하지 않아서 좋습니다. 저녁 노을도 가을 황혼처럼 붉게 타오르지 않고 은은한 분홍색 빛깔이 부끄럼을 타는 소녀의 수줍음 같은 느낌입니다.

　나는 지금 온누리에 파고드는 감미로운 따사한 아침 햇살을 등에 짊어지고 앉아 사랑의 편지를 씁니다. 그리고 맑고 경쾌한 감성을 지중해의 부드러운 해풍에 실려 향긋한 오렌지 꽃내음과 함께 높이 높이 띄워 보내렵니다. 소식이 궁금해서가 아닙니다. 마주 대하고 앉아 이야기할 때나 정담을 주고받는 사사로운 자리라 할지라도, 선뜻 입술 위에 올려지지 않는 "보고 싶습니다. 사랑합니다"와 같은 솔직 대담한 사랑의 표출을 스스럼 없이 문자를 빌어 표현하고 고백하고 싶어서 입니다. 말의 세레 보다 펜이 더 허물 없고 가까움을 고맙게 여기면서 말입니다.

　멀리 떨어져 있으면 작별이 친한 친구 사이가 아닐지라도 얼굴 모습이 삼삼히 떠오를 때가 있게 되고, 지나가던 말로 주고 받았던 농담 한 마디와 인사말까지도 끈적한 여운으로 가슴에 파고들 때가 있습니다. 가까운 거리에서 살 때는 한 교회 안에서도 말문을 트는 것은 고사하고 눈도 마주치지 않은 채 무심히 지나쳤던 얼굴들까지도 수면 위에 잔잔히 떠오르듯 기억 속에 아련히 잡혀들곤 해서, 떨어져 있음이 만남이라고 하는 사실을 새롭게 깨우치게 되기도 하고, 이웃의 소중함과 그립고 보고 싶다는 건강하고 행복한 감성의 텃밭이 가꾸어지는 게 아닌가 싶습니다. 소득이라면 큰 소득일 수도 있겠지요. 그래서 사람은 사랑하는 부모 형제와 정든 고향을 떠나 홀로 여행 길에 올라보기도 해야 할 것 같고, 먼 객지에 나가 살아봄으로 해서 전에 인지하지 못했던 부모 형제와 친지들에 대한 애틋한 정을 느껴보고 애향심을 기르며, 자기 관조의 시간을 가져봄이 좋을듯도 싶습니다.

함께 살 때는 받은 사랑은 기억에도 없고 주었던 생각만 있어서, 매일 내 쪽에서 양보하고, 희생하고, 손해보고 살았던 것처럼 여겨지던 생각들이, 떨어져 있음으로 해서 주었던 사랑보다 받았던 사랑이 더 크게 부각되어짐도 좋은 체험일 터이고, 인생을 배우고 실감하는 유익한 기회가 되어짐직도 합니다.

나는 지금 편지를 쓰다말고 베란다의 유리창에 거의 몸을 붙이고 서서 골프장을 가로질러 훤히 트인 신작로 길을 내려다보고 있습니다. 자동차 길 양 옆으로 짙푸른 종려나무와 따박한 소나무들이 키재기를 하며 일렬로 쭉 서있고, 타일로 된 인도가 차도를 따라 시새움을 하듯 나란히 뻗어 있는, 아침 저녁으로 산책을 하기에 딱 좋은 길입니다.

등산객들이 산을 보면 오르고 싶은 충동심에 사로 잡히듯이 산등성을 향해 훤히 뚫려있는 신작로 길을 바라볼 때마다 나는 걷고 싶은 생각에 몰입되어, 그 때마다 머리 속에서 에녹을 떠올려 봅니다. 어느 책에서 읽었는지 기억되진 않지만, 주일학교에서 돌아온 어린 학생이 엄마에게 들려주었다는 이야기, "엄마 에녹은 날마다 하나님과 함께 걸었대요. 그런데 어느 날 너무 많이 걷다 그만 해가 저물어 하나님이 에녹에게 말씀 하셨대요. 에녹아 오늘은 너무 많이 걸어 왔구나. 나와 함께 가자." 온몸을 전율하는 이 무량한 감동!

"에녹아, 오늘은 너무 많이 걸었구나. 나와 함께 가자." 몸 안에 모든 세포가 물구나무를 서는 느낌입니다. 머언 해안선에 눈을 돌리며 잠시 생각에 잠겨 듭니다. 깊어진 예배만큼 깊지 못한 인간관계, 주님을 사랑한 만큼 교우들을 사랑하지 못한 무거운 마음, 스스로를 다짐하듯, 이 기회에 짧은 말로 여러 교우님들께 십자가의 사랑과 부활의 기쁨을 전해 드리고 싶습니다. "사랑합니다!" 라고.

새삼 주님은 내게 누구신가를 생각해 봅니다. 어느날 밤 구역예배 때 예수님께서 제자들에게 "너희는 나를 누구라고 하느냐"고 물으셨던 말씀을 가지고 공부했던 당신의 생각이 지금 뇌리 속에 떠오릅니다. 그때 목사님은 "예수님은 여러분들에게 누구십니까?"라고 거기 모인 대 여섯 성도들에게 질문을 던지셨습니다. 어느 형제는 "구주이시다"라고 대답하고, 어느 자매는 "하나님의 아들"이라고 말하던 끝에, 목사님은 대뜸 "김 행님 집사님은 예수님이 누구십니까?" 나를 지적하여 물으셨고, 나는 서슴없이 "예수님은 나의 전부이십니다." 라고 대답하던 기억이 새롭습니다.

그렇습니다. 주님은 구원과 기쁨, 힘과 안위일뿐 아니라, 주님이 없는 생활을 나는 생각할 수 없을 만큼 주님은 내 삶의 전부가 되십니다. 전부이신 예수님 안에서 우리는 한 권속입니다. 펜이 부끄럽습니다만, 형제요 자매들입니다. 또한 민족으로 말할 것 같으면, 한 피를 나눈 겨레와 동포입니다. 하늘과 땅이 맺어준 그 무엇으로도 끊을 수 없고 "아니다"라고 부정할 수 없는 이 엄연한 사실과 진실을 다시 생각해 봅니다. 가슴 저 밑 바닥 깊은 심연으로부터 뭉클한 그 무엇이 피어 오릅니다.

내 안에도 봄이 오고 있습니다. 아름답고 신선한 사랑의 씨앗이 푸릇 푸릇 고개를 쳐들고 새싹을 트이는 봄. 이 봄이 다 끝나기 전, 사랑하는 교우들 곁으로 돌아가려 합니다. 그때는 받은 은혜와 빚진 사랑을 조금 씩 나누어 가지며 갚아갈 수도 있겠지요. 교회와 성도님들의 가정에 주의 평안을 빕니다.

스페인에서 김 행님

심야의 여행

.

　잠도 때가 있고, 제 시절이 있나보다. 물만 마시고도 콩나물처럼 키가 쑥쑥 자라던 소녀 시절에는, 저녁이면 숟가락을 손에서 내려 놓기가 바쁘게 잠이 몰려 오곤해서 잔뜩 애를 먹었었다. 특히 중간고사나 학기말 시험이 닥쳐오면 잠을 쫓아준다는 커피는 시중 다방에서나 마실 수 있는 특별한 음료였지, 일반 가정에서는 희귀한 고가의 음료가 되어 자주 마실 수 있는 처지는 못되었지만, 한 두잔의 커피로는 가당 찮았다. 그래서 추운 겨울철에도 잠을 안자려고 차가운 툇마루에 외등을 밝히고 앉아 손을 호호 불어가며 시험공부를 해야 할만큼 죽을 욕을 보듯 곤혹을 치러 내야만 했던 것이다. 차디찬 마루 바닥에 웅크리고 앉아 담요를 둘러쓰고 밤 늦도록 공부하고 있는 내 모습을 담너머로 목격하곤 했던 이웃집 아주머니는, "계집애가 그렇게 힘들게까지 공부를 해서 어디다 쓸려고 그러느냐" 놀리며 안쓰럽다는 듯이 혀를 끌끌 차기 일쑤였는데, 지금은 그처럼 흔하던 잠이 어디로 다 도망갔는지 모르겠다. 초저녁 잠만 그처럼 많았던 것이 아니라, 염치없게도 아침 잠까지 많아서 아침마다 어머니가 불호령을 치시곤 하셨는데, 깨어 놓고 나면 변소로 들어가 끄덕 끄덕 졸면서 그 일을 치루어낼 정도였으니, 잠퉁이 치고는 둘도 없는 골치덩어리였던 것이다. 학교에서 점심 먹고 난 후 오후 1교시에는 또 얼마나 졸았던가 "김행님!" 이름을 부르시는 카랑카랑한 선생님의 호명을 듣고 깜짝 놀라 홍당무처럼 얼굴이 빨갛게 닳아 오르곤 했던, 잠 많고 꿈 많던 그 시절이 부럽고 그립기만 하다.

그처럼 골칫덩어리였던 주체할 수 없던 그 많던 잠이 누구 등에 엎혀 달아나 버렸는지, 지금은 거짓말처럼 밤으로 숙면을 취하기가 쉽지 않다. 이불 속에서 정신이 가물가물 해질 때까지 손에 책을 붙들고 있어야 하고, 가까스로 잠이 들었는가 하면 두시간도 다 채우지 못하고 깨어나기 일쑤이다. 마음 속에 염려나 근심되는 일이 있는 것도 아니고, 몸이 아프다거나 침대가 편치 못한 것도 아니고 보면, 순전히 나이탓 정도로 여겨야할지 모르겠으나, 한밤의 냉기 속에 자리를 털고 일어나 책을 읽을 수도 없고 그렇다고 펜을 붙들고 앉아 글을 쓸 기분도 아니어서, 불면의 시간들이 지루하다 못해 고통스럽기 그지없다. "여호와께서 사랑하는 자에게는 잠을 주시는도다" 말씀이 무색할 정도로 말이다. 숙면을 제대로 취하지 못한 다음 날은 정신이 안개속처럼 몽롱해지고, 하는 일 없이 맥이 풀려 피곤하고 몸이 축처진 느낌이어서, 활동성이 떨어지고 일을 해도 능률이 오르지 않아 "잠이 보배다"는 말을 백번 실감하게 된다.

이런날 밤이면 내일을 위해서라도 수면을 좀 취해야 할 터인데, 하는 조바심에 휩싸여 마음이 불안하고 염려가 되곤해서 오려던 잠까지 스스로 내쫓는 것이 아니가 하는 생각이 들기도 한다. 그래서 생각해 낸 묘책이, 굳이 오지 않는 수면을 붙잡고 사정할 것이 아니라, 오든지 말든지 상관치 말고 편안한 마음가짐으로 한밤의 고요를 즐겨내는 여유를 갖자고 스스로 마음을 바꿔먹기에 이르렀던 것이다. 이런날 밤이면 나는 곧잘 성경 속으로 긴 여행을 떠나곤 하는데, 그 일이 지금은 상당히 익숙해

저있다.

나는 실제로 지금까지 이스라엘 성지를 한번도 여행해 본 적이 없다. 그렇다고 꼭 가고 싶은 마음도 아니어서 아직은 내 여행 계획 속에 이스라엘 성지순례가 들어있지 않은 상태라 함에도, 나는 내 조국과 내 민족 다음으로 세계 열방 중에서 이스라엘이라는 나라와 유대 백성들에게 관심이 많고, 한번도 그곳에 발을 딛여 본 적이 없고, 그 나라 사람들을 만나 사귐을 가져본적도 없지만, 그 나라와 그 백성들에게 남다른 친밀감을 느끼고 둘도 없이 좋아한다. 그리고 그 이유는 단 하나다. 순전히 예수님 때문이다.

주님께서 그 땅에 탄생하시었고, 그 백성들 가운데 출입하시며 사역하시다가 죽으시고 부활하시고 승천하신 주님의 흔적과 발자취, 주님의 숨결과 가르침의 목소리가 세월을 거슬러 아직도 그 땅에 살아 숨쉬고 있음직 싶기도 하고, 시대가 바뀌고 문물이 변하고 사람이 나고 죽고 해도, 그곳에는 이천년전의 태고적 시간이 그대로 정지하듯 머물러 있어서, 예수님 당시에서 조금도 비켜나가거나 변해진 것이 없다. 적어도 내게는 그렇다. 도시와 마을의 풍경도 옛모습 그대로요 산과 들과 평야와 호수와 길거리, 심지어는 그곳에서 살고 있는 사람들까지도 옛 생활 옛 모습 그대로이다.

그래서 나는 마음으로 떠나는 나의 순례길을 밤마다 즐기고 있는 셈이다. 대개는 북쪽 갈릴리 지방의 나사렛 동네에서부터 시작하여 요단 계곡길을 따라 갈릴리 호수에 이르러 주의 말씀을 듣기도 하고, 남쪽 유대

지방 베들레헴에서부터 베다니촌 마을을 거쳐 예루살렘 성지에 도착하면, 감람산에 올라 예루살렘 성전을 바라보며 하루 속히 그곳에 평화와 안정이 깃들기를 염원하며 기도한다. 그런가 하면, 갈릴리 호수에게 사해로 흘러 들어가는 강 물줄기를 따라가며 그때 그때 생각나는 예수님의 말씀들을 머리에 떠올려 마음으로 음미해 보는 시간을 갖기도 하면서 환상 속의 여행을 즐기고 있다고나 할까. 나는 그곳의 여러지역과 지방을 실제로는 한번도 가본 경험이 없는 상상속의 초행이지만 도시마다 마을마다 성경과 설교를 통해서 수없이 읽고 그 이름들을 들어 보았던 관계로 그곳들이 조금도 생소하거나 서먹한 느낌이 없다. 나의 고향에 들어서 있는 듯한 포근함과 친숙함에는 못미치지만 익숙함과 다정함이 마음 가득 고여들기도 한다.

이러한 마음이 어찌 바깥 세상 풍경에만 머물소냐. 소박하고 겸허한 성격 속에서 살아 숨쉬고 있는 성경 인물들, 벳세다에서 베드로와 안드레를 만나서 이야기를 걸어보고, 갈릴리 해변에서는 그물을 깁고 있는 요한과 야고보를, 베다니에서는 죽은지 나흘만에 무덤에서 살아 나온 나사로와 그 누이들을, 여리고성을 지나는 길에서는 세리 삭개오를, 사마리아의 우물에 이르러서는 사마리아 여인을 만나는 반가움과 기쁨 속에 때로는 그들의 극진한 환대를 즐기며 동행자 의식까지를 맛보곤 한다.

그러나 무엇보다도 예수의 어머니 마리아를 만나 예수 탄생의 배경과, 그 분의 어릴적 남다른 성장기를 들어보는 감격과, 막달라 마리아와 다른 마리아와 수산나를 만나 예수의 십자가와 부활의 실담을 현장감 있게 듣는 것만큼 상큼한 충격과 무량한 감격도 달리 없다.

나는 순전히 환상 속의 성지순례를 즐기는 기쁨 때문에 이 환상이 깨질까 두려워서 실제적으로 성지순례를 생략하고 있는지도 모른다. 유월절 전날의 만찬석과 디베랴 바다에서 주님이 차려 주셨던 조반. 아! 이렇듯 길고 창창한 무숙의 여행을, 타는 것도 없이 타박 타박 걸어서 이곳 저곳을 찾아 다니는 동안 피곤해진 나는 언제 잠이 들었는지도 모르게 잠이 들곤 하는 것이다.

지금이 좋다

　노년이 그리 나쁘지 않다고 여겨지는 요즘이다. 물론 부정적인 요소들이 따르기는 하지만, 가령 거울에 비친 자신의 늙은 모습에서 느끼고 드는 초라함이라든가, 걸음걸이가 느려지고 계단을 오르내리기가 조심스럽다든가, 시력과 기억력 퇴화 등과 같은 증후군들이 늘어가고 있어서, 다 살았구나 느껴지는 부분들이 있기는 하지만, 일상에 쫓기지 않는 여유로움과 느긋함이 있어서 좋다. 젊었을 적에도 나름대로 열심히 산다고 살았지만 그때는 본인이 하고 싶다고 해서 할 수 있었던 일상이 아니었다. 많은 일들이 본인이 하고 싶어서 했다기 보다는 주어진 임무였다. 대부분의 여성들 특히 가정주부들이면 누구나가 그러하듯이 자식들과 남편 그리고 살림하는 일에 하루의 전 시간을 바치면서 늘 쫓기고 허덕여야만 했던 바쁜 시절로 기억에 남아돈다.

　돌아보니, 인생에도 눈에는 보이지 않지만 시간표 같은 것이 없지 않아 있는 듯하다. 딱 금그어 말하기는 좀 그렇지만, 10대와 20대에 전심전력을 해야 할 부분과 분야가 따로 있고, 30대, 40대와 50대 60대, 그리고 70대에 할 수 있고 해야 할 주어진 임무와 책임이 약간씩 다르다는 사실을 뒤늦게야 알아진 듯하다.

나는 내 일생중에 지금이 황금기라고 여겨질 만큼, 비록 차가운 겨울철에 들어서 있기는 하지만 은혜로운 시간을 보내고 있다. 초년도 그런대로 행복했고, 중년은 하루가 다르게 무럭무럭 자라는 아이들의 성장을 바라보며 뒷바라지 하는 기쁨과 보람, 아이들의 장래에 자신을 거는 기대와 희망이 있어 가히 나쁘지는 않았다. 그러나 무엇인가 스스로 삭힐 수 없는, 눈에 보이지 않는 회의와 갈등, 답답함이 마음 속 깊은 곳에 도사리고 있었던 것도 숨길 수 없는 사실이다.

금년에 내 나이 일흔 여덟이 된다. 많이 산 것 같지도 않은데 손꼽아 보니 까마득한 세월이다. 백세인생이라지만 참 많이 살았다. 곁에서 팍팍 쓰러지는 소리가 간간히 들어오고, 조문 가는 횟수도 해마다 늘어간다. 그때마다 나는 여든 다섯살의 갈렙을 생각하곤 한다. 그는 85세에 헤브론 땅을 함락하여 헤브론의 소유주가 되었던, 신념과 투지의 용사였다. 당시 헤브론으로 말할 것 같으면, 아낙 거인들이 살고 있었고 지중해 해발 3,000피트의 난공불락의 고지대였다. 그러함에도 85살의 갈렙은 나이가 무색할 정도로 40세 청년의 기백과 투지력으로 그 땅의 거인들과 힘을 겨루어 승리를 외칠 수 있었던 것은 순전히 그의 믿음이었다. 17세 소년 다윗의 믿음 앞에는 장사 골리앗도 썩은 나무둥치처럼 폭삭 고꾸라지고 말았지 않았던가. 초인간적인 믿음의 거장들, 그들의 굳센 믿음이 날로 부럽다.

하나님을 예배하고 사랑하는 일과 배움의 길을 갖고자 하면은 나이가 없다. 나는 두뇌가 좋지는 못하다. 많이 배우지도, 이렇다 할 재능이 주어진 것도 아니지만, 노년기의 무료함과 황폐를 손질하고 건강한 자아형성을 위해 꾸준히 발돋움질 해 나가고자 하는 집념이 꺼지지 않는 열망처럼 주어졌음을 큰 행운으로 알고 주님께 무량한 감사를 바쳐 드린다.

젊은 날에 뜨겁기만 했던 복음의 열기가, 맵고 아린 광야 40년의 세월과 더불어 지금은 잔잔한 사랑으로 가슴을 적시우고 있다. 흠 많고 연약하기 그지없는 범속한 인간이 지고하신 신을 사랑함에 있어서의 애절함이라 할까. 애상함, 나는 이런 심정이 딱 잡아 무엇인지 모르겠다. 표현할 길은 더 더욱 없다. 감격, 기쁨, 뿌듯한 마음, 그것 뿐이다.

어느 사모가 내게 그런 말을 하고들었다. "나도 늙어서 집사님처럼 젊은 사람 보다 더 젊은 마음으로 살 수 있을 것인지 모르겠습니다"라고. 인간은 누군가를 사랑할 때 어린아이들의 순진성과 청순한 소녀의 울렁거림이 그 마음에 자리하게 된다. 그러기에는 나는 너무 많이 늙어 있다. 육체만 늙은 것이 아니라 마음도 늙다리가 되어 있다는 느낌이다. 그러함에도 내 마음 속에는 수많은 사랑의 대상물들로 진을 치고 가득차 있다.

사랑에는 첫 눈에 반하는 혜성처럼 반짝하는 사랑이 있고, 오랜 세월 속에 뜸을 들이고 두고 두고 맛들이며 가꾸어 내는 사랑이 있다. 인간이 하나님을 사랑함에 있어서는 전자일 수 없고 후자이다. 전자가 반짝반짝한 황홀한 사랑이라면, 후자는 눈물이다. 눈물 없이는 나눌 수 없는 신과의 사랑나누기, 나는 왜 그렇게 되어지는지 알지 못한다. 그렇다고 하는 사실만을 온몸으로 체험해 내고 있을 뿐이다.

살아온 날들

· 초판 1쇄 발행 2020년 11월 10일

· 지은이 · **김행님**
· 펴낸이 · **민상기** 편집장 · **이숙희** 펴낸곳 도서출판 **드림북**
· 인쇄소 · **예림인쇄** 제 책 · **예림바운딩** 총판 · **하늘유통**(031-947-7777)
· **등록번호** 제 65 호 · **등록일자** 2002. 11. 25.
· 경기도 의정부시 가능1동 639-2(1층)
· Tel (031)829-7722, Fax(031)829-7723